동영상 강의 무료 제공!
공모전 수상작 소스&설명

세상의 속도를
따라잡고 싶다면

Do it!

부동산 빅데이터 분석 전 과정 수록!

공공데이터로 배우는 R 데이터 분석 with 샤이니

김철민 지음

공공데이터 수집 ⊕ 전처리 및 통계 분석 ⊕ 지도 시각화
샤이니로 웹 애플리케이션 개발과 배포까지!

이지스퍼블리싱

세상의 속도를 따라잡고 싶다면 **Do it!**
변화의 속도를 즐기게 됩니다.

Do it!

Do it!

공공데이터로 배우는 R 데이터 분석 with 샤이니

R data analysis with Shiny

초판 발행 • 2022년 05월 25일

지은이 • 김철민
펴낸이 • 이지연
펴낸곳 • 이지스퍼블리싱(주)
출판사 등록번호 • 제313-2010-123호
주소 • 서울특별시 마포구 잔다리로 109 이지스빌딩 4층(우편번호 04003)
대표전화 • 02-325-1722 | **팩스** • 02-326-1723
홈페이지 • www.easyspub.co.kr | **페이스북** • www.facebook.com/easyspub
Doit! **스터디룸 카페** • cafe.naver.com/doitstudyroom | **인스타그램** • instagram.com/easyspub_it

기획 및 책임편집 • 이인호 | **IT 2팀** • 박현규, 김은숙, 신지윤, 이희영, 한승우
교정교열 • 박명희 | **베타테스트** • 고경희
표지 및 본문 디자인 • 트인글터 | **인쇄** • 보광문화사
마케팅 • 박정현, 이나리, 한송이 | **독자지원** • 오경신 | **영업 및 교재 문의** • 이주동, 김요한(support@easyspub.co.kr)

ISBN 979-11-6303-363-9 93000
가격 18,000원

빅데이터 시대에 성과를 이끌어 내는 데이터 문해력!

공모전 준비, 실무에 활용할 수 있는 데이터 분석 프로젝트

지금 우리는 데이터가 중심인 세상에 살고 있습니다. 데이터를 잘 다를 수 있다면 다양한 사회 현상을 올바르게 바라보는 통찰을 얻을 수 있으며 문제를 해결하는 실마리를 찾을 수도 있습니다. 데이터를 읽고 해석해서 활용할 수 있는 '데이터 문해력(data literacy)'은 개인뿐만 아니라 사회 전체에 영향을 주므로 정부와 기업, 교육 기관 등에서도 데이터 전문가를 키우고 역량을 강화하는 데 많은 노력을 기울이고 있습니다.

데이터 분석 강의와 프로젝트를 오랫동안 수행하면서 "무엇이 전문가로 성장하는 데 도움을 주는가?"라는 질문을 던져 왔습니다. 결론은 흥미로운 데이터를 가지고 실제 데이터 분석과 유사한 주제로 학습하는 것이었습니다. 이 책은 데이터 분석 기법을 나열식으로 소개하지 않고 프로젝트를 기반으로 데이터의 실제 활용에 초점을 맞추었습니다.

이 책의 특징은 크게 세 가지로 요약할 수 있습니다.

첫째, 분석 주제가 우리의 일상과 밀접하게 관련되어 있어 흥미를 유발합니다. 이 책에서는 아파트 실거래 자료를 이용하여 전 국민의 큰 관심사인 부동산 가격을 분석합니다. "어느 지역이 가장 비쌀까?" 또는 "요즘 뜨는 지역은 어디일까?", "우리 동네가 옆 동네보다 비쌀까?" 등 우리의 일상생활과 밀접한 주제를 다루어 흥미와 학습 동기부여를 유발합니다.

둘째, 차별화된 결과물을 상품화하여 분석가로서의 경쟁력을 강화합니다. 오늘날의 데이터 분석 결과물은 의사결정 지원을 위한 수단을 넘어 그 자체로 상품이 될 수 있습니다. 이제 분석가도 자신의 분석 결과를 제품으로 만들 수 있어야 합니다. 이러한 관점에서 R은 데이터 분석가에게 훌륭한 도구입니다. 또한 이 책에서는 샤이니(shiny)라는 R 패키지를 활용하여 분석 결과를 애플리케이션으로 구현하는 방법도 공부합니다.

셋째, 데이터 수집부터 최종 결과까지 프로젝트의 전체 과정을 경험할 수 있습니다. 데이터 분석가들이 가장 많은 시간과 노력을 기울이는 분야는 모델링이나 결과 도출이 아니라 데이터 수집과 전처리입니다. 이 책은 데이터 수집(3장)부터 전처리(4장)를 거쳐 공간 데이터로 변환(5~6장), 통계 분석(7~8장) 그리고 애플리케이션 구현과 배포(9~12장)에 이르기까지 프로젝트 하나를 수행하는 전체 과정을 다룹니다. 이로써 데이터 분석 전문가로 성장하는 데 의미 있는 경험과 통찰을 제공합니다.

이 책을 집필하면서 다양한 분야의 데이터 분석가에게 도움을 받았습니다. 또한 학교와 연구 기관의 여러 전문가에게 조언과 감수를 받았으며 강의에 참여한 수강생들도 이 책의 완성도를 높이는 데 도움을 주었습니다. 이 책이 만들어지기까지 도움을 준 모든 분과 가족에게 다시 한번 감사드립니다.

김철민 드림

공모전에서 수상한 R 데이터 분석 전체 과정 체험하기!

이 책에서 배울 실습 프로젝트를 소개합니다.

아파트 실거래 분석

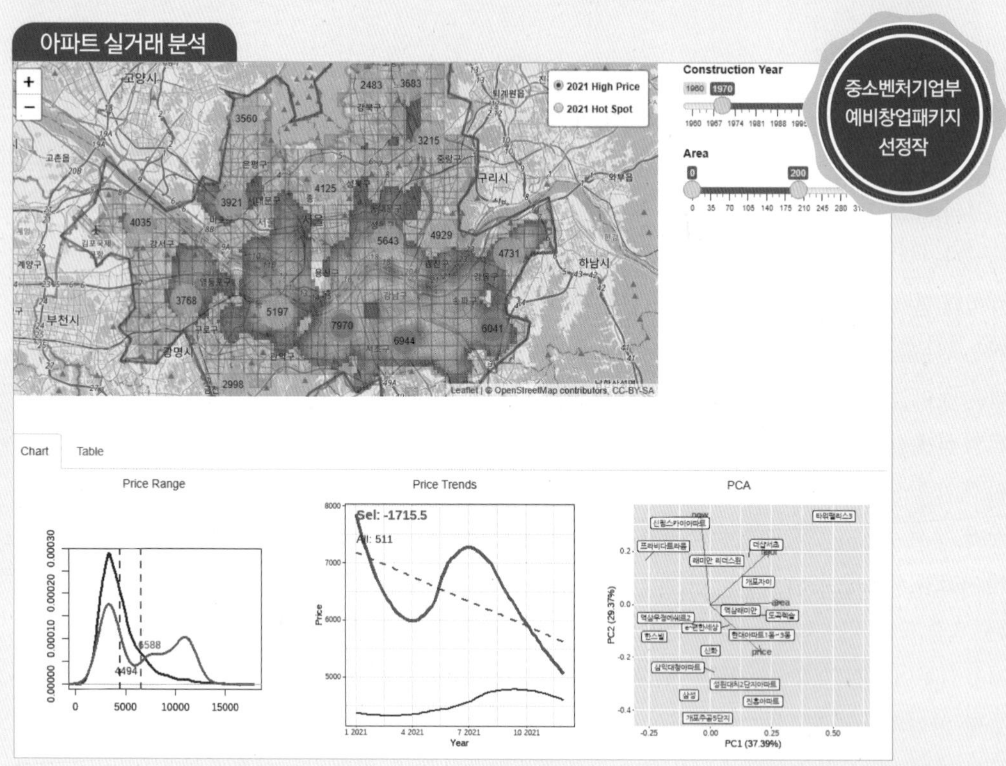

공공데이터포털에서 서울시 아파트 실거래 데이터를 수집하여 지역별 최고가와 급등지, 평균가 등을 지도에 나타내고 다양한 통계 기법을 이용하여 가격 변화, 요인별 특징 등을 분석합니다.

아파트 가격 상관관계 분석

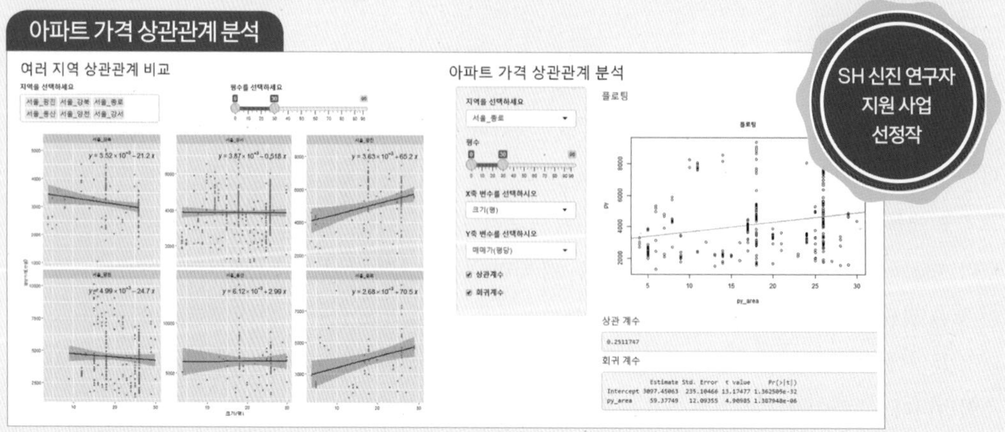

아파트 실거래 데이터를 활용하여 아파트 크기, 층수, 건축 연도, 가격이라는 4가지 요소가 지역별로 어떠한 관계를 보이는지 분석합니다.

지진 발생 분석

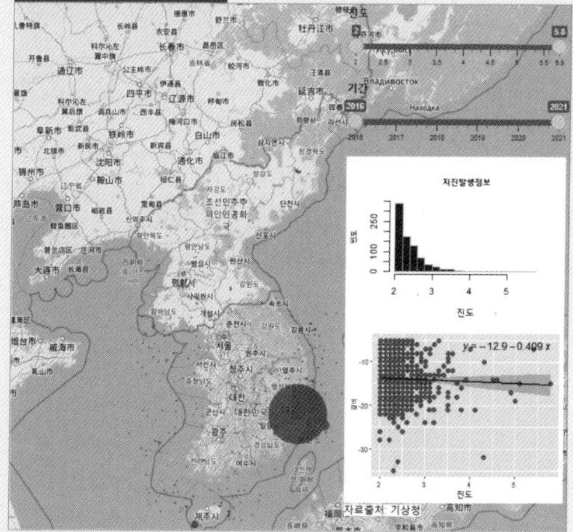

기상청에서 제공하는 지진 발생 자료를 이용하여 최근 5년간(2016~2021) 한반도 주변에서 발생한 지진 발생 데이터를 분석합니다.

커피 전문점 접근성 분석

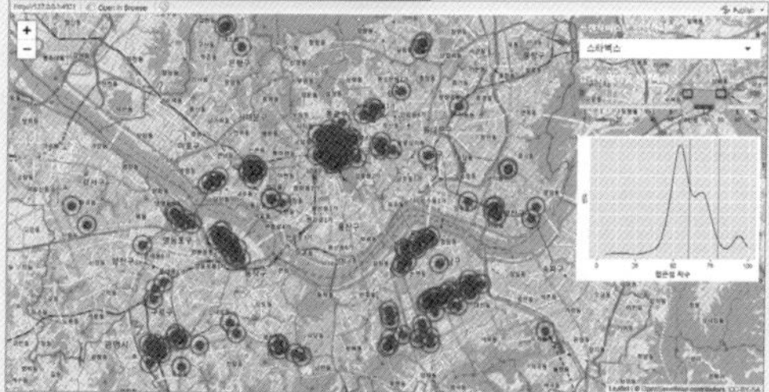

서울시에 있는 5대 커피 전문점 브랜드의 위치를 특정하고, 인근 지하철역 이용객 수 그리고 매장과 지하철 역과의 직선 거리를 반영한 임의의 접근성 지수를 만들어 지하철 이용객이 이용하기 편리한 매장을 분석합니다.

최적 버스노선 제시

LH 데이터 분석 경진 대회 수상작

교통 카드 데이터를 활용하여 경기도 화성시의 대중교통 이용 특성을 살펴보고, 지역의 교통 문제를 해결하기 위한 대안을 제시합니다.

공공데이터를 활용한 빅데이터 분석!

샤이니 웹 애플리케이션 개발과 배포까지

데이터 분석 현장에서는 전체 분석 과정을 이해하는 것이 중요합니다. 이 책은 데이터 분석의 기획부터 분석 내용의 시각화에 이르기까지 프로젝트를 기반으로 실무에 직접 활용하는 방법을 익히는 데 매우 유용합니다. 이 책을 통해 많은 데이터 분석 입문자, 중급 분석가와 연구자들이 분석 능력과 기법을 강화하고 통찰력을 얻을 수 있기를 기대합니다.

• 이재수 | 강원대 부동산학과 교수

이 책은 공공데이터와 카카오맵 API를 직접 사용해 보고 R의 강력한 생태계를 이용해 데이터 분석으로 문제를 해결해 가는 경험을 해볼 수 있습니다. 책 곳곳에서 오랫동안 데이터를 다뤄 온 저자의 내공과 전문가의 분석 시점을 엿볼 수 있습니다. 이 책을 통해 숫자와 문자만으로 이뤄진 데이터가 어떻게 실제 세상의 문제를 해결하는 데 사용되는지 확인해 보길 바랍니다.

• 나영준 | (주)앤틀러 대표이사, 2020 범부처 공공데이터활용 창업경진대회 우승자

R은 이제 단순 통계 소프트웨어가 아닌 데이터 과학 전 과정을 아우르는 플랫폼입니다. 또한 샤이니는 HTML이나 자바스크립트를 모르더라도 R 언어만으로 빠르고 간편하게 웹 애플리케이션을 만들어 주는 강력한 패키지입니다. 이 책은 이러한 R과 샤이니를 이용해 많은 사람이 관심 있어 하는 데이터들을 분석해 봅니다. 데이터 분석가의 PC 안에서만 보던 각종 시각화 자료와 통찰을 세상과 만나게 해주는 쉽고 훌륭한 통로입니다. 자신의 아이디어를 최소 기능 제품으로 만들고 싶은 분들께 추천합니다.

• 김진섭 | 자라투 주식회사 대표이사, 샤이니 코리아 모임 운영자

이 책은 공공데이터포털에서 국토교통부가 제공하는 '아파트 실거래가' 데이터를 이용하여 통계 및 차트를 만들어 가는 과정을 R 언어를 이용하여 하나하나 쉽게 설명해 줍니다. IT 관련 전공자나 개발자가 아닌 인문·사회 계열 전공자에게도 유익한 데이터 분석 전체 과정을 학습할 수 있습니다.

• 문우영 | 공공데이터 포털 사용자 모임 운영 멤버, IT 컨설턴트

동영상 강의와 함께 공부해 보세요

이 책은 저자 직강 무료 동영상 강의를 제공합니다. 책과 함께 시청하면 데이터 분석과 프로젝트 수행 과정 등을 좀 더 자세하게 학습할 수 있습니다.

- **무료 동영상 강의:** https://bit.ly/3N0R3T0

이 책의 소스 파일을 내려받으세요

이 책의 전체 실습 파일은 이지스퍼블리싱 홈페이지 자료실이나 저자의 깃허브 저장소에서 내려받을 수 있습니다.

- **이지스퍼블리싱 홈페이지:** www.easyspub.co.kr/Main/PUB → [자료실] 클릭 후 도서명으로 검색
- **저자 깃허브:** https://github.com/cmman75/do_it

궁금한 내용은 저자에게 질문해 보세요

책을 읽다가 도움이 필요하다면 다음 메일 주소로 저자에게 질문할 수 있습니다. 질문할 때는 책의 몇 쪽에서 어떤 점이 궁금한지 자세히 적어야 빠르게 답변받을 수 있습니다.

- **저자 이메일:** cmman75@gmail.com

'Do it! 스터디룸'에서 함께 공부하고 책 선물도 받으세요!

이 책을 보는 친구들과 함께 공부해 보세요. 내가 이해하지 못한 내용은 동료들의 도움을 받고 내가 이해한 내용을 바탕으로 동료들을 도와준다면 복습하는 효과도 누릴 수 있습니다.
또, Do it! 스터디룸에서 운영하는 공부단에 지원해 보세요! 이 책의 스터디 노트를 쓰며 책을 완독하면 원하는 이지스퍼블리싱 책 한 권을 선물로 드립니다!

- **Do it! 스터디룸 카페:** cafe.naver.com/doitstudyroom

15차시 진도표

한 학기 강의용으로 15차시 동안 계획을 세우고 학습을 진행해 보세요.
데이터 분석 경험이 있다면 더 빠르게 진행할 수도 있습니다.

차시	장	주제	완료 날짜
1차시	01 데이터 분석가로 성장하기	R/R스튜디오 설치 및 실행하기	/
2차시	02 자료 수집 전에 알아야 할 내용	API 기초 이해하고 인증받기	/
3차시	03 자료 수집: API 크롤러 만들기	API 크롤러로 자료 수집하기	/
4차시	04 전처리: 데이터를 알맞게 다듬기	수집한 데이터 전처리하기	/
5차시	05 카카오맵 API로 지오 코딩하기	카카오맵 API로 지오 코딩하기	/
6차시	06 지오 데이터프레임 만들기	지오 데이터프레임 만들기	/
7차시	07 분석 주제를 지도로 시각화하기	지도 위에 시각화하기	/
8차시	08 통계 분석과 시각화	통계 분석으로 시각화하기	/
9차시	09 샤이니 입문하기	샤이니 입문하기	/
10차시	10 데이터 분석 애플리케이션 개발하기	샤이니로 애플리케이션 개발하기	/
11차시	11 애플리케이션 배포하기	애플리케이션 배포하기	/
12차시	12 샤이니 애플리케이션 활용 사례	아파트 가격 상관관계 분석하기	/
13차시		지진 발생/커피 전문점 분석하기	/
14차시	[경진 대회 수상작 소개] 교통 카드 데이터 분석 사례	데이터 전처리와 기초 분석하기	/
15차시		교통 흐름 분석하기	/

01 데이터 분석가로 성장하기

02 자료 수집 전에 알아야 할 내용

03 자료 수집: API 크롤러 만들기

04 전처리: 데이터를 알맞게 다듬기

05 카카오맵 API로 지오 코딩하기

06 지오 데이터 프레임 만들기

07 분석 주제를 지도로 시각화하기

데이터 분석가로 성장하기

R을 사용하는 데이터 분석 세계에 오신 것을 환영합니다. 첫 장에서는 경쟁력 있는 데이터 분석가로 성장하려면 무엇이 필요한지 알아보고 컴퓨터에 R과 R스튜디오를 설치해 실습 환경을 준비해 보겠습니다.

01-1 경쟁력 있는 데이터 분석가 되기

모든 것은 연결된다

'커넥팅 더 닷Connecting the dots'은 스티브 잡스의 스탠퍼드 대학교 졸업 연설문에 등장하는 유명한 문구입니다. 점이 모여서 선이 되듯이 과거 사건들이 조각조각 연결되어 현재를 구성한다는 의미입니다. 오늘날 우리의 모습도 과거 다양한 사건이 모여서 연결된 결과물인 거죠.

데이터 분석 세계에서도 마찬가지입니다. 이 책의 독자라면 아마도 기본적인 데이터 처리와 분석 방법을 경험해 보았을 것입니다. 지금부터는 이러한 경험과 기술을 하나로 모아서 새로운 무언가를 만들어 낼 때입니다. 이제 여러분은 데이터 분석의 입문자를 벗어나 중급자로 향하는 길에 들어섰습니다.

중급자의 함정

스키에서는 '중급자의 함정'이라는 말이 있습니다. 많은 돈과 시간을 들여서 기본 자세를 배우고 기술을 익혔지만 이후 동기가 약해지면서 어느 순간부터 흥미를 잃게 된다는 말입니다.

데이터 분석 세계에서도 비슷한 일이 생깁니다. 많은 사람이 처음 데이터 분석을 공부할 때는 신기하고 재미있어서 열심히 책을 보고 인터넷을 뒤져 가며 배웁니다. 그러나 어느 순간부터 데이터 분석에 투자한 노력과 시간이 무슨 의미가 있는지 모르겠다는 생각이 들면서 흥미를 잃어 갑니다.

이러한 슬럼프를 극복하려면 지금까지 배운 내용을 "도대체 어디에 사용할 수 있을까?"와 같은 질문을 스스로 던져 보아야 합니다.

데이터 분석 서비스를 개발해 보자

많은 시간과 노력을 들여서 배운 데이터 분석 능력을 어디에 쓸 수 있을까요? 학생이라면 지금까지 배운 지식을 살려 빅데이터 경진 대회나 해커톤 준비에 사용할 수 있습니다. 또 기업이나 연구 기관에 근무하는 직장인이라면 해당 분야의 데이터를 분석하여 보고서를 작성할 때 도움을 받을 수 있습니다.

그러나 모든 데이터 분석의 최종 목적은 **분석 애플리케이션 개발**이라고 생각합니다. 자료 수집, 전처리 그리고 서비스에 이르기까지 모든 분야를 알아야 하는 데이터 분석의 종합예술이자 끝판왕이기 때문입니다.

이제 여러분은 데이터 분석의 새로운 영역에 들어섰습니다. 자신의 아이디어와 다양한 분석 기법을 연결하여 지금까지 세상에 없던 새로운 분석 서비스를 창조해 보세요.

이 책에서 무엇을 얻을 수 있을까?

이 책은 데이터 분석에서 서비스 개발에 이르기까지 모든 과정을 다룸으로써 경쟁력 있는 데이터 분석가로 성장할 수 있도록 도와줍니다. R을 이용하여 공공데이터를 수집하고 분석한 다음 시각화하는 방법뿐만 아니라, 샤이니Shiny 패키지를 이용하여 실제로 사용할 수 있는 애플리케이션을 개발하고 배포하는 과정까지 함께 살펴봅니다.

즉, 단편적인 분석 기술을 익히는 데 머무르지 않고 하나의 프로젝트를 완결하는 데 초점을 맞추었습니다. 분석 대상은 요즘 우리 사회에서 뜨거운 감자라고 할 수 있는 '서울시 부동산 데이터'입니다. R과 샤이니는 한 몸이므로 R만 어느 정도 알고 있다면 다른 프로그래밍을 따로 공부할 필요는 없습니다. 이 책을 덮는 순간 차별화된 데이터 분석 경쟁력을 갖출 수 있길 소원합니다.

01-2 데이터 분석 환경 만들기

이 책에서 안내하는 실습을 수행해 보려면 컴퓨터에 통계 프로그래밍 언어인 R과 이를 편리하게 사용하는 통합 개발 환경인 R스튜디오를 설치해야 합니다. 만약 R과 R스튜디오가 이미 설치돼 있다면 이번 절을 건너뛰어도 좋습니다. 참고로 이후 모든 실습 환경은 윈도우10을 기준으로 설명하지만 맥OS에서도 크게 다르지 않습니다. 다만 맥에서 R 패키지를 설치할 때 "컴파일이 요구되는 패키지를 소스로부터 바로 설치하기를 원하나요? (Yes/no/cancel)"라는 메시지가 나올 수 있습니다. 이때 "no"를 입력하면 오류 없이 설치됩니다.

Do it! 실습

1단계 R 설치하기

R은 R 프로젝트의 공식 사이트(cran.r-project.org)에서 내려받을 수 있습니다. 공식 사이트 첫 페이지에서 Download R for Windows*를 클릭합니다.

* 맥OS 사용자라면 'Download R for macOS'를 클릭하세요.

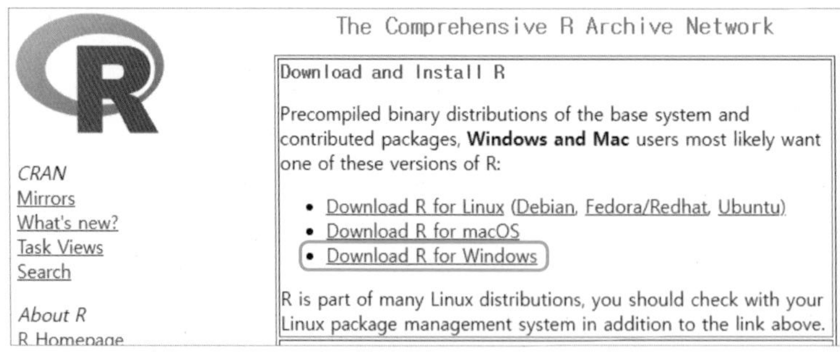

그림 1-1 윈도우용 R 선택

다음 페이지에서 install R for the first time을 클릭하면 R을 내려받는 페이지로 이동합니다.

R for Windows

Subdirectories:

base	Binaries for base distribution. This is what you want to install R for the first time.
contrib	Binaries of contributed CRAN packages (for R >= 2.13.x; managed by Uwe Ligges). There is also information on third party software available for CRAN Windows services and corresponding environment and make variables.
old contrib	Binaries of contributed CRAN packages for outdated versions of R (for R < 2.13.x; managed by Uwe Ligges).

그림 1-2 R 내려받는 페이지로 이동

다음 페이지에서 위쪽의 Download R 4.X.X for Windows를 클릭하여 설치 파일을 내려받습니다. 이 페이지에는 항상 최신 버전이 표시되므로 독자 여러분이 내려받을 때는 책의 버전과 다를 수 있습니다. 버전이 조금 달라져도 내용에는 큰 차이가 없습니다. 만약 바뀌는 부분이 생기면 이 책의 소통 채널*을 참고하기 바랍니다.

* 소통 채널은 책 앞부분에 나와 있습니다.

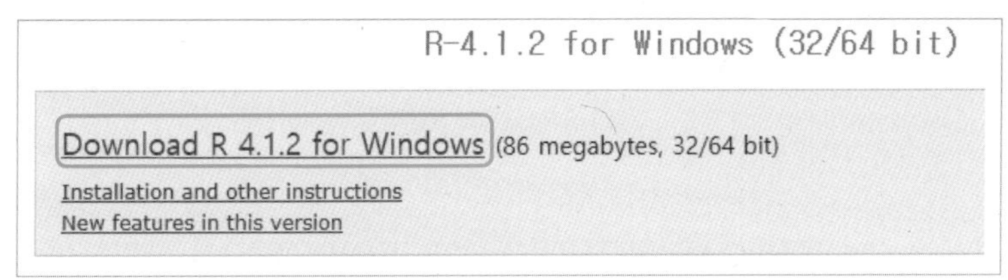

그림 1-3 윈도우용 R 설치 파일 내려받기

내려받은 파일을 실행하면 몇 가지 설정을 묻는데 **모두 〈다음〉을 눌러 기본 설정으로 설치**합니다. 설치가 끝나면 본격적으로 R을 사용할 수 있지만 기본으로 설치되는 개발 도구보다 R스튜디오라는 프로그램을 사용하면 더 편리합니다. 이 책에서도 R스튜디오를 기준으로 설명하므로 이어서 R스튜디오를 설치해 보겠습니다.

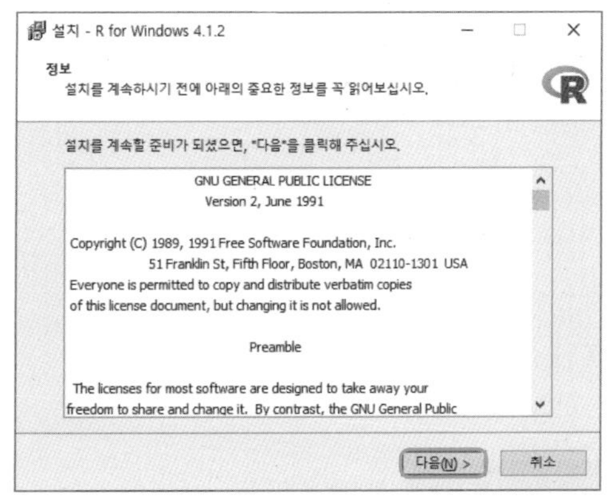

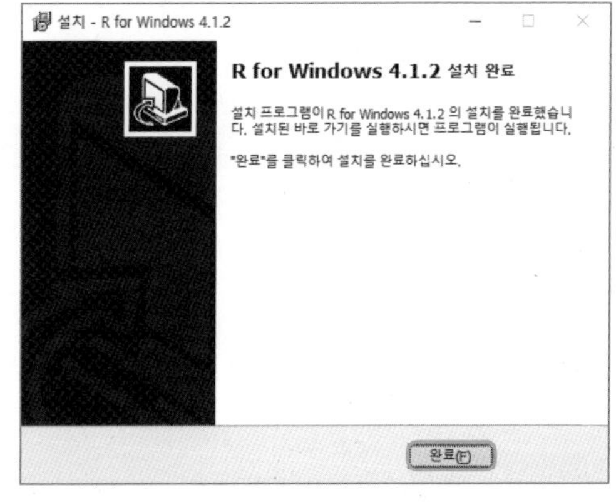

그림 1-4 윈도우용 R 설치 완료

2단계 R스튜디오 설치하기

R스튜디오는 R을 사용하기 편리하게 만들어 주는 통합 개발 환경입니다. R스튜디오를 사용하면 다양한 부가 기능을 활용해 데이터를 효율적으로 분석할 수 있습니다. R스튜디오 공식 사이트에 접속한 후 내려받기 페이지(rstudio.com/products/rstudio/download)로 이동하면 다음과 같은 요금제를 확인할 수 있습니다. 우리는 학습이 목적이므로 무료인 **RStudio Desktop** 버전 아래 〈DOWNLOAD〉를 클릭합니다.

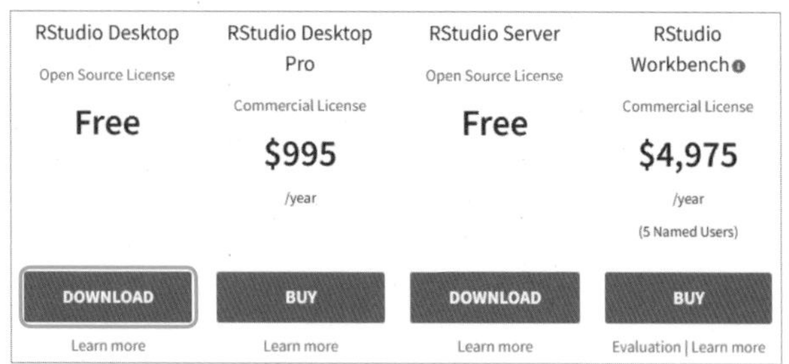

그림 1-5 R스튜디오 요금제

이어지는 화면에서 〈DOWNLOAD RSTUDIO FOR WINDOWS〉를 클릭하여 설치 파일을 내려받습니다. 만약 윈도우가 아닌 다른 운영체제를 사용한다면 스크롤을 내려 운영체제에 맞는 링크를 찾아 클릭하면 됩니다.

그림 1-6 윈도우용 R스튜디오 내려받기

방금 내려받은 설치 파일을 실행한 후 〈**다음**〉을 눌러 **기본 설정으로 설치**를 완료합니다.

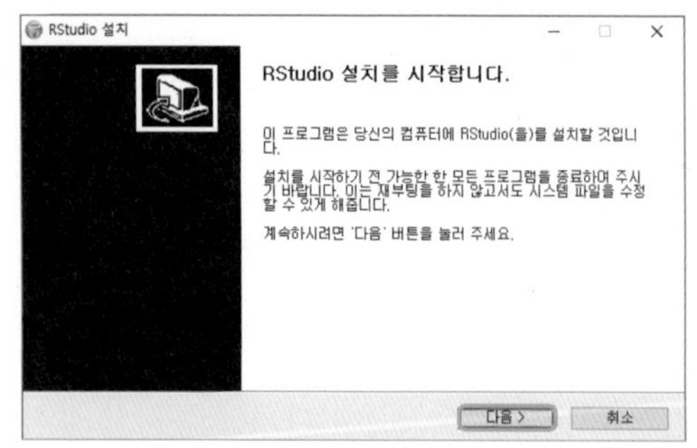

그림 1-7 R스튜디오 설치

R스튜디오를 실행할 때 오류가 발생해요

윈도우에서 R스튜디오를 실행할 때 크게 2가지 문제로 오류가 발생할 수 있습니다. 이럴 때는 다음처럼 설정을 바꾸어 보세요.

- **관리자 권한으로 실행되지 않을 때**

R스튜디오를 관리자 권한으로 실행하지 않으면 오류가 발생할 수 있습니다. 이때는 다음처럼 설정을 변경하고 R스튜디오를 다시 실행해 보세요.

❶ R스튜디오 아이콘을 마우스 오른쪽으로 클릭한 후 [속성 → 호환성]을 선택합니다.

❷ '관리자 권한으로 이 프로그램 실행'에 체크한 후 〈확인〉을 누릅니다.

- **윈도우 사용자 계정이 한글일 때**

윈도우 사용자 계정이 한글이면 오류가 발생할 수 있습니다. 이때는 영문으로 사용자 계정을 새로 만들어 로그인한 후 R스튜디오를 다시 실행해 보세요.

❶ 작업 표시줄의 검색란에서 '설정'을 검색해 설정 앱을 열고 [계정 → 가족 및 다른 사용자 → 이 PC에 다른 사용자 추가]를 선택합니다.

❷ '이 사람의 로그인 정보를 가지고 있지 않습니다.'를 클릭한 후 약관에 동의합니다. 'Microsoft 계정 없이 사용자 추가'를 클릭합니다.

❸ '사용자 이름'에 영문으로 이름을 입력한 후 〈다음〉을 클릭합니다.

❹ [시작 → 전원 → 종료 또는 로그아웃 → 로그아웃]을 클릭해 로그아웃합니다.

❺ 윈도우 시작 화면에서 화면 왼쪽 아래에 있는 새로 만든 영문 계정을 클릭해 로그인합니다.

01-3 R 스크립트 실행해 보기

지금까지 R과 R스튜디오 설치 방법을 살펴보았습니다. 본격적으로 실습에 들어가기 전에 몇 가지 사용법을 알아보겠습니다. 먼저 앞 절에서 설치한 R스튜디오를 실행하면 다음과 같은 화면을 볼 수 있습니다.

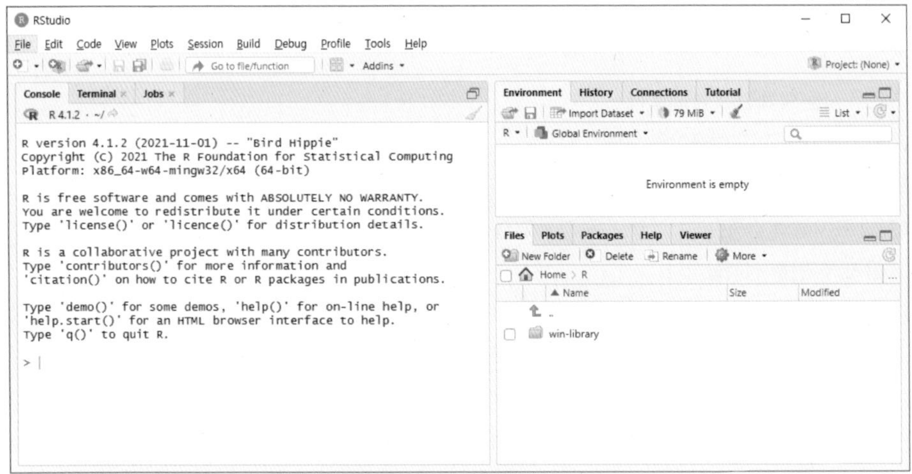

그림 1-8 R스튜디오 초기 화면

화면에서 왼쪽에 보이는 콘솔Console 창에 R 명령을 입력해 결과를 확인할 수 있습니다. 그러나 대부분은 R 스크립트라는 문서를 만들고 여기에 여러 가지 R 명령을 작성하여 실행합니다. R 스크립트는 [File → New File → R Script] 메뉴로 만듭니다.

R 스크립트를 하나 만들고 data라는 변수에 1에서 30까지 숫자를 저장한 후 출력하도록 다음 명령을 작성해 보세요.

• R 스크립트에 작성 예시

```
data <- c(1:30)    # 1에서 30까지 숫자
data
```

왼쪽 번호는 코드의 줄 번호이며 콜론 다음 문자부터 R 코드입니다. 또한 # 이후 문자열은 주석으로 코드를 설명하는 일종의 메모 역할을 합니다. 주석은 코드를 실행할 때 결과에 영향을 미치지 않으므로 중간중간 코드를 이해하는 데 도움을 주도록 달아 놓습니다.

방금 작성한 코드를 모두 선택하고(Ctrl+A) 실행 아이콘(Run)을 클릭하거나 Ctrl+Enter를 누르면 콘솔 창에 실행 결과가 출력됩니다. 즉, R 스크립트는 **코드를 선택해서 실행**할 수 있습니다. 직접 확인해 보세요.

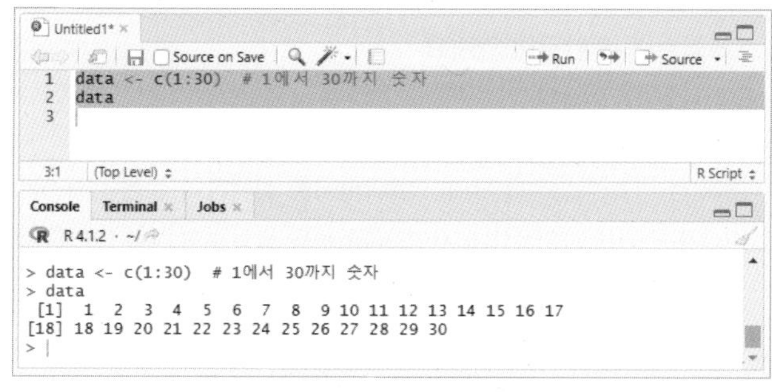

그림 1-9 R 스크립트 실행 화면

data에 1부터 30까지 숫자를 저장하고 이를 출력한 결과입니다. 콘솔 창에 나타난 실행 결과를 보면 줄마다 맨 앞에 대괄호가 보입니다. 대괄호 안 숫자는 결괏값이 몇 번째 순서에 위치하는지를 의미하는 인덱스index입니다. 실행 결과가 한 줄에 출력되면 [1]이 표시되지만, 여러 줄에 출력되면 줄마다 **첫 번째 값의 인덱스**가 표시됩니다.

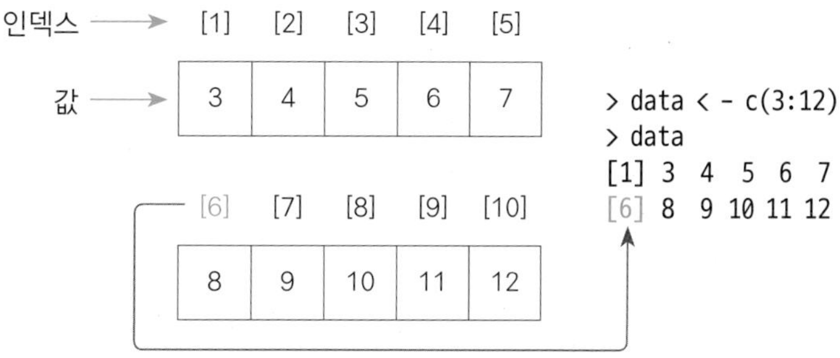

이 책은 각 장에서 실습하는 코드를 하나의 R 스크립트로 제공합니다. 즉, 장마다 R 스크립트가 1개입니다. 따라서 실습을 진행할 때는 R 스크립트를 불러온 다음, 책에서 안내하는 순서에 따라 해당 코드를 선택해서 실행하면 됩니다.

그러나 R 스크립트에 익숙해지려면 책의 코드를 직접 작성해 보는 것이 좋습니다. 코드를 직접 작성할 때는 책에 나온 코드를 그대로 작성하되 철자에 주의해 주세요. 책과 똑같이 입력하고 실행했는데 오류가 발생하거나 결과가 다르게 출력된다면 코드에 결함이 있거나 실행 순서가 틀렸을 수 있습니다. 또는 소스에 사용한 패키지의 일부 기능이 추가되거나 삭제될 때에도 제대로 동작하지 않을 수 있습니다. 이럴 때는 이 책의 소통 채널을 참고하기 바랍니다.

R 스크립트에서 한글이 깨져요

스크립트 내용 중 한글이 깨져서 나온다면 대부분 인코딩 설정 문제입니다. 이때는 R스튜디오에서 [Tools → Global Options]를 선택하여 설정 창을 엽니다. 왼쪽 메뉴에서 [Code]를 클릭하고 위쪽 탭에서 [Saving]을 클릭하면 다음 화면이 보입니다.

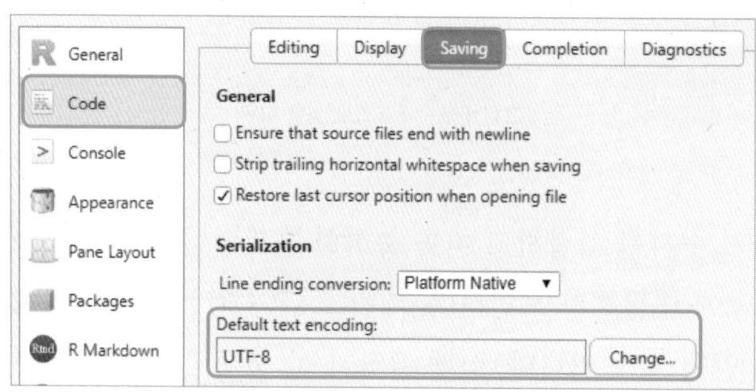

그림 1-10 R스튜디오 인코딩 설정

여기서 'Default text encoding' 항목에 있는 <Change>를 클릭해 UTF-8로 바꾼 후 <OK>를 클릭하여 R스튜디오를 다시 시작합니다. 이처럼 인코딩을 UTF-8로 바꾸면 한글로 작성한 스크립트도 정상으로 출력됩니다.

01-4 프로젝트 수행 과정 훑어보기

데이터 분석 프로젝트는 일반적으로 다음처럼 다섯 단계로 구분됩니다. 데이터 분석 실습을 본격적으로 진행하기 전에 이 책의 프로젝트가 어떠한 순서로 진행되는지 살펴보겠습니다.

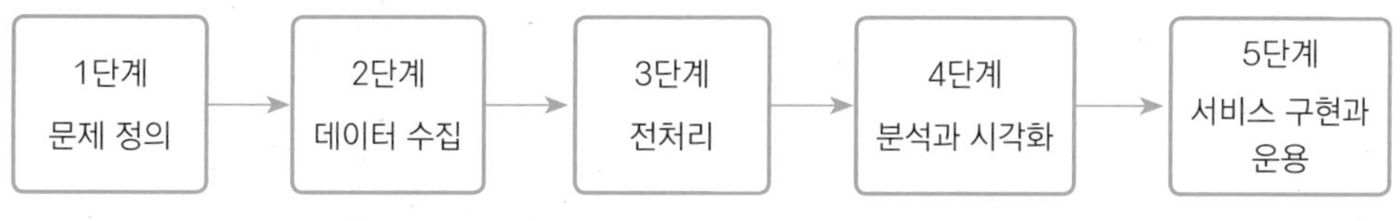

그림 1-11 데이터 분석 프로젝트 5단계

(1) 문제 정의

문제 정의는 분석의 대상이자 목적을 정하는 단계입니다. 따라서 초기 단계에서 문제를 정확하게 설정하고 이에 따라 자료 수집과 분석이 이루어져야 합니다. 이 책은 요즘 우리 사회에서 많은 사람의 관심을 받는 아파트 가격 변화를 분석해 봅니다. 어느 지역의 아파트 가격이 얼마나 올랐는지는 자료를 통해 알 수 있지만, 실제로 이러한 변화가 어떠한 의미가 있는지 설명하거나 실증할 수 있는 분석 도구는 부족합니다. 이 책은 서울시 아파트 가격 변화를 데이터로 실증하거나 분석할 수 있는 도구를 만드는 데 초점을 두었습니다.

(2) 데이터 수집

데이터 수집은 문제 정의에 필요한 요건을 이해하고 실제 데이터를 확보하는 단계입니다. 과거에는 데이터를 확보하기가 어려웠고 확보했더라도 매우 제한된 수준이었습니다. 그러나 최근에는 민간 데이터를 더 편리하게 구입할 수 있을 뿐만 아니라 정부에서 운영하는 공공데이터포털에서는 비용을 지불하지 않아도 공공데이터를 사용할 수 있습니다. 이 책에서는 데이터 자동 수집 도구인 크롤러를 이용하여 공공데이터포털에서 제공하는 아파트 매매 실거래 자료를 실시간으로 수집할 수 있도록 구성했습니다.

(3) 전처리

수집한 자료를 분석에 바로 사용할 수 있는 경우는 거의 없습니다. 데이터 안에는 결측값missing value(누락된 값)이나 이상값outlier(벗어난 값) 등 많은 오류가 포함되어 있으므로 이를 적절하게 처리하는 과정이 필요합니다. 이 책에서는 전처리를 거쳐 우리가 사용할 수 있는 데이터 세트로 만드는 과정을 살펴봅니다.

(4) 분석과 시각화

분석과 시각화는 앞서 1단계에서 정의한 문제의 답을 찾는 단계입니다. 우리가 다루는 데이터는 대부분 일련의 숫자로 되어 있습니다. 사람은 한꺼번에 많은 숫자나 데이터를 인지하기 어렵습니다. 따라서 그래프나 차트를 이용하여 데이터의 흐름과 변화를 파악하고 이해하기 쉽게 이미지로 표현하는 과정을 살펴봅니다.

(5) 서비스 구현과 운용

데이터 분석 애플리케이션을 개발하는 최종 목적은 분석 결과를 다른 사용자와 함께 공유하기 위해서입니다. 이 책에서는 아파트 가격의 변화를 추적하고 정밀하게 살펴봄으로써 데이터 기반 의사결정 도구로 활용할 수 있도록 R 샤이니 패키지를 활용하여 반응형 웹 애플리케이션을 만들어 봅니다.

이번 장에서는 데이터 분석 환경을 만들고 프로젝트의 전체 수행 과정을 살펴봤습니다. 이제 이 과정에 맞춰 데이터 분석 프로젝트를 진행해 보면서 최종 목적지를 향해 달려가 보겠습니다.

자료 수집 전에 알아야 할 내용

자료 수집에 앞서 API 크롤링이 무엇인지 알아보고 공공데이터포털에서 API 인증키를 발급받는 방법을 알아봅니다. 또한 API를 이용해 자료를 요청하는 방법과 이에 따른 응답 결과가 어떤 구조인지 살펴봅니다.

02-1 자료는 어디서 구할까?

자료 수집은 데이터 분석 과정에서 맨 처음 만나는 관문입니다. 이때 어떤 자료를 어떻게 수집할지는 분석에 소요되는 시간과 비용 그리고 결과물의 수준을 결정합니다. 단순히 인터넷에서 자료를 가져올 때는 복사와 붙여넣기만 반복하면 되지만, 많은 자료가 여기저기 분산돼 있거나 정기적으로 업데이트될 때는 **크롤러*** 같은 자동 수집 도구를 이용하는 것이 편리합니다.

* 크롤러(crawler)란 웹을 돌아다니며 유용한 정보를 찾아 수집하는 프로그램입니다.

크롤러를 직접 만드는 일은 까다롭지만 공공데이터포털 같은 곳에서는 다양한 데이터를 이용할 수 있도록 API application programming interface를 제공합니다. 이 책에서 구하고자 하는 아파트 실거래 자료 역시 공공데이터포털에서 API 형식으로 제공합니다.

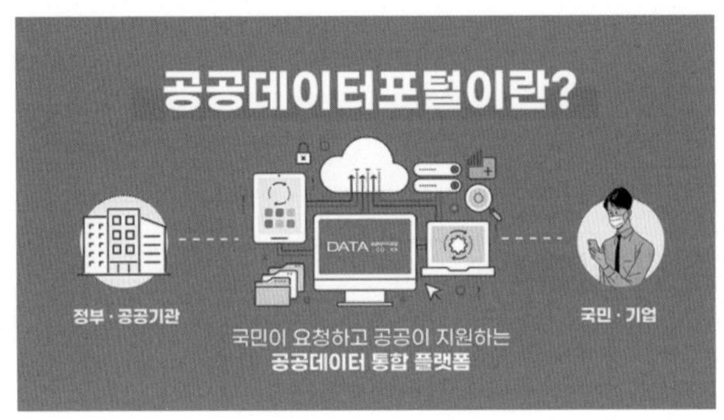

그림 2-1 공공데이터포털

API를 한마디로 표현하면 레스토랑에서 주문을 받고 요리사가 조리한 음식을 전달해 주는 종업원이라 할 수 있습니다. 손님이 음식을 고르면 종업원은 주문 내역을 주방에 전달하는데 이 과정을 **요청** request이라고 합니다. 이후 음식이 완성되면 종업원은 이를 다시 손님에게 전달하는데 이를 **응답** response이라고 합니다. 따라서 종업원은 손님과 요리사 사이에서 요청과 응답을 전달하는 역할을 담당합니다.

자료 수집 과정에서도 API가 종업원과 비슷한 역할을 수행합니다. 정보를 주문하는 **클라이언트** client와 결과를 제공하는 **서버** server 사이에서 요청과 응답 내용을 전달해 주는 매개체 역할을 수행합니다.

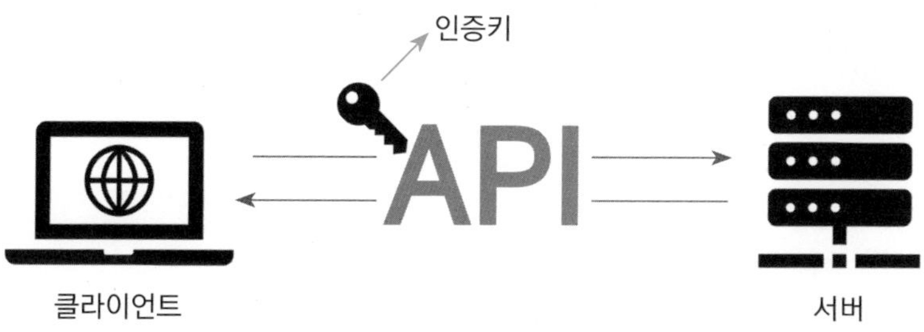

그런데 API를 이용하려면 인증키가 있어야 합니다. 인증키는 API를 이용할 수 있는 권한으로서 허용된 사용자에게만 데이터를 제공하는 방법입니다. 그럼 공공데이터포털에서 제공하는 API 인증키는 어떻게 발급받는지 알아보겠습니다.

02-2 API 인증키 얻기

공공데이터포털에서 인증키를 발급받으려면 우선 웹 브라우저를 열고 **공공데이터포털**(data.go.kr)에 접속합니다. 그리고 **회원가입 후 로그인**합니다.

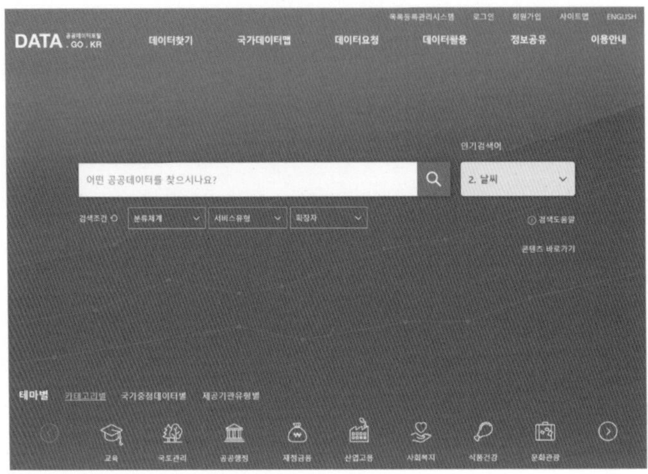

그림 2-2 공공데이터포털 홈페이지

Do it! 실습

1단계 API 활용 신청하기

공공데이터포털에서는 공공기관이 생성하고 수집한 데이터 가운데 개방할 수 있는 모든 데이터를 다양한 형식으로 제공합니다. 이 책에서는 국토교통부에서 제공하는 **아파트매매 실거래자료**가 필요하므로 공공데이터포털 첫 화면에 있는 검색란에 '아파트매매 실거래자료'를 입력하여 찾습니다.

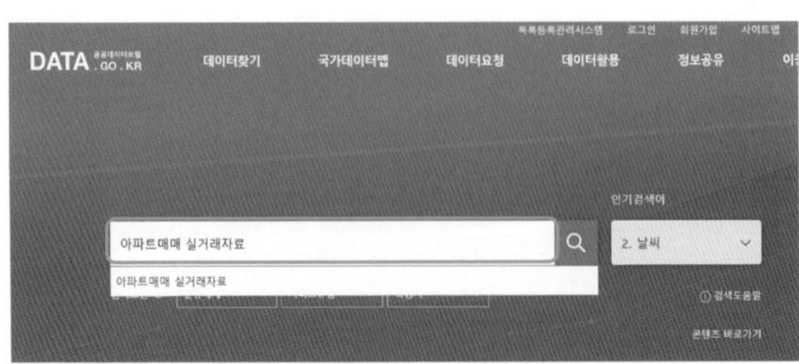

그림 2-3 자료 찾기

검색 결과 화면에서 [오픈 API] 탭을 클릭한 후 목록에서 **'국토교통부_아파트매매 실거래자료'**가 보이면 오른쪽에서 **〈활용신청〉**을 클릭합니다.

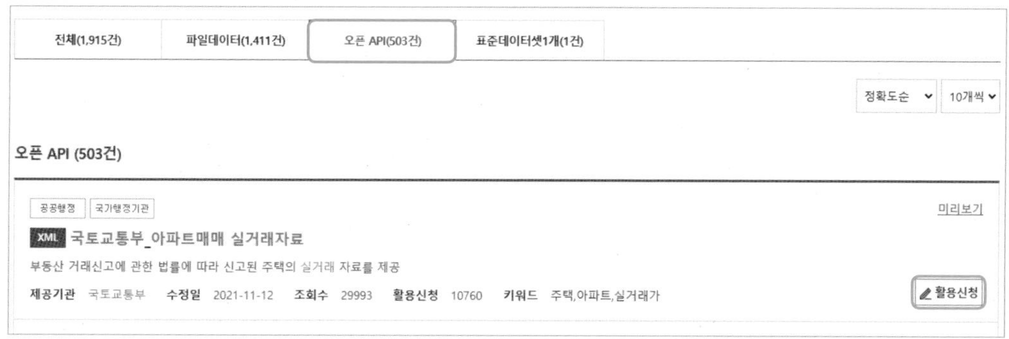

그림 2-4 API 활용 신청

그러면 다음처럼 'OpenAPI 개발계정 신청' 화면이 나옵니다. 이 화면에서 심의 여부를 확인해 보면 '자동승인'으로 되어 있습니다. 자동 승인은 따로 심사하지 않고 신청하면 곧바로 사용할 수 있음을 의미합니다.

OpenAPI 개발계정 신청

XML 국토교통부_아파트매매 실거래자료

제공기관	국토교통부	서비스유형	REST
심의여부	자동승인	신청유형	개발계정 | 활용신청
처리상태	신청	활용기간	승인일로부터 24개월 간 활용가능

공공데이터 제공제도

활용목적 선택

*표시는 필수 입력항목입니다.

*활용목적 ◉ 웹 사이트 개발 ○ 앱개발 (모바일,솔루션등) ○ 기타 ○ 참고자료 ○ 연구(논문 등)

테스트

3/250

그림 2-5 OpenAPI 개발 계정 신청

필수 항목인 '활용 목적'은 어느 것을 선택해도 상관없습니다. '웹 사이트 개발'을 선택하고 텍스트 상자에 적당한 설명을 작성합니다. 나머지 내용은 확인한 후 기본값 그대로 두고 맨 아래에 **'동의합니다'**에 체크합니다. 그리고 **〈활용신청〉**을 클릭합니다.

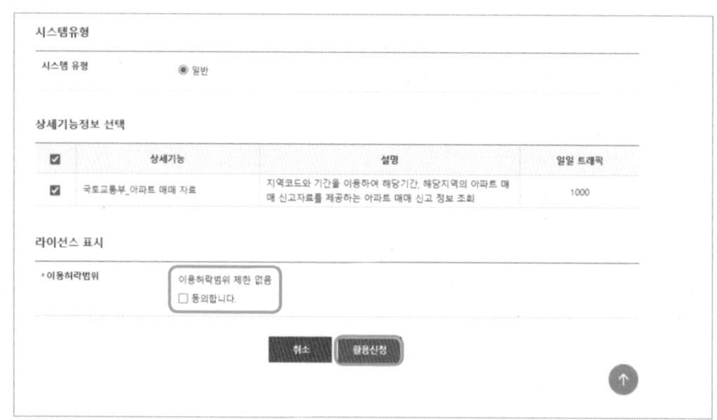

그림 2-6 동의 후 활용 신청

참고로 시스템 유형에서 '일반'은 Open API 서비스를 호출하여 응답받은 결과를 서버에 따로 저장하지 않고 사용하겠다는 의미입니다. 또한 일일 트랙픽을 주의 깊게 보아야 합니다. 데이터를 24시간 동안 1,000건만 요청할 수 있다고 나오는데, 만약 제한된 건수가 넘으면 다음날 요청해야 합니다. 개인이 아닌 기업이라면 따로 심사를 거쳐 대규모 트래픽이 가능한 계정을 할당받을 수도 있습니다.

또한 제3자 권리가 포함된 공공데이터는 저작권 문제로 권리자에게 정당한 이용 허락을 얻어야 합니다. 따라서 이용 허락 범위에 어떻게 표시되어 있는지 확인해야 합니다. 예를 들어 '서울시 버스도착정보조회 서비스'는 제3자의 저작권이 포함되어 있어서 이용 허락 범위가 '저작자 표시'로 되어 있습니다. 반면 이 책에서 다루는 '아파트매매 실거래자료'는 '제한 없음'으로 되어 있어서 데이터를 사용할 때 저작자 표시를 신경 쓰지 않아도 됩니다.

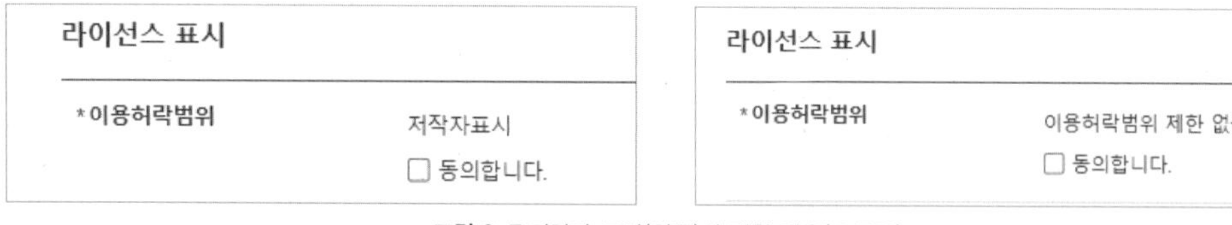

그림 2-7 저작자 표시(왼쪽)와 제한 없음(오른쪽)

'신청하시겠습니까'라는 팝업 창이 나오고 〈확인〉을 클릭하면 다음 안내문이 나옵니다. 대략 1~2시간 후 API를 호출해 자료를 얻을 수 있습니다.

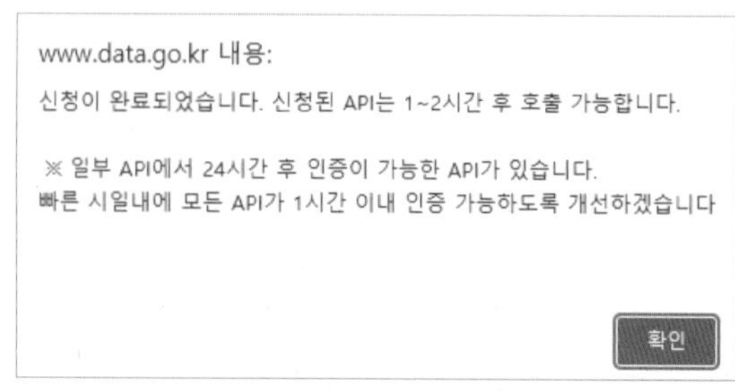

그림 2-8 신청 완료 팝업

2단계 승인 및 인증키 확인하기

API 활용 신청을 마치고 승인이 났는지 확인하려면 마이페이지를 보면 됩니다. 공공데이터 포털 사이트 위쪽 메뉴에서 **[마이페이지]**를 클릭하면 다음과 같은 개발 계정 화면이 나옵니다. 이 화면에서 신청과 활용, 중지 건수를 확인할 수 있습니다. 신청한 자료가 승인되면 활용 건수로 바뀌고 아래 목록에서 해당 자료명 앞에 [승인]이 붙습니다.

그림 2-9 마이페이지

승인이 완료된 자료를 클릭하면 상세보기 화면이 나타납니다. 상세보기 화면에는 여러 가지 정보가 나타나는데 이 가운데 **일반 인증키(Encoding)** 항목의 데이터가 이 API를 이용할 때 필요한 인증키입니다. 각자 발급받은 이 고유한 인증키로 서버에 자료를 요청합니다. 이 키를 따로 복사해 두었다가 나중에 코드를 작성할 때 활용할 수 있도록 합니다.

서비스정보

참고문서	아파트 매매 신고정보 조회 기술문서.hwp
데이터포맷	XML
End Point	http://openapi.molit.go.kr:8081/OpenAPI_ToolInstallPackage/service/rest/RTMSOBJSvc/getRTMSDataSvcAptTrade?_wadl&type=xml
API 환경 또는 API 호출 조건에 따라 **인증키가 적용되는 방식이 다를 수 있습니다.** 포털에서 제공되는 **Encoding/Decoding** 된 인증키를 적용하면서 구동되는 키를 사용하시기 바랍니다. * 향후 포털에서 더 명확한 정보를 제공하기 위해 노력하겠습니다.	
일반 인증키 (Encoding)	[illegible]
일반 인증키 (Decoding)	[illegible]

그림 2-10 인증키 발급 확인

그리고 참고 문서 항목에서 **'아파트 매매 신고정보 조회 기술문서.hwp'**를 클릭해 내려받아 둡니다. API마다 이러한 기술 문서를 제공하므로 이를 참조해 이용하면 됩니다. 다음 절에서 이 문서에 나오는 정보를 확인해 보겠습니다.

이제 자료를 수집하는 데 필요한 준비를 마쳤습니다. 그런데 API 인증키가 있다고 해서 바로 자료를 수집할 수 있는 것은 아닙니다. 우리가 주민센터에서 주민등록등본을 발급받으려면 신청서에 정보를 써야 하듯이, API로 자료를 요청할 때도 주어진 형식에 따라 필요한 정보를 채워 넣어야 합니다. 다음 절에서 API에 자료를 요청하는 방법을 살펴보겠습니다.

02-3 API에 자료 요청하기

API에 자료를 요청하려면 규격에 맞게 특정한 정보를 전달해야 합니다. 이를 전달받은 API는 서버에서 알맞은 자료를 찾아서 응답해 줍니다. 앞 절에서 내려받은 '아파트 매매 신고정보 조회 기술문서.hwp'를 보면 자료를 요청할 때 넘겨야 할 정보가 나와 있습니다. 하나씩 살펴보겠습니다.

Do it! 실습

1단계 서비스 URL 확인하기

먼저 자료 요청을 어디에 해야 하는지 알아야 합니다. 즉, 자료를 요청할 서버의 주소를 알아야 하는데 이를 **'서비스 URL'**이라고 합니다. 기술 문서 4쪽을 보면 상세 기능 정보가 나오는데 여기서 'call Back URL' 항목의 주소가 바로 서비스 URL입니다. 즉, 자료 요청을 받는 API와 데이터가 저장된 위치라고 생각하면 됩니다. 이 주소를 메모장에 따로 복사해 놓으세요.

표 2-1 상세 기능 정보

상세 기능 번호	1	상세 기능 유형	조회 (자료)
상세 기능명(국문)	아파트 매매 신고 정보		
상세 기능 설명	행정표준코드관리시스템(www.code.go.kr)의 법정동 코드 중 앞 5자리(예시: 서울 종로구 - 11110), 거래 연월(예시: 201801)로 해당 지역, 해당 기간의 아파트 매매 신고 정보 조회		
Call Back URL	http://openapi.molit.go.kr:8081/OpenAPI_ToolInstallPackage/service/rest/RTMSOBJSvc/getRTMSDataSvcAptTrade		
최대 메시지 크기	[1000 bytes]		
평균 응답 시간	[500] ms	초당 최대 트랜잭션	[30] tps

2단계 요청 변수 확인하기

자료를 어디에 요청해야 할지 알았다면 그다음은 어떻게 요청해야 할지도 알아야 합니다. 기술 문서 4쪽에 나오는 요청 메시지 명세를 보면 아파트 실거래 자료를 요청할 때 다음 3가지 정보가 필요하다고 합니다. 이 정보를 조합해 하나의 요청 URL로 만들어서 API에 요청하면 서버가 해당 자료를 찾아서 보내 줍니다.

표 2-2 요청 메시지 명세

항목명(영어)	항목명(한글)	크기	구분	샘플 데이터	설명
LAWD_CD	지역 코드*	5	1	11110	지역별 코드 (10자리 중 앞 5자리)*
DEAL_YMD	거래 연월	6	1	201512	실거래 자료의 거래 연월
serviceKey	인증키	100	1	인증키(URL Encode)	공공데이터포털에서 발급받는 인증키

* 지역 코드는 행정안전부의 행정표준코드관리시스템(www.code.go.kr)을 따릅니다.

예를 들어 서울시 종로구에서 2015년 12월에 등록된 실거래 정보를 수집하고 싶다면 지역 코드(11110)와 등록 월(201512) 그리고 인증키 정보를 조합해야 합니다. 이러한 정보를 바탕으로 **요청** URL을 만들어서 API에 요청합니다.

3단계 요청 URL 만들기

이제 API에 자료를 요청하는 URL을 만들어 보겠습니다. 요청 URL은 '서비스 URL'과 '요청 내역'으로 구성합니다. 서비스 URL은 1단계에서 확인한 주소를 그대로 사용하면 됩니다. 서비스 URL 다음에는 ? 연산자를 입력하고 이어서 요청 내역을 입력합니다. 요청 내역은 2단계에서 확인한 API가 요구하는 3가지 정보, 즉 `LAWD_CD`(지역 코드), `DEAL_YMD`(거래 연월), `serviceKey`(인증키)를 & 연산자로 이어서 구성합니다. 예를 들면 다음과 같습니다.

데이터 요청을 위한 URL 작성 예시

```
서비스URL?LAWD_CD=지역코드&DEAL_YMD=거래연월&serviceKey=인증키
```

다음은 2015년 6월에 서울시 종로구에 등록된 아파트 매매 실거래 자료를 요청하는 예입니다. 지역 코드(11110)와 거래 연월(201506) 그리고 「02-2」절에서 발급받은 인증키를 채워 넣습니다. 이렇게 만든 URL을 웹 브라우저 주소 창에 입력하고 Enter를 누르면 서버로부터 XML 형태로 응답받은 데이터를 확인할 수 있습니다.

요청 URL	응답 결과
http://openapi.molit.go.kr:8081/ OpenAPI_ToolInstallPackage/ service/rest/RTMSOBJSvc/ getRTMSDataSvcAptTrade? LAWD_CD=11110&DEAL_YMD=201507& serviceKey=###인증키### 여기에 자신이 발급 받은 인증키를 입력하세요.	▼<response> ▼<header> <resultCode>00</resultCode> <resultMsg>NORMAL SERVICE.</resultMsg> </header> ▼<body> ▼<items> ▼<item> <거래금액> 65,000</거래금액> <거래유형> </거래유형> <건축년도>2000</건축년도> <년>2015</년> <법정동> 청운동</법정동> <아파트>청운현대</아파트> <월>7</월> <일>20</일> <전용면적>84.51</전용면적> <중개사소재지> </중개사소재지> <지번>56-45</지번> <지역코드>11110</지역코드> <층>5</층> <해제사유발생일> </해제사유발생일> <해제여부> </해제여부> </item> ▼<item> <거래금액> 100,000</거래금액> <거래유형> </거래유형>

그림 2-11 요청 URL과 응답 결과 예시

한꺼번에 많은 자료를 요청하려면 어떻게 해야 할까?

앞에서 만든 요청 URL로는 한 지역에서 이루어진 거래 가운데 1개월 이내 자료만 수집할 수 있습니다. 따라서 자료 수집 대상 지역이나 기간을 늘리려면 그만큼 많은 URL을 만들어야 합니다. 보통 이럴 때는 반복문 등을 이용해 여러 조건으로 구성된 요청 URL을 만들어서 리스트 형식으로 묶는 코드를 작성합니다.

• 요청 목록 예시

```
http://openapi.molit.go.kr:8081/(... 생략 ...)&LAWD_CD=11110&DEAL_YMD=201507
http://openapi.molit.go.kr:8081/(... 생략 ...)&LAWD_CD=11110&DEAL_YMD=201508
(... 생략 ...)
```

오픈 API에 자료를 요청할 때 보통 이런 식으로 요청 URL 목록을 만들어서 한꺼번에 많은 데이터를 수집합니다.

02-4 API 응답 확인하기

요청 URL을 API에 보내면 서버는 이에 응답하여 결과를 제공합니다. 이제 서버가 반환하는 응답 내역과 이를 XML 형태로 확인하는 방법을 알아보겠습니다.

Do it! 실습

1단계 응답 내역 알아보기

응답 내역은 크게 **상태**status와 **값**value 정보로 구분할 수 있습니다. 상태 정보는 요청이 제대로 이루어졌는지 알려 주는 확인 코드로서 결과 코드와 결과 메시지로 구성됩니다. 요청이 제대로 이루어졌다면 각각 `00`와 `NORMAL SERVICE`라는 값을 받습니다. 그리고 값 정보는 거래 금액부터 중개업소 주소까지 다음 표처럼 구성됩니다.

표 2-3 실거래 API 응답 내역

항목명(영문)	항목명(국문)	항목 설명	크기	구분	샘플 데이터
resultCode	결과 코드	결과 코드	2	1	00
resultMsg	결과 메시지	결과 메시지	50	1	NORMAL SERVICE.
Deal Amount	금액	거래 금액(만원)	40	1	82,500
Build Year	건축 연도	건축 연도	4	1	2015
Deal Year	연도	거래 연도	4	1	2015
Dong	법정동	법정동	40	1	사직동
Apartment Name	아파트	아파트 이름	40	1	광화문 풍림스페이스본(9-0)
Deal Month	월	거래 월	2	1	12
Deal Day	일	일	6	1	1
Area for Exclusive Use	전용면적	전용면적(㎡)	20	1	94.51
Jibun	지번	지번	10	1	9
Regional Code	지역 코드	지역 코드	5	1	11110
Floor	층	층	4	1	11

Cancel Deal Type	해제 여부	해제 여부	1	0	O
Cancel Deal Day	해제 사유 발생일	해제 사유 발생일	8	0	21.01.27
REQ GBN	거래 유형	중개 및 직거래 여부	10	1	중개거래
Rdealer Lawdnm	중개업소 주소	시군구 단위	150	1	서울 서초구

* 2021년부터 허위매물거래 문제로 실거래 신고 해제여부(Cancel Deal Type), 해제사유발생일(Cancel Deal Day), 거래유형(REQ GBN), 중개업소주소(Rdealer Lawdnm) 같은 정보들이 추가되었으나 이번 자료 수집에서는 사용하지 않습니다.

요청이 제대로 이루어진다면 아파트 실거래와 관련하여 다양한 정보를 받을 수 있습니다. 그런데 API마다 응답 데이터 형식은 다를 수 있습니다. 대부분 XML 형식으로 반환하지만 JSON이나 CSV 형식으로 제공하는 API도 있습니다. 따라서 API가 제공하는 데이터 형식에 따라 데이터 수집 계획을 세워야 합니다. 이 책에서 실습하는 아파트 실거래 API의 응답 데이터는 XML 형식이므로 XML 파일에서 응답 내역을 확인하는 방법을 알아보겠습니다.

2단계 XML 형태의 응답 내역 확인하기

XML[extensible markup language]은 컴퓨터끼리 데이터를 원활하게 전달하는 것을 목적으로 만든 언어입니다. 모든 XML 데이터는 루트 노드[root node]에서 출발하며 부모-자식[parent-child] 관계로 연결되어 있습니다.

우리가 받고자 하는 실거래 자료는 응답 순번이 저장된 루트 노드인 `<response>`에서 출발합니다. 이는 다시 `<header>`와 `<body>`라는 노드를 포함합니다. `<header>` 노드는 상태 정보를 알려 주는 `<resultCode>`와 상태 메시지가 담긴 `<resultMSg>`로 구성되어 있습니다. `<body>` 노드 아래에 있는 `<items>` 노드에는 세부 응답 내역이 있습니다.

예를 들어 다음 그림은 2015년 12월 서울시 종로구의 실거래 자료를 요청할 때 얻을 수 있는 XML 데이터를 보여 줍니다. 응답 상태와 응답 내역이 어떻게 구성돼 있는지 확인해 보세요.

서버가 반환한 XML 코드	설명
<response>	
<header>	응답 상태: 정상 처리 여부 확인
<resultCode>00</resultCode> <resultMsg>NORMAL SERVICE.</resultMsg>	HTTP 상태 코드(status code) 정보 00: 정상, 401: 인증 실패, 500: 서버 오류
</header>	
<body>	응답값: 요청에 대한 실제 결과 제공
<items>	검색 결과 모음(item1, item2, ...)
<item> <거래금액> 82,500</거래금액> <건축년도>2008</건축년도> ..... <지역코드>11110</지역코드> <층>11</층> </item>	검색 결과 item 1번 내용
<item> <거래금액> 60,000</거래금액> <건축년도>1981</건축년도> ..... <지역코드>11110</지역코드> <층>8</층> </item>	검색 결과 item 2번 내용
</items>	
<numOfRows>10</numOfRows> <pageNo>1</pageNo> <totalCount>49</totalCount>	결과 데이터 수 결과 페이지 전체 데이터 개수
</body>	
</response>	

그림 2-12 아파트 실거래 XML 데이터 구조

자료 수집: API 크롤러 만들기

이 장에서는 공공데이터포털에서 제공하는 API로 자료를 수집할 때 먼저 무엇을 준비해야 하는지 알아봅니다. 또한 분석에 필요한 자료를 요청하고 응답 결과를 자동으로 정리하는 크롤러를 만들어 실제로 자료를 수집해 봅니다.

03-1 크롤링 준비: 무엇을 준비할까?

API로 크롤링을 하려면 수집할 자료를 정해야 합니다. 02장에서 아파트 실거래 API에 자료를 요청할 때 대상 지역과 기간, 인증키가 필요하다고 했습니다. 본격적으로 크롤링을 하기 전에 이러한 자료를 R 코드로 어떻게 설정하는지 살펴보겠습니다.

Do it! 실습

1단계 작업 폴더 설정하기

R 데이터 분석 작업을 시작할 때 가장 먼저 해야 할 일은 기본 작업 폴더working directory를 설정하는 것입니다. 우선 내 컴퓨터에 폴더를 하나 만듭니다. 필자는 내 문서 아래 Doit_R_Shiny라는 이름으로 만들었습니다. 앞으로 이 폴더를 '작업 폴더'라고 부르겠습니다. 이 책의 모든 R 스크립트 파일은 작업 폴더에 만들어 실습을 진행합니다. 작업 폴더를 만들었으면 그 안에 필자가 제공한 실습 파일에서 01_code 폴더를 통째로 옮겨 놓습니다. 01_code 폴더에는 이 책의 실습에 필요한 기초 자료들이 있습니다.

이제 작업 폴더에 **03_자료수집.R**이라는 이름으로 새로운 R 스크립트 파일을 만들고 다음 코드를 작성합니다. 참고로 이후 단계에 나오는 소스를 이 파일에 계속 추가합니다.

Do it! 작업 폴더 설정 03_자료수집.R

```
install.packages("rstudioapi")   # rstudioapi 설치
setwd(dirname(rstudioapi::getSourceEditorContext()$path))   # 작업 폴더 설정
getwd()   # 작업 폴더 확인
```

☞ 실행 결과

```
[1] "C:/Users/user/Documents/Doit_R_Shiny"
```

rstudioapi라는 라이브러리를 이용하면 스크립트가 저장된 위치를 작업 폴더로 쉽게 설정할 수 있습니다. 코드에서 install.packages() 함수가 이 라이브러리를 설치합니다. 그리고 setwd() 함수는 현재 위치를 작업 폴더로 설정하고, getwd() 함수는 설정된 작업 폴더 위치를 출력합니다.

2단계 수집 대상 지역 설정하기

앞서 02장에서 API에 자료를 요청하는 방법으로 요청 URL을 살펴봤습니다. 이 요청 URL을 만들려면 수집 대상 지역을 나타내는 지역 코드와 거래 연월, 그리고 인증키 정보가 필요합니다. 이 가운데 지역 코드를 가져오는 방법을 알아보겠습니다.

앞선 03_자료수집.R 파일에 다음 코드를 이어서 작성합니다. 코드에서 read.csv() 함수는 지역 코드를 불러오고, as.character() 함수로 행정구역 이름(loc$code)을 문자로 변환합니다. 그리고 head(loc, 2) 코드는 추출 결과를 출력합니다.

Do it! 수집 대상 지역 설정 03_자료수집.R

```
loc <- read.csv("./01_code/sigun_code/sigun_code.csv", fileEncoding="UTF-8")  # 지역 코드
loc$code <- as.character(loc$code)  # 행정구역명 문자 변환
head(loc, 2)  # 확인
```

☞ 실행 결과

```
  code   sido       sigungu  addr_1    addr_2
1 11110  서울특별시  종로구    서울_종로  서울특별시 종로구
2 11140  서울특별시  중구      서울_중구  서울특별시 중구
```

지역 코드가 뭔가요?

지역 코드는 행정안전부의 행정표준코드관리시스템(www.code.go.kr)을 따릅니다. 지역 코드는 기초 자치 단체인 시·군·구에 할당한 코드로서 광역시·도(2자리) + 기초시·군·구(3자리)로 이루어집니다. 예를 들어 서울특별시 종로구의 지역 코드는 11110인데, 이는 서울특별시 11과 종로구 110의 조합입니다.

표 3-1 지역 코드 예시

code	sido	sigungu	addr_1	addr_2
11110	서울특별시	종로구	서울_종로	서울특별시 종로구
11140	서울특별시	중구	서울_중구	서울특별시 중구
11170	서울특별시	용산구	서울_용산	서울특별시 용산구
11200	서울특별시	성동구	서울_성동	서울특별시 성동구

3단계 수집 기간 설정하기

두 번째로 필요한 정보는 언제부터 언제까지 데이터를 가져올 것인가를 나타내는 수집 기간입니다. 분석에 필요한 자료는 2021년 1월부터 2021년 12월까지 12개월치라고 하겠습니다. 기간 설정은 YYYYMM(연도+월) 형식으로 합니다. 따라서 202101, 202102, …. 202111, 202112처럼 숫자로 구성된 연도+월 목록 12개를 생성합니다.

앞선 03_자료수집.R 파일에 다음 코드를 이어서 작성합니다. `seq(from = A, to = B, by =C)`와 같은 형태로 연도+월 목록을 생성합니다. 이 코드는 시작(A)에서 종료(B)까지 일정 간격(C)을 기준으로 연속된 자료를 생성하는 함수입니다.

Do it! 수집 기간 설정 03_자료수집.R

```
datelist <- seq(from = as.Date('2021-01-01'),   # 시작
                to   = as.Date('2021-12-31'),   # 종료
                by   = '1 month')               # 단위
datelist <- format(datelist, format = '%Y%m')   # 형식 변환(YYYY-MM-DD => YYYYMM)
datelist[1:3]   # 확인
```

☞ 실행 결과

```
"202101" "202102" "202103"
```

YYYY-MM-DD 형식으로 날짜 데이터를 생성했지만 우리가 필요한 날짜 형식은 YYYYMM입니다. 따라서 `format(데이터, format = '%Y%m')` 코드로 YYYY-MM-DD를 YYYYMM 형식으로 변환합니다. 마지막으로 `datelist[1:3]` 코드로 처음부터 세 번째 자료까지 변환된 결과를 확인합니다.

4단계 인증키 입력하기

크롤링을 준비하는 마지막 단계에서는 공공데이터포털에서 발급받은 인증키를 입력합니다. 앞선 03_자료수집.R 파일에 다음 코드를 이어서 작성합니다. 코드에서 "인증키"에는 공공데이터포털에서 발급받은 키값을 입력해야 합니다.

Do it! 인증키 입력 03_자료수집.R

```
service_key <- "인증키"   # 인증키 입력
```

02-2절에서 발급받은 인증키를 입력하세요.

03-2 요청 목록 생성: 자료를 어떻게 요청할까?

공공데이터포털에서 제공하는 아파트 실거래 API는 한 번에 행정구역 한 곳에서 1개월 이내에 이루어진 실거래 정보만 수집할 수 있습니다. 따라서 대상 지역이나 기간을 늘리면 자료 요청 건수도 늘어납니다.

이 책에서는 서울시에 속한 25개 자치구에서 1년 동안 실거래 자료를 수집하여 분석하려고 합니다. 25개 자치구별로 2021년 1월부터 12개월 동안에 등록된 실거래 자료를 수집하려면 요청 URL을 모두 300건(25 × 12) 만들어야 합니다.

Do it! 실습

1단계 요청 목록 만들기

먼저 아무것도 들어 있지 않은 빈 목록을 만듭니다. 다음 코드를 작성해 list() 함수로 빈 요청 목록(url_list)을 만들고, 반복문에서 반복 횟수를 세는 데 사용할 변수 cnt에 초깃값을 0으로 설정합니다.

Do it! 요청 목록 만들기 03_자료수집.R

```
url_list <- list()    # 빈 리스트 만들기
cnt <- 0              # 반복문의 제어 변수 초깃값 설정
```

2단계 요청 목록 채우기

요청 목록(url_list)은 '프로토콜 + 주소 + 포트 번호 + 리소스 경로 + 요청 내역' 등 5가지 정보로 구성됩니다. 대부분은 고정된 내용이지만 요청 내역은 대상 지역과 기간이라는 2가지 조건에 따라 변합니다. 이러한 조건을 고려하려면 반복문 안에 또 다른 반복문이 동작하는 중첩이 필요합니다.

다음 코드를 작성해 요청 목록을 채웁니다.

Do it! 요청 목록 채우기 03_자료수집.R

```
for (i in 1:nrow(loc)) {              # 외부 반복: 25개 자치구
  for (j in 1:length(datelist)) {  # 내부 반복: 12개월
    cnt <- cnt + 1                  # 반복 누적 세기
    #---# 요청 목록 채우기 (25 X 12 = 300)
    url_list[cnt] <- paste0("http://openapi.molit.(... 생략 ...)DataSvcAptTrade?",
                            "LAWD_CD=", loc[i,1],         # 지역 코드
                            "&DEAL_YMD=", datelist[j],    # 수집 월
                            "&numOfRows=", 100,           # 한 번에 가져올 최대 자료 수
                            "&serviceKey=", service_key)  # 인증키
  }
  Sys.sleep(0.1)   # 0.1초간 멈춤
  msg <- paste0("[", i, "/", nrow(loc), "]  ", loc[i,3], "
                의 크롤링 목록이 생성됨 => 총 [", cnt,"] 건")    # 알림 메시지
  cat(msg, "\n\n")
}
```

* 작성한 코드를 모두 선택하고 Ctrl + Shift + A를 누르면 들여쓰기, 띄어쓰기 등이 권장하는 형태로 자동 정렬됩니다.

바깥쪽 반복문 for()는 서울시 25개 지역(자치구)을 순회하고, 안쪽 반복문 for()는 12개월을 순회합니다. cnt는 반복 횟수를 세는 변수이므로 현재 횟수에서 1만큼 더하도록 cnt + 1을 입력합니다. 그러면 반복문이 한 번 종료될 때마다 cnt가 1씩 증가하고 마지막에는 300까지 누적됩니다. 따라서 중첩 반복문을 모두 마치면 url_list에 요청 목록 300개가 저장됩니다.

요청 목록 구성을 보면 "LAWD_CD="에는 지역 코드, "&DEAL_YMD="에는 수집 기간, "&numOfRows="에는 한 번에 가져올 최대 거래 건수로 여기서는 기본값인 100을 입력합니다. "&serviceKey="에는 앞에서 service_key에 설정한 인증키 정보를 입력합니다.

Sys.sleep(0.1) 코드는 응답 결과를 보내는 서버의 부담을 줄이고자 반복문 속도를 0.1초씩 멈추는 명령입니다. 그리고 반복문이 한 번 완료될 때마다 진행 상황을 알리고자 msg에 메시지를 생성하고 cat(msg, "\n\n") 코드로 콘솔 창에 출력합니다. 이때 "\n\n"은 메시지를 출력한 후 줄을 바꾸는 명령으로 Enter를 누른 것과 같습니다.

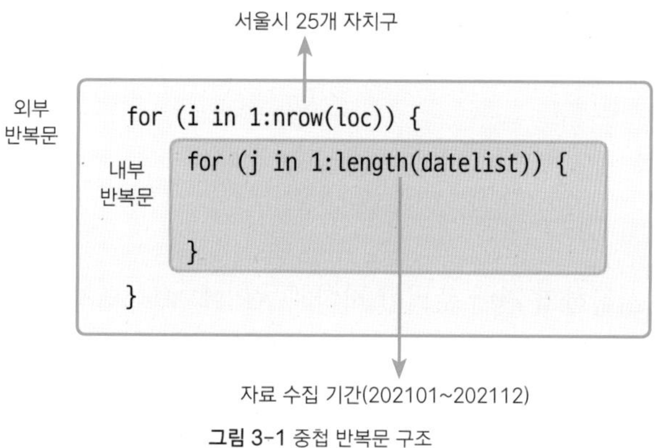

그림 3-1 중첩 반복문 구조

3단계 요청 목록 확인하기

이제 자료를 수집하는 데 필요한 모든 준비를 마쳤습니다. 마지막 단계로 `url_list`가 모두 몇 개인지 확인하고 그중 하나를 선택하여 요청이 정상으로 동작하는지 확인해 보겠습니다.

Do it! 요청 목록 동작 확인 03_자료수집.R

```
length(url_list)                     # 요청 목록 개수 확인
browseURL(paste0(url_list[1]))       # 정상 동작 확인(웹 브라우저 실행)
```

`length()`는 전체 `url_list`가 몇 개인지 알려 줍니다. 300이 출력되면 정상입니다. 그리고 `url_list[1]`로 가져온 첫 번째 요청 URL을 `browseURL()`을 이용해 웹 브라우저로 열어서 제대로 동작하는지 확인합니다.

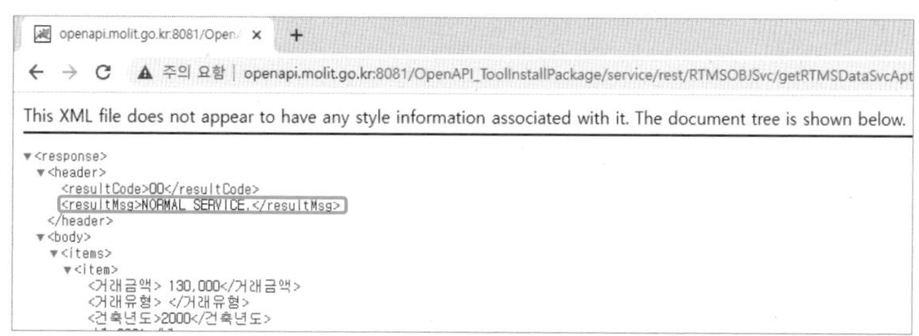

그림 3-2 요청 URL에 따른 정상 응답 메시지

그림처럼 `<resultMsg>` 태그에 "NORMAL SERVICE."라고 나오면 정상으로 동작한 것입니다. 만약 다른 메시지가 나오고 아래쪽에 데이터가 비어 있다면 공공데이터포털에서 제공하는 기술 문서에서 'OPEN API 에러 코드별 조치 방안'을 참조하기 바랍니다.

03-3 크롤러 제작: 자동으로 자료 수집하기

지금까지 크롤링을 시작하기 전에 준비할 사항과 API에 보낼 요청 목록을 만들었습니다. 이제 자료 수집 과정에서 핵심인 크롤링을 해보겠습니다. 먼저 크롤러를 만들어야 하는데 코드가 길어서 이해하기 쉽게 몇 단계로 나누었으므로 모두 작성한 후에 실행하기 바랍니다.

Do it! 실습

1단계 임시 저장 리스트 만들기

크롤링에는 XML, data.table, stringr 라이브러리가 필요하므로 주석으로 표시한 명령을 실행해 설치한 후 `library()` 함수로 불러옵니다. 그리고 각각의 임시 저장 리스트를 만듭니다. 응답 결과인 XML 파일을 저장할 리스트(`raw_data`)와 XML에서 개별 거래 내역만 추출하여 저장할 리스트(`root_Node`), 개별 거래 내역을 순서대로 정리할 리스트(`total`)를 만듭니다. `dir.create()` 함수는 수집된 자료를 저장할 새로운 폴더를 생성해 줍니다.

Do it! 임시 저장 리스트 생성 03_자료수집.R

```
library(XML)          # install.packages("XML")
library(data.table)   # install.packages("data.table")
library(stringr)      # install.packages("stringr")

raw_data <- list()           # XML 임시 저장소
root_Node <- list()          # 거래 내역 추출 임시 저장소
total <- list()              # 거래 내역 정리 임시 저장소
dir.create("02_raw_data")    # 새로운 폴더 만들기
```

* install.packages 명령으로 각 패키지를 한 번 설치하고 library() 함수로 불러옵니다. 이후에 코드를 반복해서 실행할 때 패키지를 다시 설치하지 않도록 주석으로 해놓았습니다.

2단계 자료 요청하고 응답받기

자료를 반복문으로 요청하고 응답 결과를 저장해 보겠습니다. 「03-2」절에서 만든 요청 URL 목록인 `url_list`를 `xmlTreeParse()`로 보내고, 응답 결과인 XML을 `raw_data[[i]]`에 저장합니다. 그리고 `xmlRoot()`로 XML의 루트 노드만 추출하여 임시 저장소인 `root_Node[[i]]`에 저장합니다.

Do it! URL 요청 - XML 응답 03_자료수집.R

```
for(i in 1:length(url_list)) {   # 바깥쪽 반복문 시작. 요청 목록(url_list) 반복
  raw_data[[i]] <- xmlTreeParse(url_list[i], useInternalNodes = TRUE,
                                encoding = "utf-8") # 결과 저장
  root_Node[[i]] <- xmlRoot(raw_data[[i]])   # xmlRoot로 루트 노드 이하 추출
```

3단계 전체 거래 건수 확인하기

root_Node[[i]]에 저장된 응답 결과는 ① XML 형식으로 응답 순번을 나타내는 루트 노드, ② 응답 상태를 나타내는 헤더 노드, ③ 응답 내역을 나타내는 보디 노드로 구분되어 있습니다. 루트 노드는 해당 정보가 전체 요청(300건) 가운데 몇 번째 요청에 따른 응답인지 알려 주고, 헤더 노드는 요청이 제대로 이루어졌는지, 보디 노드는 응답 결과로서 실제 거래 내역이 포함되어 있습니다.

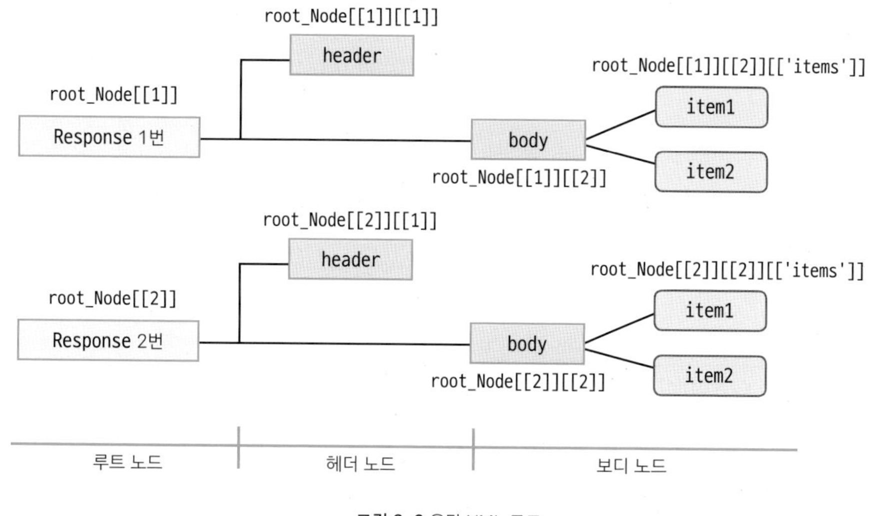

그림 3-3 응답 XML 구조

전체 거래 내역은 root_Node[[i]][[2]][['items']] 코드로 추출합니다. 그리고 xmlSize() 함수로 전체 거래 건수가 몇 개인지도 알아냅니다.

Do it! 전체 거래 건수 확인 03_자료수집.R

```
items <- root_Node[[i]][[2]][['items']]   # 전체 거래 내역(items) 추출
size <- xmlSize(items)                    # 전체 거래 건수 확인
```

4단계 개별 거래 내역 추출하기

전체 거래 내역(items)에서 개별 거래 내역(item)을 추출하는 단계입니다. list()로 전체 거래 내역(items)을 저장할 임시 저장소를 만들고, data.table()로 세부 거래 내역(item)을 저장할 임시 저장소를 만듭니다.

Do it! 거래 내역 추출 03_자료수집.R

```
item <- list()  # 전체 거래 내역(items) 저장 임시 리스트 생성
item_temp_dt <- data.table()  # 세부 거래 내역(item) 저장 임시 테이블 생성
Sys.sleep(.1)        # 0.1초 멈춤
for(m in 1:size) {
  #---# 세부 거래 내역 분리
  item_temp <- xmlSApply(items[[m]],xmlValue)
  item_temp_dt <- data.table(year = item_temp[4],     # 거래 연도
                             month = item_temp[7],    # 거래 월
                             day = item_temp[8],      # 거래 일
                             price = item_temp[1],    # 거래 금액
                             code = item_temp[12],    # 지역 코드
                             dong_nm = item_temp[5],  # 법정동
                             jibun = item_temp[11],   # 지번
                             con_year = item_temp[3], # 건축 연도
                             apt_nm = item_temp[6],   # 아파트 이름
                             area = item_temp[9],     # 전용면적
                             floor = item_temp[13])   # 층수
  item[[m]] <- item_temp_dt }   # 분리된 거래 내역 순서대로 저장
apt_bind <- rbindlist(item)     # 통합 저장
```

안쪽 반복문. 전체 거래 건수(size)만큼 반복

for(m in 1:size){} 코드는 전체 거래 건수만큼 반복합니다. xmlSApply()로 전체 거래 내역(items)을 분리하는데, 이때 분리 기준은 <item> ~ </item> 태그입니다. data.table()로 세부 거래 내역에서 필요한 정보를 분리하고 item[[m]]에 저장합니다. 그리고 rbindlist()로 리스트를 데이터프레임으로 변환합니다.

리스트형 자료를 하나로 통합하는 방법

크롤러를 활용하여 데이터를 수집할 때 리스트형 자료를 사용하는 경우가 많습니다. 그러나 데이터를 저장하거나 분석하려면 리스트형보다 데이터프레임형으로 변환하는 것이 편리합니다. `rbindlist()`나 `ldply()`를 사용하면 리스트 안에 포함된 작은 데이터프레임 여러 개를 하나로 결합할 수 있습니다.

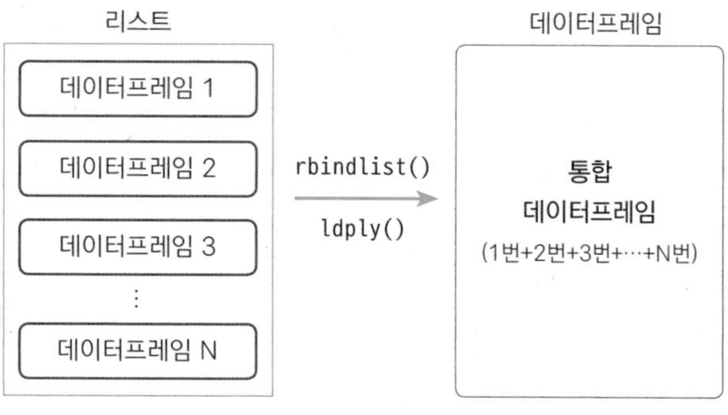

그림 3-4 리스트를 데이터프레임으로 변환하기

5단계 응답 내역 저장하기

크롤링 마지막 순서는 응답 결과를 CSV 파일로 저장하는 단계입니다. 이때 파일이 저장되는 위치와 파일명을 설정해 주어야 합니다.

Do it! 응답 내역 저장 03_자료수집.R

```
region_nm <- subset(loc, code== str_sub(url_list[i],115, 119))$addr_1 # 지역명
month <- str_sub(url_list[i],130, 135)   # 연월(YYYYMM)
path <- as.character(paste0("./02_raw_data/", region_nm, "_", month,".csv"))
write.csv(apt_bind, path)     # CSV 파일로 저장
msg <- paste0("[", i, "/", length(url_list),
              "] 수집한 데이터를 [", path,"]에 저장 합니다.")   # 알림 메시지
cat(msg, "\n\n")
} # 바깥쪽 반복문 종료
```

subset() 함수로 지역명을 추출합니다. str_sub()는 문자열 추출 함수로서 요청 URL에 포함된 수집 연월 정보를 추출합니다. 또한 paste0()로 region_cd와 month를 조합한 저장 위치(path)를 설정하고 write.csv()로 실거래 데이터를 저장합니다.

코드를 실행하면 02_raw_data 폴더에 CSV 파일을 300개 생성하므로 다소 시간이 걸립니다. msg와 cat()으로 반복문의 진행 상황이 콘솔 창에 출력되므로 이를 확인합니다.

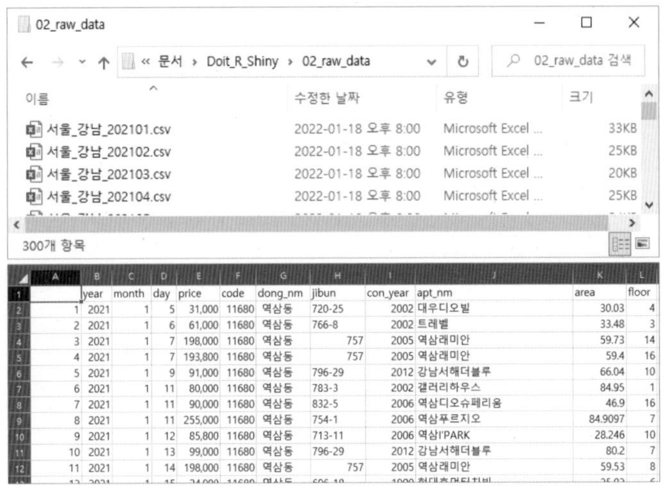

그림 3-5 응답 내역을 저장한 CSV 파일

03-4 자료 정리: 자료 통합하기

크롤러로 자료를 수집하다 보면 예상치 못한 오류로 당황할 때가 있습니다. 중간에 오류가 발생해 전체 데이터를 날리는 불상사가 생기기도 합니다. 따라서 크롤링은 될 수 있으면 작은 단위로 분할하여 수행하고 틈틈이 저장하는 것이 좋습니다.

그런데 크롤링이 끝나고 전처리 단계에 들어서면 문제가 있는 부분을 한꺼번에 처리하는 것이 유리합니다. 따라서 수집한 데이터를 하나로 통합하는 과정이 필요합니다.

Do it! 실습

1단계 CSV 파일 통합하기

데이터 통합은 「03-3」절에서 만든 CSV 파일 300개를 하나로 합치는 작업입니다. 우선 `dir()` 함수로 지정한 폴더 안에 있는 모든 CSV 파일명을 읽어서 `files`에 목록으로 만듭니다. 그리고 `ldply()` 함수로 `files`에 목록화한 CSV 파일을 읽어 와서 `apt_price`에 저장합니다. `tail(apt_price, 2)`는 전체 거래 데이터를 몇 건 합쳤는지 확인하는 코드입니다.

Do it! CSV 파일 통합 03_자료수집.R

```
setwd(dirname(rstudioapi::getSourceEditorContext()$path))   # 작업 폴더 설정
files <- dir("./02_raw_data")    # 폴더 내 모든 파일명 읽기
library(plyr)     # install.packages("plyr")
apt_price <- ldply(as.list(paste0("./02_raw_data/", files)), read.csv)   # 결합
tail(apt_price, 2)   # 확인
```

☞ 실행 결과

```
       X year month day     price  code   (... 생략 ...)
43354 43 2021    12  30    68,000 11260   (... 생략 ...)
43355 44 2021    12  30    55,000 11260   (... 생략 ...)
```

2단계 통합 데이터 저장하기

이제 통합된 단일 데이터프레임을 파일로 저장합니다. `dir.create()`로 03_ integrated라는 새로운 폴더를 생성하고, `save()`와 `write.csv()`로 데이터를 RDATA와 CSV 형식으로 저장합니다.

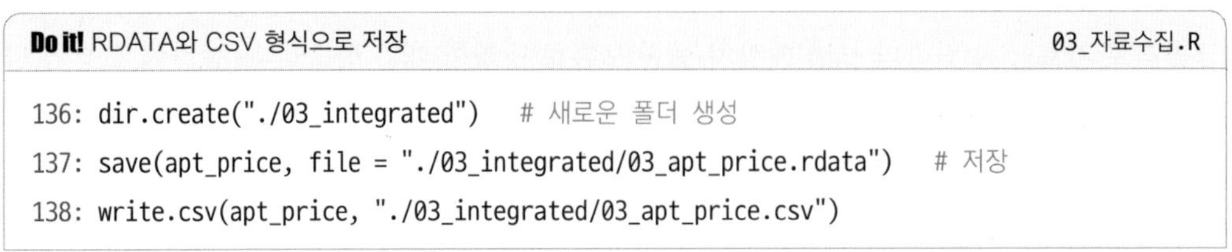

Do it! RDATA와 CSV 형식으로 저장 03_자료수집.R

```
dir.create("./03_integrated")   # 새로운 폴더 생성
save(apt_price, file = "./03_integrated/03_apt_price.rdata")    # 저장
write.csv(apt_price, "./03_integrated/03_apt_price.csv")
```

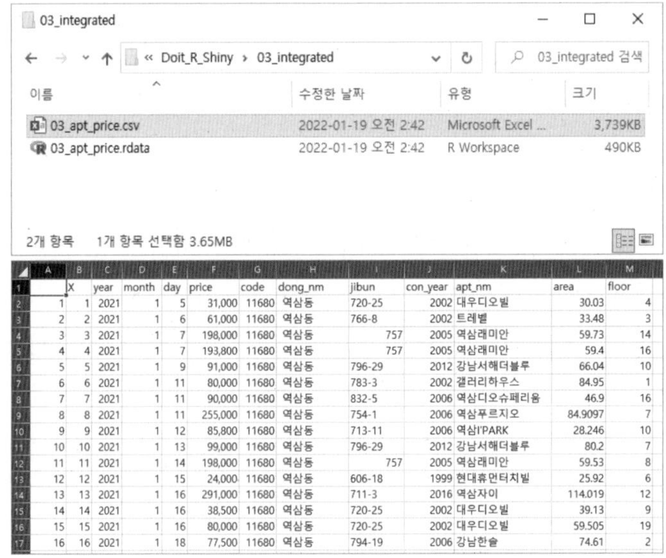

	X	year	month	day	price	code	dong_nm	jibun	con_year	apt_nm	area	floor
1	1	2021	1	5	31,000	11680	역삼동	720-25	2002	대우디오빌	30.03	4
2	2	2021	1	6	61,000	11680	역삼동	766-8	2002	트레벨	33.48	3
3	3	2021	1	7	198,000	11680	역삼동	757	2005	역삼래미안	59.73	14
4	4	2021	1	7	193,800	11680	역삼동	757	2005	역삼래미안	59.4	16
5	5	2021	1	9	91,000	11680	역삼동	796-29	2012	강남서해더블루	66.04	10
6	6	2021	1	11	80,000	11680	역삼동	783-3	2002	갤러리하우스	84.95	1
7	7	2021	1	11	90,000	11680	역삼동	832-5	2006	역삼디오슈페리움	46.9	16
8	8	2021	1	11	255,000	11680	역삼동	754-1	2006	역삼푸르지오	84.9097	7
9	9	2021	1	12	85,800	11680	역삼동	713-11	2006	역삼I'PARK	28.246	10
10	10	2021	1	13	99,000	11680	역삼동	796-29	2012	강남서해더블루	80.2	7
11	11	2021	1	14	198,000	11680	역삼동	757	2005	역삼래미안	59.53	8
12	12	2021	1	15	24,000	11680	역삼동	606-18	1999	현대휴먼터치빌	25.92	6
13	13	2021	1	16	291,000	11680	역삼동	711-3	2016	역삼자이	114.019	12
14	14	2021	1	16	38,500	11680	역삼동	720-25	2002	대우디오빌	39.13	9
15	15	2021	1	16	80,000	11680	역삼동	720-25	2002	대우디오빌	59.505	19
16	16	2021	1	18	77,500	11680	역삼동	794-19	2006	강남한솔	74.61	2

그림 3-6 한 파일로 통합한 데이터

참고로 RDATA 형식은 R에서 데이터를 저장하거나 관리하기에 가장 편리하고 효율적입니다. 그러나 엑셀 등 다른 프로그램에서 내용을 보기 어렵다는 한계가 있습니다. 따라서 이 책에서는 RDATA로 저장하되 CSV 형식으로도 저장하여 중간에 내용을 쉽게 확인할 수 있게 했습니다.

단골 코드 정리하기

이번 장에서는 크롤러를 만들어 자료를 수집하는 과정을 살펴봤습니다. 크롤러 제작과 실행 과정에서 다루었던 주요 기능인 날짜를 연속형 변수로 만드는 방법, 중첩 반복문을 생성하는 방법, 그리고 XML 자료를 저장하는 방법을 요약하면서 이번 장을 마무리하겠습니다.

• 날짜로 연속형 변수 만들기

```
seq(from = as.Date('1990-01-01'),   # 시작 시점
    to   = as.Date('2020-12-31'),   # 종료 시점
    by   = '1 year')                # 단위
```

• 중첩 반복문 만들기

```
for (i in 1:3) {          # 외부 반복문
    for (j in 1:3) {      # 내부 반복문
        Sys.sleep(0.2)    # 0.2초 멈춤
        print(paste(i,j,sep=","))
    }
}
```

• XML 자료 저장하기

```
#---# 주소 가져오기
URL <- "https://d396qusza40orc.cloudfront.net/getdata%2Fdata%2Frestaurants.xml"
#---# https://~를 http://~로 변경하고 저장
file <- xmlTreeParse(sub("s", "", URL), useInternal = TRUE)
#---# 저장된 XML을 데이터프레임으로 변환
file <- xmlToDataFrame(file)
#---# 행렬 바꾸기(matrix transpose)
file <- as.data.frame(t(file))
```

전처리: 데이터를 알맞게 다듬기

데이터를 분석할 때 수집한 자료를 별도의 수정이나 보완 없이 그대로 사용하는 경우는 거의 없습니다. 중복되거나 불필요한 정보는 지우고 형태를 바꾸거나 잘못된 내용을 치환하는 등 전처리 과정을 거쳐야 합니다. 이 장에서는 앞에서 수집한 자료를 분석하기 좋게 다듬는 전처리 과정을 알아보겠습니다.

04-1 불필요한 정보 지우기

자료 수집 과정에서 발생하는 문제를 줄이려고 정리하는 작업을 **전처리**preprocessing라고 합니다. 전처리는 데이터 분석 전체 공정에서 시간과 노력이 가장 많이 듭니다. 전처리를 하는 방법과 순서에 규칙이나 정답은 없습니다. 자료의 특성이나 분석가의 성향에 따라서 우선순위가 다르기 때문입니다. 상황에 따라 삭제, 변환, 치환을 함께 사용하여 데이터를 전처리합니다.

이번 절에서는 의미 없는 데이터를 지우는 방법을 알아보겠습니다. 데이터 안에 결측값이나 공백이 포함되어 있으면 결과에 신뢰성이 떨어지므로 이를 제거해야 합니다.

Do it! 실습

1단계 수집한 데이터 불러오기

작업 폴더에 04_전처리.R이라는 이름으로 스크립트 파일을 만들고 다음 코드를 작성합니다.

먼저 03장에서 크롤링으로 수집한 아파트 실거래 자료(03_apt_price.rdata)를 불러와야 합니다. 이때 load() 함수를 사용합니다. 그리고 자료를 제대로 불러왔는지 head() 함수로 간략하게 살펴봅니다. 참고로 전처리 과정에서 중요도가 떨어지는 경고warning 메시지를 무시하려면 option(warn=-1) 코드를 작성합니다.

Do it! 아파트 실거래 자료 불러오기 — 04_전처리.R

```
setwd(dirname(rstudioapi::getSourceEditorContext()$path))
options(warn=-1)

load("./03_integrated/03_apt_price.rdata")   # 실거래 자료 불러오기
head(apt_price, 2)   # 자료 확인
```

☞ 실행 결과

```
  X  year month  day   price   code  dong_nm   jibun  con_year    apt_nm  area  floor
1  1  2021     1    5  31,000  11680   역삼동  720-25      2002  대우디오빌  30.03     4
2  2  2021     1    6  61,000  11680   역삼동   766-8      2002     트레벨  33.48     3
```

* 수집한 자료는 「03-4」 절에서 만든 CSV 파일을 열어서 확인할 수도 있습니다.

2단계 결측값과 공백 제거하기

결측값은 보통 NA[not available]로 표현합니다. NA로 된 데이터는 계산할 수 없으므로 제거하거나 대체해야 합니다. 먼저 데이터에 NA값이 있는지 확인합니다. 이때 `is.na()` 함수를 사용하는데, `table()` 함수를 함께 사용하면 NA가 몇 개 포함되었는지 알 수 있습니다. 다음 예에서는 결측값이 12개라고 나왔습니다.

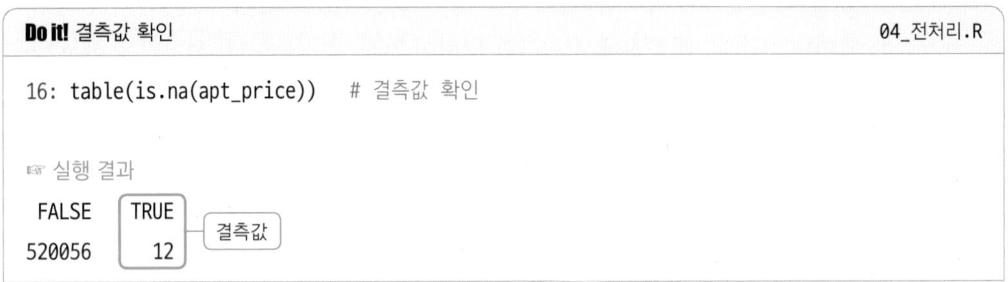

Do it! 결측값 확인 04_전처리.R

```
table(is.na(apt_price))    # 결측값 확인
```

☞ 실행 결과

```
 FALSE   TRUE
520056     12
```


결측값이 있음을 확인했으므로 이를 제거해 보겠습니다. 결측값을 제거할 때는 다음처럼 `na.omit()` 함수를 사용합니다. 그리고 `table()` 함수로 결측값이 제거되었는지 다시 확인합니다. 다음 예에서는 결측값이 없는 것으로 나왔습니다.

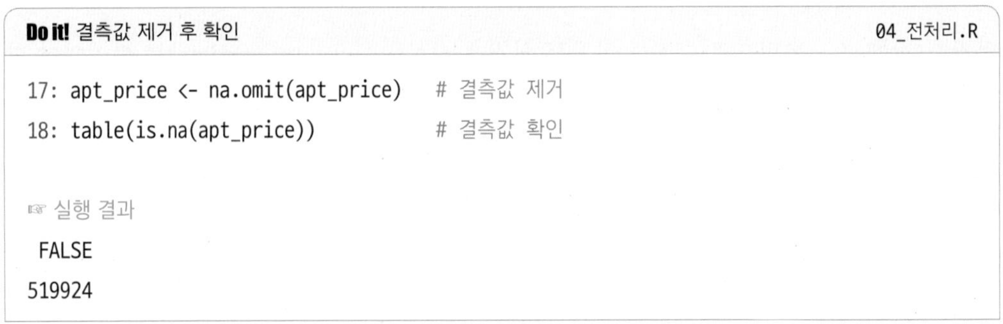

Do it! 결측값 제거 후 확인 04_전처리.R

```
apt_price <- na.omit(apt_price)   # 결측값 제거
table(is.na(apt_price))           # 결측값 확인
```

☞ 실행 결과

```
 FALSE
519924
```

데이터 앞이나 뒤에 있는 빈 데이터를 **공백**[white space]이라고 합니다. 이는 데이터 수집 과정에서 결측값과 함께 가장 빈번하게 나타나는 필요 없는 정보이므로 제거해야 합니다. 아파트 매매 가격(`apt_price$price`)을 살펴보면 가격 정보 앞에 4칸의 공백이 포함된 것을 확인할 수 있습니다.

Do it! 공백 확인 04_전처리.R

```
head(apt_price$price, 2)    # 매매가 확인
```

☞ 실행 결과

```
[1] "     31,000" "     61,000"
```

문자열 데이터에서 공백을 제거하려면 stringr 패키지가 제공하는 str_trim() 함수를 사용합니다. 그런데 전체 데이터프레임을 대상으로 공백을 제거할 때는 특정한 단위로 함수를 쉽게 호출해 주는 apply() 함수를 이용합니다.

Do it! 공백 제거와 확인 04_전처리.R

```
library(stringr)    # install.packages("stringr")    # 문자열 처리 패키지
apt_price <- as.data.frame(apply(apt_price, 2, str_trim))    # 공백 제거
head(apt_price$price, 2)                                     # 매매가 확인
```

☞ 실행 결과

```
[1] "31,000" "61,000"
```

먼저 주석으로 해놓은 stringr 패키지 설치 명령을 실행한 후 library() 함수로 해당 패키지를 불러 옵니다. 그리고 apply(apt_price, 2, str_trim) 코드는 apt_price 데이터프레임에서 열column을 기준으로 str_trim을 적용해 공백을 제거하라는 의미입니다. apply() 함수를 사용할 때 두 번째 인자로 1을 입력하면 행, 2를 입력하면 열에 적용하라는 의미입니다.

지금까지 전체 데이터에서 불필요한 데이터를 지웠습니다. 이제부터는 분석하기에 알맞게 항목별 데이터를 다듬어 보겠습니다.

04-2 항목별 데이터 다듬기

현재 아파트 실거래 자료 안에는 모든 항목의 속성이 문자형*입니다. 그런데 문자형 데이터는 계산할 수 없어서 분석할 때 제약이 있으므로 날짜나 숫자처럼 계산할 수 있는 형태로 바꿔 주어야 합니다. 이번 절에서는 이처럼 데이터의 형태를 바꿔 분석하기에 알맞게 다듬어 보겠습니다.

* 처음 크롤링한 데이터는 정수와 문자, 숫자 등이 섞여 있었으나 앞 절에서 공백을 제거하면서 모두 문자형으로 바뀌었습니다.

이번 절에서 바꿀 항목별 데이터 속성은 다음과 같습니다.

표 4-1 항목별 데이터 속성 변경

항목	변경 전 속성	변경 후 속성
연도(year)	문자형	날짜형
월(month)	문자형	
일(day)	문자형	
가격(price)	문자형	숫자형
지역 코드(code)	문자형	주소(문자형)
법정동(dong_nm)	문자형	
지번(jibun)	문자형	
아파트 이름(apt_nm)	문자형	
건축 연도(con_year)	문자형	숫자형
면적(area)	문자형	숫자형
층수(floor)	문자형	숫자형

Do it! 실습

1단계 매매 연월일 만들기

시간에 따른 변화를 분석하는 시계열time-series 데이터를 만들려면 연월일(YYYY-MM-DD) 형식의 데이터가 필요합니다. 시계열 데이터는 주식이나 환율처럼 실시간으로 변화하는 데이터 분석에 많이 사용됩니다.

lubridate 패키지의 `make_date()`를 사용하면 연도, 월, 일을 결합하여 날짜형 데이터를 만들 수 있습니다. 이때 파이프라인 연산자 `%>%`를 사용하면 복잡한 수식을 쉽게 표현할 수 있습니다. 파이프라인 연산자는 dplyr 패키지에 들어 있습니다.

그런데 부동산 데이터 분석에서는 거래 건수가 빈번하지 않으므로 일 단위 데이터는 큰 의미가 없을 수도 있습니다. 따라서 `floor_date()` 함수를 이용해 월 단위 날짜 형식(YYYY-DD)으로 만들어 주는 것도 좋습니다. 다음은 연월일을 날짜형(ymd)으로 바꾸고 이를 다시 월(ym) 단위로 바꾸는 과정입니다.

Do it! 매매 연월일, 연월 데이터 만들기 04_전처리.R

```
library(lubridate)  # install.packages("lubridate")
library(dplyr)      # install.packages("dplyr")
apt_price <- apt_price %>% mutate(ymd=make_date(year, month, day))  # 연월일
apt_price$ym <- floor_date(apt_price$ymd, "month")                  # 연월
head(apt_price, 2)                                                  # 자료 확인
```

☞ 실행 결과

```
  X year month day  price  ...  area   floor      ymd         ym
1 1 2021    1    5  31,000 ... 30.0300   4    2021-01-05  2021-01-01
2 2 2021    1    6  61,000 ... 33.4800   3    2021-01-06  2021-01-01
```

* 맥에서는 패키지 설치 시 "컴파일이 요구되는 패키지를 소스로부터 바로 설치하기를 원하나요? (Yes/no/cancel)"라는 메시지가 나올 수 있습니다. 이때 "no"를 입력하면 오류 없이 설치됩니다.

파이프라인으로 계산식을 간단하게 만들기

dplyr 패키지가 제공하는 파이프라인 연산자(%>%)는 복잡한 계산을 간단히 처리해 줍니다. 예를 들어 Y=h(g(f(x)))라는 중첩 함수식을 계산하려면 안쪽부터 바깥쪽까지 연이어 결과를 구하고 대입하는 과정을 반복해야 합니다. 이렇게 하면 코드가 복잡하고 길어질 수밖에 없습니다. 그런데 파이프라인(%>%)을 이용하면 Y = x %>% f(…) %>% g(…) %>% h(…) 같이 직관적으로 표현할 수 있습니다.

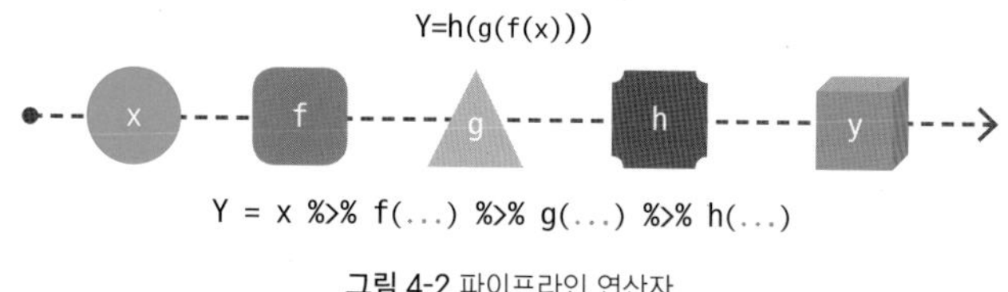

그림 4-2 파이프라인 연산자

2단계 매매가 변환하기

매매가는 기간이나 지역에 따라서 부동산 가치가 어떻게 달라지는지를 살펴볼 수 있는 중요한 정보입니다. 그런데 현재 매매가 속성을 살펴보면 숫자형이 아니라 천 단위 쉼표(,)를 포함한 문자형*이어서 계산에 문제가 발생할 수 있습니다.

* 문자형 데이터에는 큰따옴표가 표시되고, 숫자형 데이터에는 표시되지 않습니다.

Do it! 매매가 확인 04_전처리.R

```
40: head(apt_price$price, 3)  # 매매가 확인
```

☞ 실행 결과

```
[1] "31,000"  "61,000"  "198,000"
```

이처럼 데이터의 형태가 계산에 적합하거나 원하는 형태가 아닐 때는 데이터의 속성을 바꿔 주어야 합니다. 쉼표는 문자열을 대체하는 sub() 함수*를 이용해 제거합니다. 그리고 as.numeric() 함수로 문자를 숫자로 변환합니다.

* sub() 함수는 앞에서 설치한 stringr 패키지에 들어 있습니다.

Do it! 매매가 변환(문자 → 숫자) 04_전처리.R

```
42: apt_price$price <- apt_price$price %>% sub(",","",.) %>% as.numeric()  # 쉼표 제거
43: head(apt_price$price, 3)  # 매매가 확인
```

☞ 실행 결과

```
[1]  31000  61000 198000
```

3단계 주소 조합하기

데이터를 분석할 때 기존 변수들을 조합하여 새로운 의미로 **파생 변수** derived variable를 만들 수도 있습니다. 여기에서는 지역 코드(시군구 이름)와 번지수를 조합하여 주소를 만들어 보겠습니다.

다만 주소를 만들기 전에 아파트 이름을 정리하는 과정이 필요합니다. head()로 수집한 자료의 아파트 이름 30개를 대략 살펴보면 아파트 이름 뒤에 불필요한 정보가 포함되어 있습니다.

Do it! 아파트 이름 현황 04_전처리.R

```
head(apt_price$apt_nm, 30)
```

☞ 실행 결과

```
[1] (... 생략 ...)
[25] "역삼동하나빌" "역삼푸르지오" "래미안그레이튼(진달래2차)" "쌍용플레티넘밸류"
[29] "이스턴오피스텔" "e-편한세상"
```

이런 데이터를 그대로 사용하면 아파트 이름을 기준으로 그룹별로 묶어서 분석할 때 문제가 될 수 있습니다. 따라서 문자열을 대체하는 gsub() 함수로 여는 괄호 '('부터 시작하는 문자를 모두 지우겠습니다. 즉, 아파트 이름에서 괄호 이후는 전부 지웁니다.

Do it! 괄호 이후 삭제 04_전처리.R

```
apt_price$apt_nm <- gsub("\\(.*","",apt_price$apt_nm)   # 괄호 이후 삭제
head(apt_price$apt_nm, 30)                               # 아파트 이름 확인
```

☞ 실행 결과

괄호 이후 문자 사라짐

```
[1] (... 생략 ...)
[25] "역삼동하나빌"   "역삼푸르지오" "래미안그레이튼" "쌍용플레티넘밸류"
[29] "이스턴오피스텔" "e-편한세상"
```

* 코드에서 특수문자를 사용하려면 "\\" 기호를 사용합니다. 즉, 여는 괄호는 "\\("입니다. 또한 점(.)은 '이후 문자'라는 의미이며 *은 모든 문자라는 의미입니다.

이제 지역 코드와 번지수를 조합하여 주소를 만들어 보겠습니다. 먼저 read.csv()로 지역 코드에 해당하는 시군구 정보를 불러옵니다. 그런 다음 merge() 함수로 apt_price 데이터의 각 지역 코드에 해당하는 시군구 이름을 apt_price 데이터프레임의 addr_2 칼럼으로 추가합니다.

이렇게 만든 시군구 이름에 법정동, 번지 그리고 아파트 이름을 조합하여 주소(juso_jibun)를 만듭니다. 이렇게 주소를 만들면 이를 기반으로 공간 좌푯값을 알아내는 지오 코딩을 할 수 있습니다(05장 참조).

Do it! 주소 조합 04_전처리.R

```
loc <- read.csv("./01_code/sigun_code/sigun_code.csv", fileEncoding="UTF-8")
                                                        # 지역 코드 불러오기
apt_price <- merge(apt_price, loc, by = 'code')         # 지역명 결합하기
apt_price$juso_jibun <- paste0(apt_price$addr_2, " ",apt_price$dong," ",
                           apt_price$jibun," ",apt_price$apt_nm)   # 주소 조합
head(apt_price, 2)       # 자료 확인
```

☞ 실행 결과

```
  code  X year month ... juso_jibun
1 11110 1 2021   1   ... 서울특별시 종로구청운동 56-45 청운현대
2 11110 2 2021   1   ... 서울특별시 종로구사직동 9-1 광화문스페이스본
```

4단계 건축 연도, 전용면적 변환하기

아파트의 건축 연도는 건물이 얼마나 오래되었는지를 알려 주는 정보입니다. 그런데 현재 건축 연도는 문자형으로 되어 있어서 계산에 문제가 발생할 수 있습니다.

Do it! 건축 연도 현황 04_전처리.R

```
head(apt_price$con_year, 3)  # 건축 연도 확인
```

☞ 실행 결과

```
[1] "2000" "2008" "2004"
```

다음 코드는 건축 연도를 계산할 수 있도록 문자를 숫자로 바꾸는 전처리 작업을 수행합니다. 문자열을 나타내는 큰따옴표가 없어진 것을 확인할 수 있습니다.

Do it! 건축 연도 변환(문자 → 숫자) 04_전처리.R

```
apt_price$con_year <- apt_price$con_year %>% as.numeric()   # 건축 연도 숫자 변환
head(apt_price$con_year, 3)   # 건축 연도 확인
```

☞ 실행 결과

```
[1] 2000 2008 2004
```

전용면적은 부동산의 크기를 알려 주는 정보입니다. 전용면적 역시 문자형이므로 계산에 문제가 발생할 수 있습니다. 또한 소수점이 있어 숫자가 한눈에 들어오지 않습니다.

Do it! 전용면적 현황 04_전처리.R

```
head(apt_price$area, 3)  # 전용면적 확인
```

☞ 실행 결과

```
[1] "129.7600" "144.5200" "174.5500"
```

전용면적 역시 숫자로 변환하는 전처리 작업을 수행합니다. 그리고 round(0)으로 소수점을 없앱니다. round() 함수는 숫자형 데이터의 소수점 이하를 반올림할 때 사용합니다.

Do it! 전용면적 변환 (문자 → 숫자) 04_전처리.R

```
apt_price$area <- apt_price$area %>% as.numeric() %>% round(0)   # 전용면적 변환
head(apt_price$area, 3)    # 전용면적 확인
```

☞ 실행 결과

```
[1] 130 145 175
```

5단계 평당 매매가 만들기

아파트 가격을 이야기할 때 가장 많이 사용되는 기준이 평당 매매가입니다. 전용면적과 매매가 정보가 있으면 평당 매매가를 계산할 수 있습니다. 계량에 관한 법률에 따라서 2007년부터 주택 가격을 제곱미터(㎡)로 표시하도록 규정하고 있지만, 여전히 시장에서는 평(平) 단위 계산을 선호합니다. 1평은 3.3㎡이므로 평당 매매가는 '(매매가 / 면적) × 3.3'입니다. 이때 기본 단위는 만 원입니다.

Do it! 평당 매매가 만들기 04_전처리.R

```
apt_price$py <- round(((apt_price$price/apt_price$area) * 3.3), 0)   # 평당 가격
head(apt_price$py, 3)      # 평당 매매가 확인
```

☞ 실행 결과

```
[1] 3300 3414 3300
```

6단계 층수 변환하기

층수는 아파트에서 위치를 알려 줍니다. 층수 역시 문자형이므로 계산에 문제가 발생할 수 있습니다. 또한 아파트 층수는 모두 양수인데 입력 오류로 수집한 데이터 자체가 음수일 수도 있습니다. 가장 최솟값을 찾는 min() 함수로 현재 층수 정보를 살펴보면 다음과 같습니다.

Do it! 층수 현황 04_전처리.R

```
min(apt_price$floor) # 층수 확인
```

☞ 실행 결과

```
[1] "-1"
```

층수를 숫자형으로 바꾸고 절댓값 함수인 abs()로 모두 양수로 바꿉니다.

Do it! 층수 변환(문자 → 숫자) 04_전처리.R

```
apt_price$floor <- apt_price$floor %>% as.numeric() %>% abs()   # 층수 변환
min(apt_price$floor)   # 층수 확인
```

☞ 실행 결과

```
[1] 1
```

마지막으로 cnt <- 1로 모든 거래 건수에 1이라는 숫자를 부여합니다. 이는 이후 분석 과정에서 거래 건수를 세려는 목적입니다.

Do it! 카운트 변수 추가 04_전처리.R

```
apt_price$cnt <- 1   # 모든 데이터에 숫자 1 할당
head(apt_price, 2)   # 자료 확인
```

☞ 실행 결과

```
         ymd          ym   year ... area floor   py  cnt
1 2021-01-14 2021-01-01  2021 ...  130     2 3300    1
2 2021-01-07 2021-01-01  2021 ...  145     6 3414    1
```

04-3 전처리 데이터 저장하기

Do it! 실습

1단계 필요한 칼럼만 추출하기

이제 전처리를 마친 데이터를 새로운 파일로 저장합니다. 저장에 앞서서 변수들을 정리하는 작업도 합니다. select() 함수로 필요한 칼럼만 추출합니다.

Do it! 필요 칼럼 추출 04_전처리.R

```
apt_price <- apt_price %>% select(ymd, ym, year, code, addr_1, apt_nm,
                 juso_jibun, price, con_year, area, floor, py, cnt)  # 칼럼 추출
head(apt_price, 2)   # 자료 확인
```

☞ 실행 결과

```
       ymd         ym    year ... area floor  py   cnt
1  2021-01-14 2021-01-01  2021 ...  130   2   3300   1
2  2021-01-07 2021-01-01  2021 ...  145   6   3414   1
```

2단계 전처리 데이터 저장하기

마지막 순서로 dir.create()로 폴더를 생성하고 save()로 저장합니다.

Do it! 전처리 데이터 저장 04_전처리.R

```
setwd(dirname(rstudioapi::getSourceEditorContext()$path))
dir.create("./04_pre_process")   # 새로운 폴더 생성
save(apt_price, file = "./04_preprocess/04_preprocess.rdata")   # 저장
write.csv(apt_price, "./04_preprocess/04_preprocess.csv")
```

단골 코드 정리하기

이번 장에서는 수집한 자료를 전처리하는 과정을 살펴보았습니다. 전처리에서 다루었던 주요 기능인 날짜 만들기, 복잡한 계산 쉽게 만들어 주는 파이프라인 연산자 사용 그리고 특수문자를 제거하는 방법을 다시 한번 정리해 보겠습니다.

• 날짜 만들기

```
year <- 2011:2020   # 연도 만들기
month <- 2:11       # 월 만들기
day <- 3: 12        # 일 만들기
date <- data.frame(cbind(year, month, day))                    # 연, 월, 일 결합하기
date <- date %>% mutate(ymd=make_date(year, month, day))   # 날짜 만들기
head(date, 2)
```

• 여러 단계를 거쳐서 다항식 계산하기

```
a <- filter(mtcars, carb > 1)              # 계산 1: 필터링
b <- group_by(a, cyl)                      # 계산 2: 그룹화
c <- summarise(b, Avg_mpg = mean(mpg))   # 계산 3: 요약 변수 생성
d <- arrange(c, desc(Avg_mpg))            # 계산 4: 높은 순서 정렬
print(d)
```

• 파이프라인 연산자를 활용하여 다항식 연산을 한 번에 계산하기

```
mtcars %>%
filter(carb > 1) %>%                  # 계산 1: 필터링
group_by(cyl) %>%                     #         그룹화
summarise(Avg_mpg = mean(mpg)) %>%   #         요약 변수 생성
arrange(desc(Avg_mpg))                #         높은 순서 정렬
```

• 특수문자 제거: 공백과 쉼표 제거

```
library(stringr)
tmp <- " 324,135"      # 공백과 쉼표가 포함된 문자열
tmp %>% str_trim() %>% sub(",","",.) %>% as.numeric()   # 공백, 쉼표 제거
```

카카오맵 API로 지오 코딩하기

부동산이나 대중교통 시설, 관광지 등 특정한 위치 정보를 다루는 분석 서비스를 구현할 때는 주소 데이터를 공간 좌표로 변환하는 작업이 필수입니다. 이 책에서 구현할 아파트 실거래 분석 애플리케이션도 지도에 아파트 위치를 표시해야 하므로 좌표가 필요합니다. 이 장에서는 카카오맵에서 제공하는 API를 이용하여 문자로 된 주소를 숫자 좌표로 변환하는 지오 코딩 방법을 살펴봅니다.

05-1 지오 코딩 준비하기

지오 코딩geocoding이란 문자로 된 주소를 위도latitude와 경도longtitude라는 숫자로 변환하는 작업입니다. 주소는 일상에서 쉽게 외우고 사용할 수 있지만 지도에 정확한 위치를 나타낼 때는 불완전한 정보입니다. 지도에 위치를 정확하게 표시하려면 문자로 된 주소 대신 숫자로 된 좌표를 이용해야 합니다.

주소를 좌표로 변환하는 방법은 다양합니다. 공간정보산업진흥원에서 제공하는 Geocoder라는 API를 사용할 수도 있고, 구글이나 카카오 같이 민간 기업에서 제공하는 API를 사용할 수도 있습니다. 이 책에서는 카카오가 제공하는 카카오맵 API를 이용하여 주소를 좌표로 변환합니다. 카카오는 카카오맵의 기능을 웹과 앱 플랫폼에 구현할 수 있도록 지도 SDK를 제공하고, REST API 방식으로 카카오맵의 콘텐츠와 데이터를 이용할 수 있도록 로컬 API를 제공합니다.

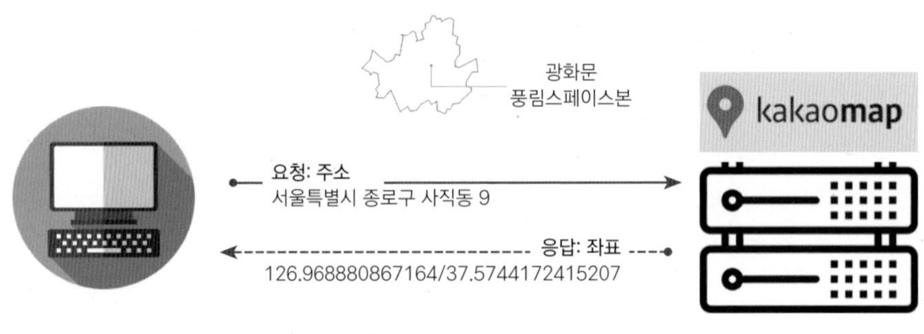

그림 5-1 지오 코딩 개념도

Do it! 실습

1단계 카카오 로컬 API 키 발급받기

카카오가 제공하는 로컬 API를 사용하려면 카카오 개발자 사이트에 접속하여 인증키를 발급받아야 합니다. 카카오 개발자 사이트(developers.kakao.com)에서 카카오 계정으로 로그인한 다음 위쪽에 있는 **[내 애플리케이션]** 메뉴를 클릭합니다.

그림 5-2 카카오 개발자 사이트에서 [내 애플리케이션] 클릭

이제 **[애플리케이션 추가하기]** 메뉴가 보입니다. 이를 클릭하면 다음처럼 팝업 창이 뜹니다. 팝업 창에 앱 이름과 사업자명을 입력하고 〈저장〉을 누릅니다.

그림 5-3 애플리케이션 추가하기

이제 새로운 앱이 만들어졌습니다. 이 앱을 클릭하면 다음처럼 **REST API 키** 항목에 인증키를 확인할 수 있습니다. 카카오맵이 제공하는 데이터를 이용하려면 이 키가 필요합니다.

그림 5-4 REST API 키 확인하기

2단계 중복된 주소 제거하기

본격적인 지오 코딩에 앞서 수집한 자료에서 주소만 추출해 보겠습니다. 그런데 아파트 단지 내에 집들은 주소가 같으므로 아파트 실거래 자료에는 똑같은 주소가 많습니다. 따라서 중복되는 주소는 제거하고 고유한 주소만 추출해야 효율적입니다.

작업 폴더에 **05_지오 코딩.R**이라는 이름으로 스크립트 파일을 만들고 다음 코드를 작성합니다. 이 코드는 04장에서 전처리를 마친 데이터를 불러와 주소가 있는 칼럼을 추출하고 duplicated() 함수로 중복되는 주소를 제거합니다.

Do it! 고유한 주소만 추출 05_지오 코딩.R

```
setwd(dirname(rstudioapi::getSourceEditorContext()$path))
load( "./04_preprocess/04_preprocess.rdata")   # 실거래 자료 불러오기
apt_juso <- data.frame(apt_price$juso_jibun)   # 주소가 있는 칼럼 추출
apt_juso <- data.frame(apt_juso[!duplicated(apt_juso), ])   # 고유한 주소만 추출
head(apt_juso, 2)   # 추출 결과 확인
```

☞ 실행 결과

```
1 서울특별시 종로구 사직동 9 광화문풍림스페이스본
2 서울특별시 종로구 사직동 9-1 광화문풍림스페이스본
```

05-2 주소를 좌표로 변환하는 지오 코딩

앞 절에서 지오 코딩에 필요한 카카오 로컬 API를 발급받았으므로 이를 이용해 주소를 좌표로 변환하는 지오 코딩을 시작해 보겠습니다. 카카오맵 API 역시 공공데이터포털 API와 비슷한 방식으로 주솟값을 요청하여 좌푯값을 응답받습니다.

Do it! 실습

1단계 지오 코딩 준비하기

먼저 add_list <- list() 코드로 응답받은 좌푯값을 임시로 저장할 빈 리스트를 생성하고 cnt <- 0으로 반복 횟수를 셀 변수를 0으로 입력합니다. kakao_key에는 앞 절에서 발급받은 REST API 키를 입력합니다.

Do it! 지오 코딩 준비 05_지오 코딩.R

```
add_list <- list()           # 빈 리스트 생성
cnt <- 0                     # 반복문 카운팅 초깃값 설정
kakao_key = "REST API 키"    # 카카오 REST API 키
```

카카오맵 API로 주소를 좌표로 변환할 때 다음 4가지 패키지를 사용하겠습니다.

- httr: 웹(http)으로 자료 요청
- rjson: 응답 결과인 JSON형 자료 처리
- data.table: 좌표를 테이블로 저장
- dplyr: 파이프라인 사용

install.packages 명령으로 각 패키지를 한 번 설치하고 library() 함수로 불러옵니다. 이후에 코드를 반복해서 실행할 때 패키지를 다시 설치하지 않도록 주석으로 해놓았습니다.

2단계 지오 코딩하기

Do it! 라이브러리 불러오기 05_지오 코딩.R

```
library(httr)         # install.packages('httr')
library(RJSONIO)      # install.packages('RJSONIO')
library(data.table)   # install.packages('data.table')
library(dplyr)        # install.packages('dplyr')
```

이어서 for() 반복문을 활용하여 전체 주소를 좌표로 변환합니다. 이때 요청한 주소에 대응하는 좌푯값이 없을 때는 오류가 발생하여 반복문이 종료될 수 있습니다. 따라서 tryCatch({})로 예외 처리하여 오류가 발생하여도 반복문을 멈추지 않고 다음 반복으로 건너뛰도록 합니다.

Do it! for 반복문과 예외 처리 시작 05_지오 코딩.R

```
for(i in 1:nrow(apt_juso)) {
  # 예외 처리 구문 시작
  tryCatch(
    {
```

카카오 로컬 API에 주소를 넘겨 좌표 정보를 요청할 때는 REST API 키(kakao_key)를 헤더에 담아 GET() 함수로 요청합니다. 이때 query 인자에는 주소를 검색어로 넣습니다. 다음 코드에서는 다음 3가지 요소로 요청 URL을 구성했습니다.

- **서비스 URL**: https://dapi.kakao.com/v2/local/search/address.json
- **질의**: list(query = apt_juso[i,])
- **헤더**: add_headers(Authorization = paste0("KakaoAK ", kakao_key)))

Do it! 주소 요청 05_지오 코딩.R

```
# 주소로 좌푯값 요청
lon_lat <- GET(url = 'https://dapi.kakao.com/v2/local/search/address.json',
               query = list(query = apt_juso[i,]),
               add_headers(Authorization = paste0("KakaoAK ", kakao_key)))
```

카카오의 로컬 API는 주소에 해당하는 지번 주소, 도로명 주소, 좌표, 우편번호, 빌딩명 등 다양한 정보를 함께 제공합니다. 따라서 `fromJSON()` 함수로 JSON 데이터를 읽어 위도와 경도만 추출합니다.

Do it! 위경도 정보 추출 05_지오 코딩.R

```
# 위경도만 추출하여 저장
coordxy <- lon_lat %>% content(as = 'text') %>% fromJSON()
```

그런 다음 `cnt`에 반복 횟수를 1만큼 누적하고 이 값을 인덱스로 하여 `add_list` 안에 주소(`apt_juso`)와 위도(`coord_y`), 경도(`coord_x`)를 테이블로 만들어서 넣습니다.

Do it! 위경도 정보 저장 05_지오 코딩.R

```
# 반복 횟수 카운팅
cnt = cnt + 1
# 주소, 경도, 위도 정보를 리스트로 저장
add_list[[cnt]] <- data.table(apt_juso = apt_juso[i,],
                              coord_x = coordxy$documents[[1]]$address$x,
                              coord_y = coordxy$documents[[1]]$address$y)
```

그리고 `message`와 `cat()` 함수로 진행 상황을 출력합니다.

Do it! 진행 상황 알림 메시지 출력 05_지오 코딩.R

```
# 진행 상황 알림 메시지
message <- paste0("[", i,"/",nrow(apt_juso),"] 번째 (",
  round(i/nrow(apt_juso)*100,2)," %) [", apt_juso[i,] ,"] 지오 코딩 중입니다:
  X= ", add_list[[cnt]]$coord_x, " / Y= ", add_list[[cnt]]$coord_y)
cat(message, "\n\n")
```

마지막으로 예외 처리 구문을 종료합니다.

Do it! for 반복문과 예외 처리 종료 05_지오 코딩.R

```
    # 예외 처리 구문 종료
    }, error=function(e){cat("ERROR :",conditionMessage(e), "\n")}
  )
}
```

☞ 실행 결과

```
[7520/7521 (99.9%)] 번째 [서울특별시 강동구 ... X= 127.13152432 / Y= 37.56532325
[7521/7521 (100%)] 번째 [서울특별시 강동구 ... X= 127.13152323 / Y= 37.55412345
```

3단계 지오 코딩 결과 저장하기

앞 단계에서 주소에 대응하는 좌표를 얻어 add_list 안에 리스트형으로 저장했습니다. 여기서는 rbindlist() 함수로 리스트형 자료를 데이터프레임형으로 변환하고 문자형 좌표를 숫자로 변환합니다. 그리고 save()와 write.csv() 함수로 최종 결과를 별도의 파일로 저장합니다.

Do it! 지오 코딩 결과 저장 05_지오 코딩.R

```
juso_geocoding <- rbindlist(add_list)   # 리스트 -> 데이터프레임 변환
juso_geocoding$coord_x <- as.numeric(juso_geocoding$coord_x) # 좌표 숫자형 변환
juso_geocoding$coord_y <- as.numeric(juso_geocoding$coord_y)
juso_geocoding <- na.omit(juso_geocoding)   # 결측값 제거
dir.create("./05_geocoding")   # 새로운 폴더 생성
save(juso_geocoding, file="./05_geocoding/05_juso_geocoding.rdata") # 저장
write.csv(juso_geocoding, "./05_geocoding/05_juso_geocoding.csv")
```

지금까지 카카오에서 제공하는 로컬 API를 이용해 주소에 해당하는 좌표를 얻었습니다. 주소를 지도 위에 정확하게 표시하려면 이런 좌표가 필요하므로 위치를 기반으로 하는 다양한 분석 서비스를 구현할 때 유용하게 사용할 수 있습니다. 다음 장에서는 이 좌표를 이용해 지도 분석에 사용할 지오 데이터프레임을 만드는 방법을 살펴보겠습니다.

단골 코드 정리하기

지오 코딩에서 다루었던 주요 기능인 중복값 제거, 웹 페이지에서 자료 가져오는 방법 그리고 예외 처리 방법을 정리해 보겠습니다.

• 중복값 제거하기

```
library(ggplot2)
mpg <- data.frame(mpg$manufacturer)  # 제조사 이름만 추출
data.frame(mpg[!duplicated(mpg), ])  # 제조사 중복값 제거
```

• 웹 페이지 자료 가져오기

```
library(httr)
library(rjson)
library(dplyr)
# GET()으로 HTML 페이지 가져오기
web_page <- GET('http://www.w3.org/Protocols/rfc2616/rfc2616.html')
web_page <- web_page %>% content(as = 'text')   # HTML 페이지 텍스트만 저장
head(web_page)    # 자료 확인
```

• 예외 처리하기

```
inputs = list(1, 2, 3, 'four', 5, 6)   # 입력 데이터(문자와 숫자 혼합)
# 일반적인 반복문: 중간에 오류 발생으로 멈춤
for(input in inputs) {
  print(paste(input, "의 로그값은 =>", log(input)))
}
# tryCatch() 함수가 포함된 반복문: 중간에 오류 발생해도 예외 처리하고 넘어감
for(input in inputs) {
  tryCatch({
    print(paste(input, "의 로그값은 =>", log(input)))
  }, error=function(e){cat("ERROR :",conditionMessage(e), "\n")} )
}
```

지오 데이터프레임 만들기

일반적인 데이터프레임으로 공간 좌표를 다루기에는 한계가 있습니다. 이 장에서는 05장에서 수집한 위경도 데이터에 좌표계를 결합하여 지도 분석에 효과적인 지오 데이터프레임을 만드는 방법을 살펴봅니다.

06-1 좌표계와 지오 데이터 포맷

좌표계(CRS)란 무엇일까?

05장에서 지오 코딩으로 평면의 지도 위에 위치를 표현할 수 있는 위경도 정보를 수집하였습니다. 그러나 우리가 살아가는 지구는 불규칙한 타원체라서 실제 좌푯값을 표현하려면 투영projections 과정을 거쳐 보정해야 합니다.

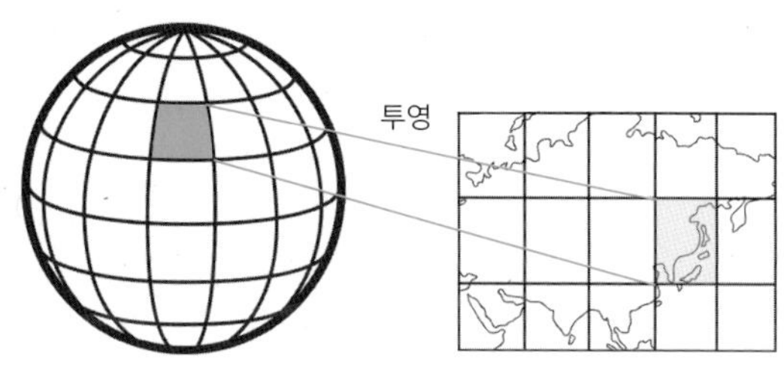

그림 5-1 좌표계 투영

이때 보정의 기준이 바로 **좌표계**CRS, coordinate refernce systems입니다. 국내에서는 국토지리정보원 표준 좌표계인 GRS80을 많이 사용합니다. 그리고 국제적으로는 GPS의 참조 좌표계이자 구글이나 오픈스트리트맵 같은 글로벌 지도 서비스에 사용되는 WGS84가 있습니다.

이러한 좌표계를 표준화하고자 부여한 코드를 EPSGEuropean petroleum survey group라고 합니다. GRS80 좌표계는 EPSG:5186이며, WGS84는 EPSG:4326입니다. 이 책은 WGS84 좌표계를 사용하는 오픈스트리트맵(openstreetmap.org)을 사용하여 위치 데이터를 지도에 시각화합니다.

지오 데이터 포맷: sp와 sf

R의 데이터프레임은 다양한 유형의 정보를 통합하여 저장할 수 있는 포맷입니다. 벡터나 리스트 같은 이질적인 유형의 정보도 하나의 데이터프레임으로 묶어서 저장할 수 있습니다. 그러나 데이터프레임은 기하학geometry 특성의 위치 정보를 저장하기에 적합한 포맷은 아니어서 공간 분석에는 한계가 있습니다.

2005년 공개된 sp 패키지는 R에서 점, 선, 면 같은 공간 정보를 처리할 목적으로 만든 데이터 포맷입니다. 테두리 상자bounding box나 좌표계 같은 다양한 정보도 함께 저장할 수 있다는 점에서 공간 분석의 새로운 길을 열어 주었습니다. sp는 "Spatial"이라는 슬롯 안에 정보를 저장합니다. `summary()`나 `plot()` 함수를 이용하여 기본적인 정보를 살펴볼 수는 있지만, 데이터 일부를 편집하거나 수정하는 것은 어렵다는 한계가 있습니다.

이러한 sp의 한계를 극복하고자 2016년 sf 패키지가 공개되었습니다. sf는 sp 패키지가 가지고 있던 기능과 속성을 그대로 이어받지만, 기존의 데이터프레임에 공간 속성geometry을 가진 칼럼을 추가함으로써 공간 데이터를 일반 데이터프레임과 비슷하게 편집하거나 수정할 수 있게 하였습니다.

최근에는 sf 패키지 사용자가 꾸준히 증가하고 있지만 아직까지 관련 자료나 레퍼런스는 부족한 상황입니다. 또한 공간 도형을 다루기에는 아직까지 sp가 빠르다는 평가가 많아서 대부분은 sp와 sf를 함께 사용합니다.

year	price	Dong_nm	jibun	floor
2021	140000	아현동	777	4
2021	112500	회현동 1가	NA	14
2021	57400	염창동	288	6

데이터프레임

+

geometry
c(126.9677626, 37.57354748)
c(126.9688808, 37.57441724)
c(127.0018345, 37.57421707)

지오메트리

sf

그림 5-2 sf 패키지 자료의 구성

지오 데이터 포맷 변환: sp ↔ sf

이처럼 sp와 sf 패키지의 장단점이 다르기 때문에 어떠한 것이 더 좋은지 단정하기는 어렵습니다. sp 패키지는 데이터 전체의 기하학geometry 정보를 처리할 때 유리하다고 알려졌으며, sf 패키지는 부분적인 바이너리binary 정보 처리가 빠르다고 알려졌습니다. 그러므로 상황에 따라서 sp와 sf 패키지를 서로 변환하여 사용하는 것이 좋습니다.

예를 들어 좌푯값을 할당하거나 기준 좌표계를 정의할 때는 sp 패키지의 `coordinates()`나 `proj4string()` 함수를 사용하면 편리합니다. 하지만 특정 부분을 추출하거나 삭제 또는 변형할 때는 데이터프레임 형태인 sf 패키지로 다루는 것이 좋습니다.

sp 패키지의 데이터를 sf 패키지의 데이터로 변환할 때는 `st_as_sf()` 함수를 사용하고, 반대로 변환할 때는 `as(변수명, class="Spatial")` 함수를 사용합니다.

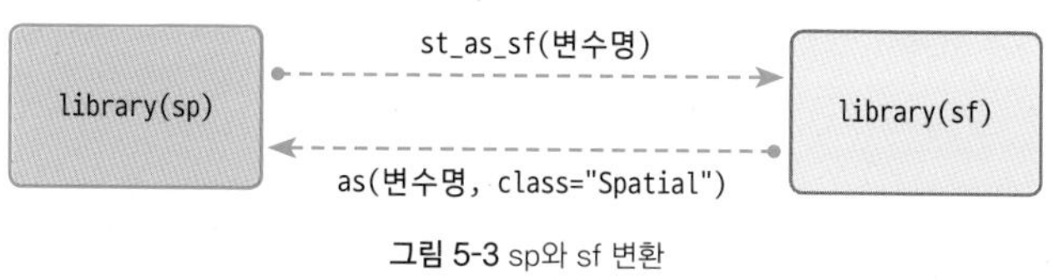

그림 5-3 sp와 sf 변환

06-2 주소와 좌표 결합하기

수집된 아파트 실거래 자료를 공간 정보로 만들려면 주소를 기준으로 공간 좌표(위경도)를 결합하는 과정이 필요합니다.

Do it! 실습

1단계 데이터 불러오기

작업 폴더에 06_**지오 데이터프레임**.R이라는 이름으로 스크립트 파일을 만들고 다음 코드를 작성합니다. 04장에서 전처리한 데이터와 05장에서 지오 코딩한 데이터를 `load()` 함수로 불러오는 코드입니다.

Do it! 데이터 불러오기 06_지오 데이터프레임.R

```
setwd(dirname(rstudioapi::getSourceEditorContext()$path))
load("./04_preprocess/04_preprocess.rdata")     # 주소 불러오기
load("./05_geocoding/05_juso_geocoding.rdata")   # 좌표 불러오기
```

2단계 주소와 좌표 결합하기

서로 다른 데이터프레임 안에 공통된 항목이 있으면 하나로 결합할 수 있습니다. 앞에서 불러온 두 데이터 안에는 공통으로 주소 정보가 들어 있으므로 하나의 데이터프레임으로 결합할 수 있습니다. 데이터를 결합할 때는 `left_join()` 함수를 사용합니다. 이때 결합 기준은 `"juso_jibun" = "apt_juso"`입니다. 즉, 아파트 실거래 데이터와 지오 코딩으로 얻은 데이터의 문자열 주소가 같으면 결합합니다. 그런데 주소가 같지 않으면 결측값(NA)으로 남으므로 지워야 합니다. 따라서 05장에서 배운 것처럼 `na.omit()` 함수로 결측값을 제거합니다.

Do it! 주소 + 좌표 결합 06_지오 데이터프레임.R

```
library(dplyr)   # install.packages('dplyr')
apt_price <- left_join(apt_price, juso_geocoding,
                       by = c("juso_jibun" = "apt_juso")) # 결합
apt_price <- na.omit(apt_price)   # 결측값 제거
```

06-3 지오 데이터프레임 만들기

단순히 주소와 좌표를 결합한다고 지오 데이터프레임이 되지는 않습니다. 좌표계를 설정하고 좌푯값을 공간 속성으로 지정하는 과정이 필요합니다. 지오 데이터프레임을 만들고 시각화하는 과정까지 살펴보겠습니다.

Do it! 실습

1단계 지오 데이터프레임 생성하기

먼저 sp 패키지를 설치하고 불러온 후 `coordinates()` 함수로 x와 y라는 공간 좌표를 설정합니다. 이어서 `proj4string()` 함수로 해당 좌표가 어떠한 좌표계를 참조하는지 정의합니다. 여기서는 WGS84 좌표계를 사용하는 오픈스트리트맵을 사용할 것이므로 `"+proj=longlat +datum=WGS84 +no_defs"`으로 정의합니다. 그리고 공간 데이터를 더 편리하게 다루고자 sf 패키지에 있는 `st_as_sf()` 함수를 이용해 지오 데이터프레임으로 변환합니다.

Do it! 지오 데이터프레임 생성 — 06_지오 데이터프레임.R

```
library(sp)     # install.packages('sp')
coordinates(apt_price) <- ~coord_x + coord_y    # 좌푯값 할당
proj4string(apt_price) <- "+proj=longlat +datum=WGS84 +no_defs"    # 좌표계(CRS) 정의
library(sf)     # install.packages('sf')
apt_price <- st_as_sf(apt_price)    # sp형 => sf형 변환
```

2단계 지오 데이터프레임 시각화

지오 데이터프레임을 올바르게 구성했는지는 지도에 그려서 시각화해 보면 확실하게 알 수 있습니다. 이때 `plot()` 함수를 이용하면 간단하게 시각화할 수 있습니다. leaflet 패키지가 제공하는 `leaflet()` 함수로 빈 캔버스를 그린 다음 `addTiles()`로 기본 지도인 오픈스트리트맵을 불러옵니다. 그리고 `addCircleMarkers()` 함수로 `apt_price`의 1~1,000번까지 데이터가 가리키는 위치에 동그란 마커와 아파트 이름(`apt_nm`)을 표시합니다. 이 코드를 실행하면 R스튜디오 오른쪽 아래에 있는 보기viewer 창에서 결과를 확인할 수 있습니다.

Do it! 지오 데이터프레임 시각화 　　　　06_지오 데이터프레임.R

```
plot(apt_price$geometry, axes = T, pch = 1)        # 플롯 그리기
library(leaflet)   # install.packages('leaflet')   # 지도 그리기 라이브러리
leaflet() %>%
  addTiles() %>%
  addCircleMarkers(data=apt_price[1:1000,], label=~apt_nm)   # 1,000개만 그리기
```

위경도 표시 / 지점을 동그랗게 표시 / 아파트 이름 표시

☞ 실행 결과

3단계 지오 데이터프레임 저장하기

앞에서 만든 지오 데이터프레임을 저장합니다. 자료를 저장할 새로운 폴더를 `dir.create()`로 만들고 `save()`와 `write.csv()`로 저장합니다.

Do it! 지오 데이터프레임 저장 　　　　06_지오 데이터프레임.R

```
dir.create("06_geodataframe")   # 새로운 폴더 생성
save(apt_price, file="./06_geodataframe/06_apt_price.rdata")   # rdata 저장
write.csv(apt_price, "./06_geodataframe/06_apt_price.csv")     # csv 저장
```

지금까지 오픈 API를 이용하여 아파트 실거래 자료를 수집하고 분석하기 좋게 다듬는 작업을 거쳐 주소로 공간 좌표를 포함하는 지오 데이터프레임을 만들어 보았습니다. 이제 데이터 분석을 위한 모든 준비를 마쳤습니다. 다음 장부터는 지오 데이터를 지도 위에 시각화하고 차트로 그리는 방법을 살펴보겠습니다.

단골 코드 정리하기

이번 장에서는 좌표가 포함된 데이터프레임을 지오 데이터프레임으로 변환하는 과정을 살펴봤습니다. 지오 데이터프레임 변환 과정에서 다루었던 주요 기능인 일반 데이터프레임을 지오 데이터프레임으로 만들고 지도로 시각화하는 방법을 정리해 보겠습니다.

• 좌표가 포함된 데이터프레임 만들기

```
df <- structure(
  list(longitude = c(128.6979, 153.0046, 104.3261, 124.9019,
                     126.7328, 153.2439, 142.8673, 152.689),
       latitude = c(-7.4197, -4.7089, -6.7541, 4.7817,
                    2.1643, -5.65, 23.3882, -5.571)),
  .Names = c("coord_x", "coord_y"), class = "data.frame", row.names = c(NA, -8L)) head(df)
```

☞ 실행 결과

```
   coord_x  coord_y
1  128.6979  -7.4197
2  153.0046  -4.7089
```

• 지오 데이터프레임으로 변환

```
library(sp)
coordinates(df) <- ~coord_x + coord_y   # 좌푯값 할당(sp형)
proj4string(df) <- "+proj=longlat +datum=WGS84 +no_defs"   # 좌표계(CRS) 정의(sp형)
library(sf)          # install.packages('sf')
df <- st_as_sf(df)   # sp형 -> sf형 변환
head(df)
```

☞ 실행 결과

```
Simple feature collection with 6 features and 0 fields
Geometry type: POINT
Dimension:     XY
Bounding box:  xmin: 104.3261 ymin: -7.4197 xmax: 153.2439 ymax: 4.7817
CRS:           +proj=longlat +datum=WGS84 +no_defs
                  geometry
1 POINT (128.6979 -7.4197)
2 POINT (153.0046 -4.7089)
```

• 지도 시각화

```
library(leaflet)
leaflet() %>%
 addTiles() %>%
 addCircleMarkers(data=df)
```

☞ 실행 결과

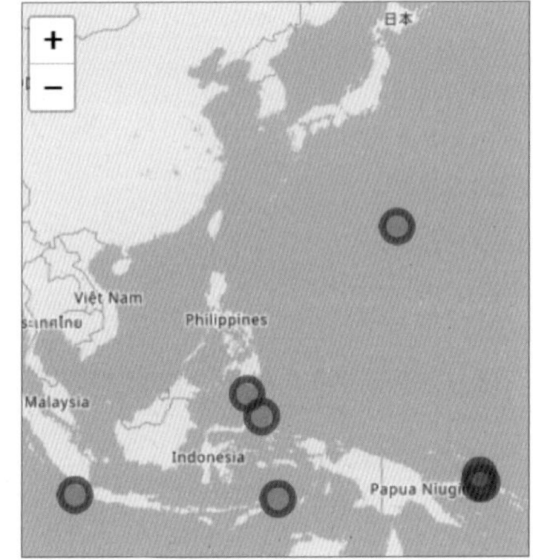

분석 주제를 지도로 시각화하기

이번 장에서는 아파트 실거래 데이터를 대상으로 "어느 지역이 제일 비쌀까?", "요즘 뜨는 지역은 어디일까?", "우리 동네가 옆 동네보다 비쌀까?" 등 사람들이 궁금해할 만한 정보를 지도 위에 그려서 분석해 봅니다.

07-1 어느 지역이 제일 비쌀까?

앞 장까지 진행하면서 데이터 분석의 기초가 되는 자료를 준비했으니 이제 지도 위에 의미 있는 정보를 표현해 보겠습니다. 첫 번째로는 커널 밀도 추정으로 어느 지역이 제일 비싼지 알아보는 지도를 그려 봅니다.

Do it! 실습

1단계 지역별 평균 가격 구하기

어느 지역이 제일 비싼지 알려면 먼저 그리드별 평균 가격을 계산해야 합니다. 그리드grid란 격자 형식의 무늬를 말하는데, 필자는 서울시 전역을 1km 단위로 분할하여 그리드별 ID를 할당해 놓은 셰이프shape*파일(01_code/sigun_grid/seoul.shp)을 만들어 놓았습니다.

* 셰이프 파일은 지리 공간 분석에서 널리 사용하는 표준화된 형식으로서 지리 현상을 기하학적 위치와 속성 정보로 동시에 저장한 데이터 형식을 의미합니다.

`load()` 함수로 실거래 자료(포인트 데이터)를 불러오고 `st_read()`로 서울시 그리드 파일(폴리곤 데이터)을 읽어온 다음 `st_join()`으로 특성이 서로 다른 두 데이터를 결합합니다. 이때 결합 옵션은 2개의 형상이 교차하는지를 판별하는 `st_intersects`로 합니다.

Do it! 실거래 + 그리드 데이터 결합 — 07_지도시각화.R

```
setwd(dirname(rstudioapi::getSourceEditorContext()$path))  # 작업 폴더 설정
load("./06_geodataframe/06_apt_price.rdata")  # 실거래 자료 불러오기
library(sf)    # install.packages("sf")
grid <- st_read("./01_code/sigun_grid/seoul.shp")  # 서울시 1km 그리드 불러오기
apt_price <- st_join(apt_price, grid, join = st_intersects)  # 실거래+그리드 결합
head(apt_price, 2)
```

☞ 실행 결과

```
         ymd         ym year  code   addr_1          apt_nm (...생략...)
1 2021-01-14 2021-01-01 2021 11110 서울_종로        청운현대 (...생략...)
2 2021-01-07 2021-01-01 2021 11110 서울_종로 광화문스페이스본 (...생략...)
```

앞선 결합 결과로 실거래 자료에는 좌표에 해당하는 그리드 ID(apt_price$ID)가 추가됩니다. 이제 aggregate() 함수로 그리드 내에 거래된 평당 거래가(apt_price$py)를 취합하여 평균 가격(kde_high)을 구합니다.

Do it! 그리드별 평균 가격(평당) 계산 07_지도시각화.R

```
kde_high <- aggregate(apt_price$py, by=list(apt_price$ID), mean) # 그리드별 평균 가격
colnames(kde_high) <- c("ID", "avg_price")   # 칼럼명 변경
head(kde_high, 2)   # 평균가 확인
```

☞ 실행 결과

```
     ID  avg_price
1 79520   1506.167
2 79765   3600.258
```

그러면 다음처럼 그리드 ID별 평당 평균가가 담긴 kde_high 데이터프레임을 얻을 수 있습니다.

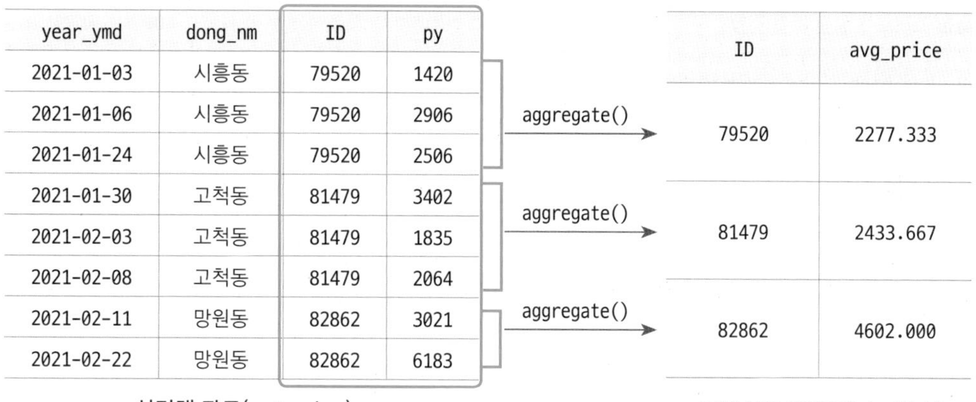

year_ymd	dong_nm	ID	py
2021-01-03	시흥동	79520	1420
2021-01-06	시흥동	79520	2906
2021-01-24	시흥동	79520	2506
2021-01-30	고척동	81479	3402
2021-02-03	고척동	81479	1835
2021-02-08	고척동	81479	2064
2021-02-11	망원동	82862	3021
2021-02-22	망원동	82862	6183

ID	avg_price
79520	2277.333
81479	2433.667
82862	4602.000

그림 7-1 그리드 ID별 평균 가격 구하기 예

2단계 평균 가격 정보 표시하기

1단계를 거쳐 그리드 ID별로 평당 평균가를 구했습니다. 이제 평당 평균가를 지도로 그려 보겠습니다. 그러려면 공간 정보가 필요하므로 그리드 정보(grid)를 평균 가격(kde_high)에 결합합니다. 두 자료에는 ID 정보가 공통으로 포함되어 있으므로 이를 기준으로 merge() 함수를 이용해 **공간 결합**spatial join합니다. 그러면 kde_high에 서울시 지역 코드(1100)를 나타내는 SIG_CD와 그리드별 공간 정보인 geometry 데이터가 추가됩니다.

ID별 평당 평균가
(kde_high)

ID	avg_price
80757	3141.707
80507	2227.500
80261	2857.063
80011	2996.905
79766	2522.647
79520	2277.333

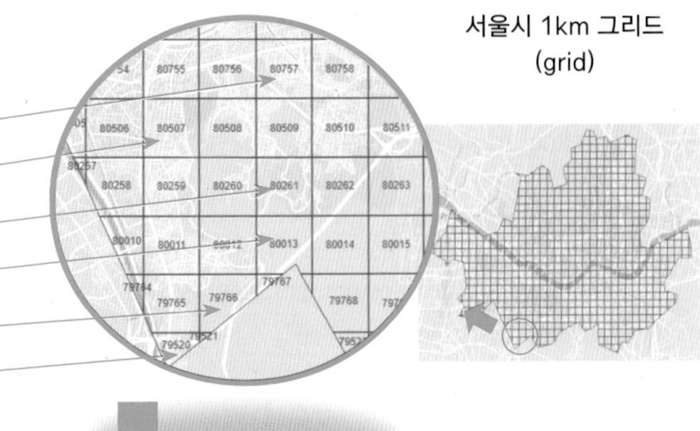

ID	SIG_CD	avg_price	geometry
79520	1100	2277.333	list(list(c(126.8866 ...
79765	1100	3600.258	list(list(c(127.2351 ...
79766	1100	2522.647	list(list(c(126.4315 ...

그림 7-2 그리드(셰이프 파일) + 평균 가격(속성 파일) 결합

Do it! 그리드 + 평균 가격 결합 07_지도시각화.R

```
kde_high <- merge(grid, kde_high,  by="ID")   # ID 기준으로 결합
library(ggplot2)   # install.packages("ggplot2")
library(dplyr)     # install.packages("dplyr")
kde_high %>% ggplot(aes(fill = avg_price)) +   # 그래프 시각화
                   geom_sf() +
                   scale_fill_gradient(low = "white", high = "red")
```

☞ 실행 결과

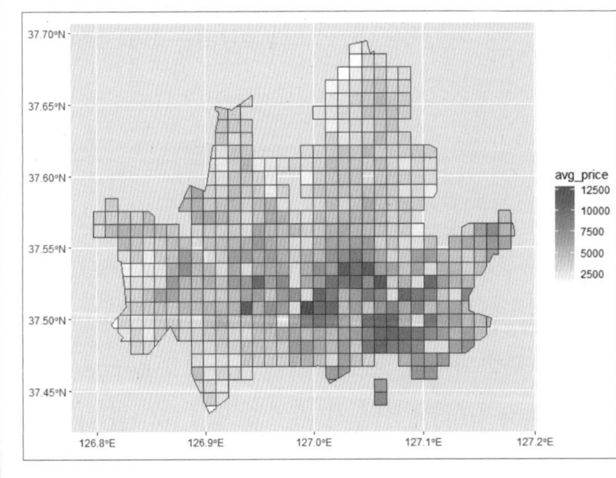

결합한 결과를 지도로 확인하고자 ggplot() 함수로 kde_high 안에 있는 평균 가격 정보(avg_price)를 시각화합니다. 이때 옵션을 2개 추가합니다. geom_sf()는 지오 데이터프레임 데이터를 시각화할 때 사용하며, scale_fill_gradient()는 색상의 농도를 단계별로 설정해 줍니다. 코드를 실행하면 강남 지역의 그리드가 다른 지역보다 평균 가격이 높아 진한 색으로 표시되는 것을 확인할 수 있습니다.

3단계 지도 경계 그리기

어느 지역이 제일 비싼지 알려면 데이터가 집중된 곳을 찾아야 합니다. 이때 **커널 밀도 추정***을 이용합니다. 커널 밀도 추정을 하려면 분석의 기초가 되는 대상 영역을 설정해 주어야 하므로 서울시의 경계를 그리는 작업을 수행합니다.

* 커널 밀도 추정(KDE: kernel density estimation)이란 커널 함수로 변수의 밀도를 추정하는 방법의 하나입니다.

먼저 지도 작업을 수월하게 진행하려면 현재 sf형으로 된 데이터를 sp형으로 변환해야 합니다. 그리고 coordinates() 함수로 각 그리드의 중심 좌표(x, y)를 추출합니다.

Do it! sp형으로 변환과 그리드별 중심 좌표 추출 07_지도시각화.R

```
library(sp)   # install.packages("sp")
kde_high_sp <- as(st_geometry(kde_high), "Spatial")   # sf형 => sp형 변환
x <- coordinates(kde_high_sp)[,1]   # 그리드 중심 x, y 좌표 추출
y <- coordinates(kde_high_sp)[,2]
```

다음 코드에서는 bbox()로 l1부터 l4까지 외곽 끝 지점을 나타내는 좌표 4개를 추출합니다. 참고로 외곽 경계를 설정할 때 여유를 약간 주고자 전체 영역을 0.1% 추가로 확장합니다.

Do it! 기준 경계 설정 07_지도시각화.R

```
l1 <- bbox(kde_high_sp)[1,1] - (bbox(kde_high_sp)[1,1] * 0.0001)
l2 <- bbox(kde_high_sp)[1,2] + (bbox(kde_high_sp)[1,2] * 0.0001)
l3 <- bbox(kde_high_sp)[2,1] - (bbox(kde_high_sp)[2,1] * 0.0001)
l4 <- bbox(kde_high_sp)[2,2] + (bbox(kde_high_sp)[1,1] * 0.0001)
```

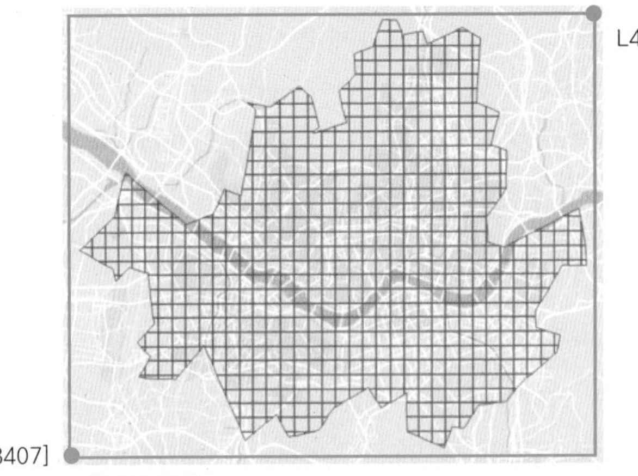

그림 7-3 bbox()로 도출한 서울시 외곽 좌표

이제 `owin()` 함수로 외곽 좌표를 연결하는 지도 경계선bounding box을 생성합니다. owin은 지도의 경계window 영역을 설정하는 포맷입니다. 지도 경계선은 `plot()`으로 확인할 수 있습니다. 마지막으로 `rm()`으로 불필요한 변수들을 정리합니다.

Do it! 지도 경계선 그리기 07_지도시각화.R

```
library(spatstat)   # install.packages("spatstat")
win <- owin(xrange=c(l1,l2), yrange=c(l3,l4))   # 지도 경계선 생성
plot(win)   # 지도 경계선 확인
rm(list = c("kde_high_sp", "apt_price", "l1", "l2", "l3", "l4"))   # 변수 정리
```

☞ 실행 결과

win

4단계 밀도 그래프 표시하기

커널 밀도 추정을 할 때는 지도 경계선(win) 내의 포인트 분포 데이터로 커널 밀도를 계산해야 합니다. 다음 코드에서 ppp() 함수는 위도와 경도(x, y)를 포인트로 변환합니다. 그리고 density.ppp()로 생성한 포인트를 연속된 곡선을 가지는 커널smoothed kernel로 변환하는데, 이때 평당 평균가(kde_high$avg_price)를 가중치weight 옵션으로 설정합니다.

Do it! 밀도 그래프 표시하기 07_지도시각화.R

```
p <- ppp(x, y, window = win)   # 경계선 위에 좌푯값 포인트 생성
d <- density.ppp(p, weights = kde_high$avg_price,  # 커널 밀도 함수로 변환
                  sigma = bw.diggle(p),
                  kernel = 'gaussian')
plot(d)   # 밀도 그래프 확인
rm(list = c("x", "y", "win", "p"))   # 변수 정리
```

☞ 실행 결과

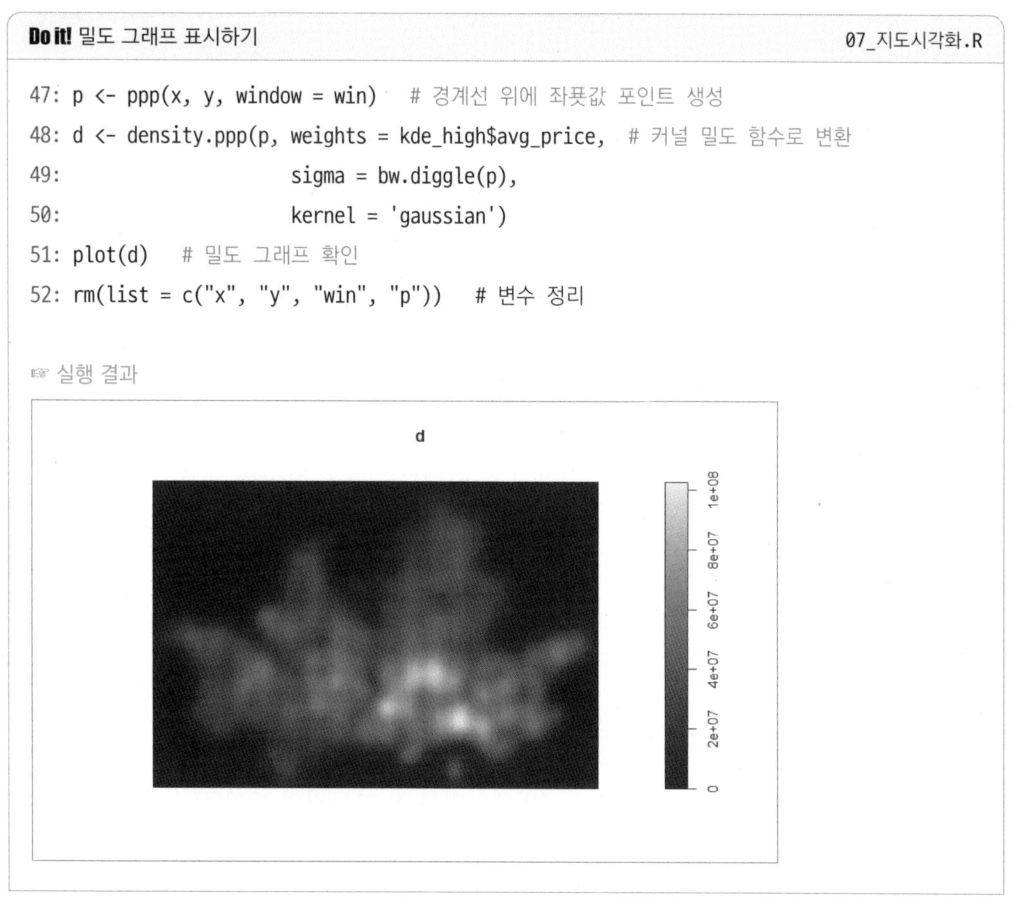

주의할 점은 커널 밀도 함수가 정규분포 형태이므로 데이터를 어떤 형태로 표현할 것인가를 결정해 주어야 한다는 것입니다. 여기에서는 커널kernel 옵션을 gaussian, 시그마sigma 옵션을 bw.diggle()로 설정했습니다.

커널 밀도 추정 시 기억해야 할 2가지 옵션

포인트 데이터의 좌표(x, y)와 외곽 경계를 알고 있다면 확률 밀도 함수를 이용하여 어느 지역에 데이터가 집중되었는지 분석할 수 있습니다. 이를 '포인트 패턴 분석'이라고 합니다. R에서 포인트 패턴 분석을 하려면 크게 2단계 과정을 거칩니다.

첫째, ppp() 함수로 좌푯값을 포인트 패턴 형식으로 변환해야 합니다. 둘째, density.ppp() 함수로 밀도 함수로 전환합니다. 이때 우리는 커널 함수(kernel function)의 종류와 시그마(sigma)라는 2가지 개념을 이해해야 합니다.

함수의 종류는 데이터가 분포하는 대략적인 형태를 지칭하는 것으로 gaussian, epanechnikov, quartic 등이 있습니다. 한편 시그마는 데이터의 분산(퍼져 있는 정도)을 나타내는 것으로 '대역폭 파라미터(bandwidth parameter)'라고도 합니다. 이 파라미터는 값이 작을수록 뾰족한 형태를 보이며, 커질수록 완만한 형태를 보입니다.

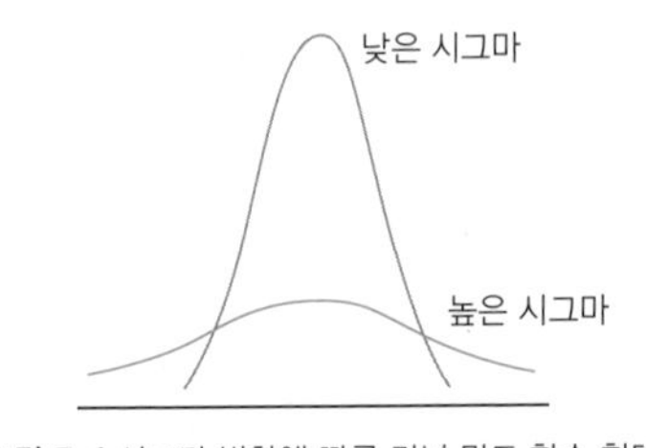

그림 7-4 시그마 변화에 따른 커널 밀도 함수 형태

문제는 최적의 시그마값을 찾기가 쉽지 않다는 것입니다. 몇 번의 시행착오를 거쳐 최적값을 찾아내야 하고, 또 데이터가 약간만 달라져도 다시 최적값을 찾아내야 하는 불편함이 있습니다. 이러한 불편을 최소화하고자 R의 공간 통계 라이브러리인 spatstat 패키지는 bw.diggle(), bw.ppl() 그리고 bw.scot()라는 3가지 옵션을 제공합니다. 이 옵션으로 자동화된 최적값을 적용할 수 있습니다. 가장 널리 사용되는 커널 형태 옵션은 gaussian이며, 시그마 옵션은 bw.diggle()입니다.

5단계 래스터 이미지로 변환하기

미국의 통계학자인 네이트 실버Nate Silver는 "빅데이터를 잘 다루려면 노이즈noise를 최소화하고 의미 있는 신호signal를 찾아내는 것이 중요하다"라고 이야기합니다. 앞서 우리가 도출한 커널 밀도 추정 안에도 다양한 노이즈가 섞여 있습니다. 따라서 최종 결과물을 도출하기 전에 의미 없는 노이즈를 제거하고 중요한 신호를 찾아내는 작업을 수행해야 합니다.

필자의 경험에 따르면 커널 밀도 추정에서 의미 있는 데이터는 상위 20~30% 범위 내에 있습니다. 따라서 여기에서는 전체 데이터의 25% 지점만 의미 있는 신호라고 가정합니다.

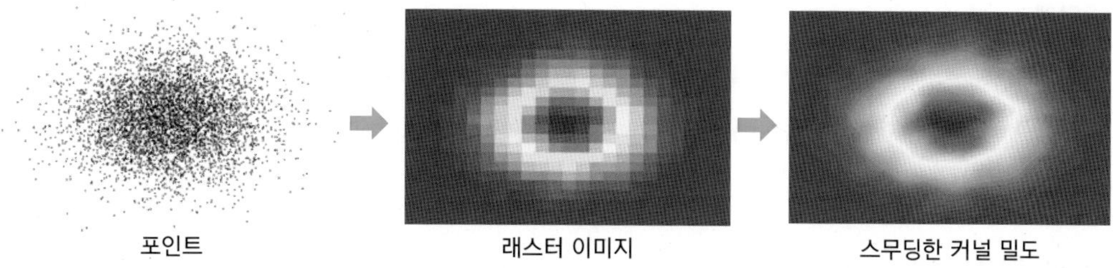

그림 7-5 포인트 데이터를 래스터 이미지로 변환하는 과정

다음 코드에서 `quantile(d)[4] <- NA` 코드는 전체 데이터의 하위 75%를 NA 처리합니다. `quantile()`은 전체 데이터를 순서대로 정렬할 때 0%, 25%, 50%, 75%, 100%가 되는 지점을 알려 주는 함수입니다. `quantile()[4]`는 전체 데이터의 75%가 되는 지점이 얼마인지 알려 줍니다.

그리고 `raster()` 함수로 커널 밀도 데이터를 래스터 이미지raster image*로 변환한 후 `plot()`으로 노이즈가 제거된 결과를 확인합니다.

* 일반적으로 직사각형 격자의 화소, 색의 점을 모니터, 종이 등의 매체에 표시하는 자료 구조입니다.

Do it! 노이즈 제거와 래스터 이미지로 변환 07_지도시각화.R

```
d[d < quantile(d)[4] + (quantile(d)[4] * 0.1)] <- NA   # 노이즈 제거
library(raster)             #  install.packages("raster")
raster_high <- raster(d)    # 래스터 변환
plot(raster_high)
```

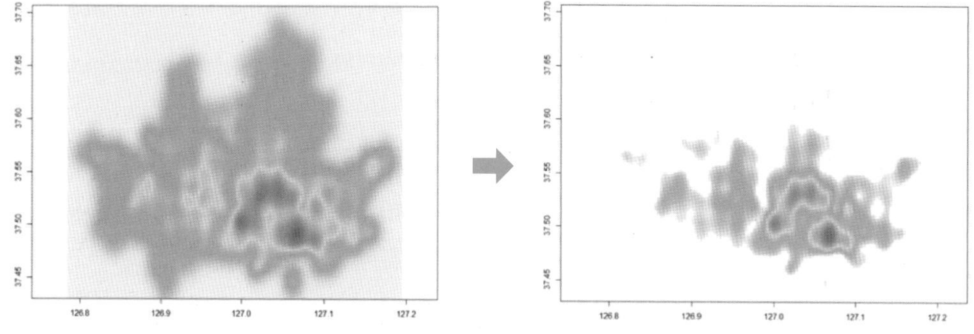

그림 7-6 노이즈 제거에 따른 결과 차이

6단계 불필요한 부분 자르기

그다음은 서울시 경계선을 기준으로 외곽의 불필요한 부분을 잘라 냅니다. st_read()로 서울시 경계선을 불러오고 crop() 함수를 이용해 외곽선을 기준으로 래스터 이미지를 잘라 냅니다. crs() 함수는 WGS84 좌표계를 정의합니다.

Do it! 서울시 외곽선 자르기 07_지도시각화.R

```
bnd <- st_read("./01_code/sigun_bnd/seoul.shp")   # 서울시 경계선 불러오기
raster_high <- crop(raster_high, extent(bnd))     # 외곽선 자르기
crs(raster_high) <- sp::CRS("+proj=longlat +datum=WGS84 +no_defs +ellps=WGS84
                       +towgs84=0,0,0")   # 좌표계 정의
plot(raster_high)   # 지도 확인
plot(bnd, col=NA, border = "red", add=TRUE)
```

☞ 실행 결과

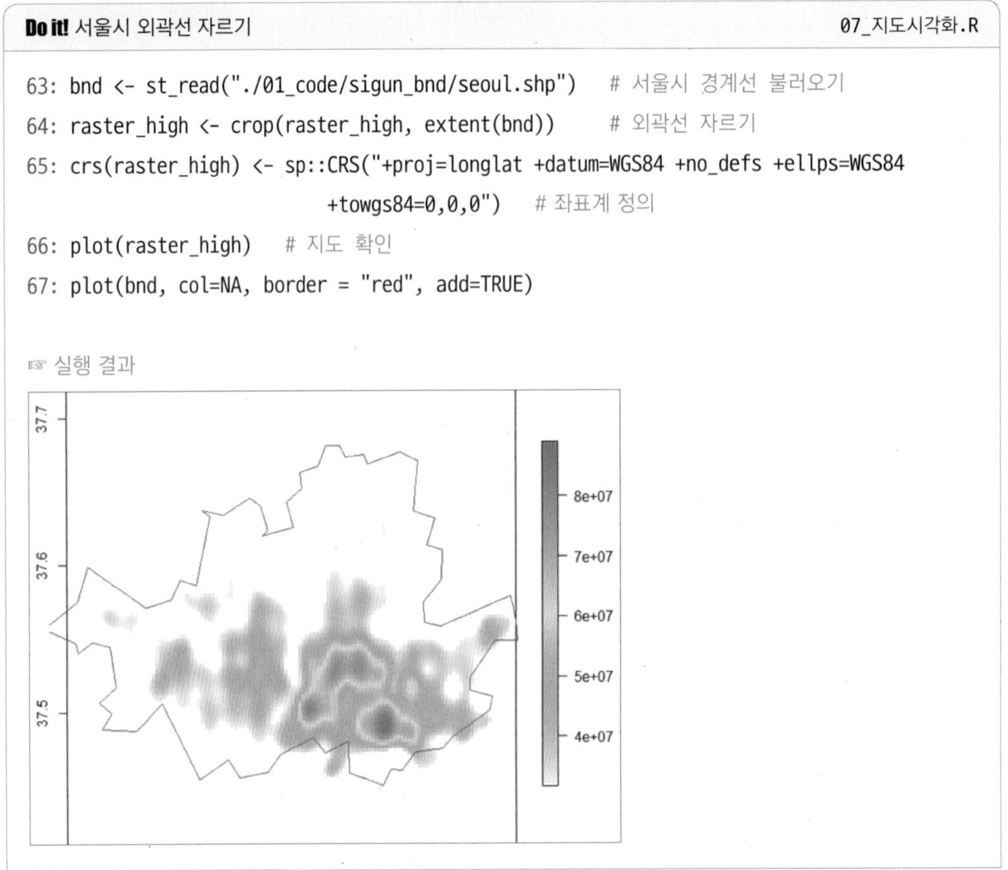

7단계 지도 그리기

이제 지도 위에 앞에서 만든 래스터 이미지(raster_high)를 올려 봅시다. 먼저 rgdal* 패키지를 설치하고 불러옵니다. 그리고 leaflet()으로 지도 라이브러리 사용을 선언하고 addProviderTiles() 옵션으로 지도의 기본 테마를 지정합니다. addPolygon()은 서울시 외곽선을 불러옵니다. 이때 외곽선의 폭weight과 색상color을 조정할 수 있습니다. 마지막으로 addRasterImage() 함수를 이용해 지도 위에 래스터 이미지를 올립니다. 이때 색상 옵션을 추가할 수 있는데 붉은색일수록 가격대가 높아지도록 설정합니다.

* RGDAL(R geospatial data abstraction library)은 지리 공간 정보를 가지는 레스터 데이터 처리 라이브러리입니다.

Do it! 지도 위에 래스터 이미지 올리기 07_지도시각화.R

```
library(rgdal)    # install.packages("rgdal")
library(leaflet)  # install.packages("leaflet")
leaflet() %>%
  #---# 기본 지도 불러오기
  addProviderTiles(providers$CartoDB.Positron) %>%
  #---# 서울시 경계선 불러오기
  addPolygons(data = bnd, weight = 3, color= "red", fill = NA) %>%
  #---# 래스터 이미지 불러오기
  addRasterImage(raster_high,
   colors = colorNumeric(c("blue", "green","yellow","red"),
   values(raster_high), na.color = "transparent"), opacity = 0.4)
```

☞ 실행 결과

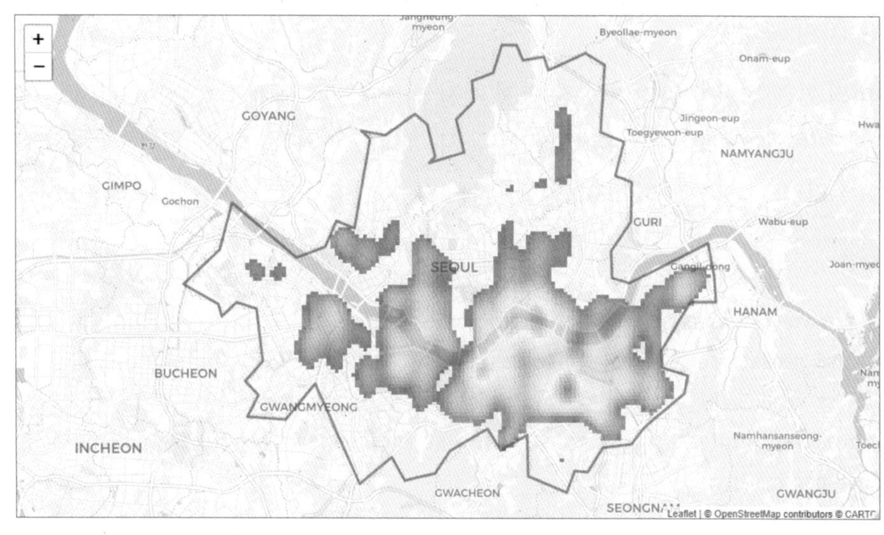

* 맥에서는 패키지 설치 시 "컴파일이 요구되는 패키지를 소스로부터 바로 설치하기를 원하나요? (Yes/no/cancel)"라는 메시지가 나올 수 있습니다. 이때 "no"를 입력하면 오류 없이 설치됩니다.

8단계 평균 가격 정보 저장하기

새로운 폴더를 만들고 이번 절에서 만든 래스터 이미지를 07_kde_high라는 이름으로 저장합니다.

Do it! 8단계: 저장하기 07_지도시각화.R

```
dir.create("07_map")  # 새로운 폴더 생성
save(raster_high, file="./07_map/07_kde_high.rdata")  # 최고가 래스터 저장
rm(list = ls())   # 메모리 정리
```

07-2 요즘 뜨는 지역은 어디일까?

두 번째로 분석할 주제는 일정 기간 동안 가장 많이 오른 지역을 특정하는 것입니다. 이는 똑같은 그리드를 대상으로 두 시점 사이의 가격 변화를 비교하는 방식으로 단순히 특정 그리드의 평균 가격을 측정하는 방식보다 조금 더 복잡합니다. 그럼 두 번째 지도를 만들어 보겠습니다.

Do it! 실습

1단계 데이터 준비하기

두 시점 사이의 가격 변화를 알려면 가장 먼저 시간 범위를 설정해야 합니다. load()로 아파트 실거래 자료를 불러오고 st_read()로 서울시 그리드 파일을 읽어옵니다. 그리고 st_join()으로 실거래와 그리드를 공간 결합한 후 head()로 결과를 확인합니다.

Do it! 데이터 준비 07_지도시각화.R

```
setwd(dirname(rstudioapi::getSourceEditorContext()$path))  # 작업 폴더 설정
load("./06_geodataframe/06_apt_price.rdata")               # 실거래 불러오기
grid <- st_read("./01_code/sigun_grid/seoul.shp")    # 서울시 1km 그리드 불러오기
apt_price <-st_join(apt_price, grid, join = st_intersects)  # 실거래 + 그리드 결합
head(apt_price, 2)
```

☞ 실행 결과

```
         ymd         ym year  code    addr_1          apt_nm  (...생략...)
1 2021-01-14 2021-01-01 2021 11110 서울_종로        청운현대  (...생략...)
2 2021-01-07 2021-01-01 2021 11110 서울_종로  광화문스페이스본  (...생략...)
```

2단계 이전/이후 데이터 세트 만들기

두 시점을 비교하려면 전체 데이터를 시기에 따라 이전과 이후로 구분해야 합니다. 다음 코드에서 kde_before는 기준일인 2021년 7월 1일보다 이전 데이터만 추출하고, kde_after는 반대로 2021년 7월 1일 이후 데이터만 추출합니다.

그리드별 평균 가격을 기준일 전후로 구했다면 이제 두 시점 사이의 변화율을 계산하여 kde_diff$diff에 입력합니다. 이때 사용한 계산식은 '(이전 평균 - 이후 평균) / 이전 평균) × 100'입니다. 실행 결과에서 ID 번호가 79520인 그리드를 보면 평균 가격이 1,451만 원에서 1,517만 원으로 증가하였고 증감율을 +5%임을 알 수 있습니다.

Do it! 이전/이후 데이터 세트 만들기 07_지도시각화.R

```
kde_before <- subset(apt_price, ymd < "2021-07-01")   # 이전 데이터 필터링
kde_before <- aggregate(kde_before$py, by=list(kde_before$ID),mean)   # 평균 가격
colnames(kde_before) <- c("ID", "before")   # 칼럼명 변경

kde_after  <- subset(apt_price, ymd > "2021-07-01")   # 이후 데이터 필터링
kde_after <- aggregate(kde_after$py, by=list(kde_after$ID),mean)   # 평균 가격
colnames(kde_after) <- c("ID", "after")   # 칼럼명 변경

kde_diff <- merge(kde_before, kde_after, by="ID")   # 이전 + 이후 데이터 결합
kde_diff$diff <- round((((kde_diff$after-kde_diff$before) /
                         kde_diff$before) * 100), 0)   # 변화율 계산

head(kde_diff, 2)   # 변화율 확인
```

☞ 실행 결과

```
     ID   before    after diff
1 79520 1451.000 1517.200    5
2 79765 3545.216 3681.720    4
```

3단계 가격이 오른 지역 찾기

앞 단계에서 그리드별 이전/이후 가격 변화율을 알았습니다. 이제 가격이 오른 지역을 구합니다. [kde_diff$diff > 0,] 코드는 과거보다 가격이 오른 지역만 골라냅니다. 이 정보를 지도에 표현하려면 merge() 함수로 그리드 파일과 결합하고 ggplot()으로 결합 결과를 확인합니다. 색이 진할수록 가격이 많이 오른 지역이며, 반대로 빈칸(흰색)은 가격 정보가 아예 없거나 하락한 지역입니다.

Do it! 가격이 오른 지역 찾기 07_지도시각화.R

```
library(sf)         # install.packages("sf")
kde_diff <- kde_diff[kde_diff$diff > 0,]     # 상승 지역만 추출
kde_hot <- merge(grid, kde_diff,  by="ID")  # 그리드에 상승 지역 결합
library(ggplot2)   # install.packages("ggplot2")
library(dplyr)     # install.packages("dplyr")
kde_hot %>%        # 그래프 시각화
  ggplot(aes(fill = diff)) +
  geom_sf() +
  scale_fill_gradient(low = "white", high = "red")
```

☞ 실행 결과

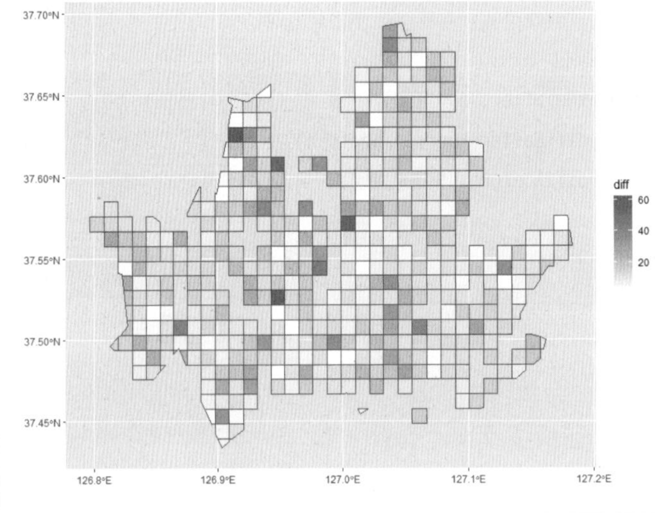

4~7단계 기타 지도 작업

이제 지도 경계, 밀도 그래프, 래스터 이미지, 불필요한 부분 자르기 등의 작업을 해야 하는데, 모두 「07-1」절 3~7단계에서 이미 해보았습니다. 코드가 거의 중복되므로 책에서는 생략하고 필자가 제공한 실습 파일을 참고 바랍니다.

8단계 지도 그리기

이제 지도 위에 앞에서 만든 래스터 이미지(raster_hot)를 올려 봅시다.

Do it! 지도 그리기 07_지도시각화.R

```
library(leaflet)   # install.packages("leaflet")
leaflet() %>%
  #---# 기본 지도 불러오기
  addProviderTiles(providers$CartoDB.Positron) %>%
  #---# 서울시 경계선 불러오기
  addPolygons(data = bnd, weight = 3, color= "red", fill = NA) %>%
  #---# 래스터 이미지 불러오기
  addRasterImage(raster_hot,
   colors = colorNumeric(c("blue", "green", "yellow","red"),
   values(raster_hot), na.color = "transparent"), opacity = 0.4)
```

☞ 실행 결과

9단계 평균 가격 변화율 정보 저장하기

이번 절에서 구한 래스터 이미지를 07_kde_hot.rdata라는 이름으로 저장합니다.

Do it! 분석 결과 저장 07_지도시각화.R

```
save(raster_hot, file="./07_map/07_kde_hot.rdata")   # 급등지 래스터 저장
rm(list = ls())   # 메모리 정리
```

07-3 우리 동네가 옆 동네보다 비쌀까?

세 번째로 분석할 주제는 특정 지역의 평균 가격을 주변 지역과 비교해 보는 것입니다. 그러려면 평당 실거래가 평균을 직접 지도 위에 표시해야 합니다. 그런데 제한된 영역에 많은 데이터를 배열하면 서로 겹쳐서 정보를 명확하게 전달할 수 없습니다.

이를 해결하는 방법은 지도에 표시할 데이터를 적절하게 조절하는 것입니다. 예를 들어 주변에 있는 여러 데이터를 그룹화하여 대푯값 하나로 만들어 준다면 정보의 손실 없이 지도에 더 많은 의미를 부여할 수 있습니다. 이러한 데이터 표현 방법을 **마커 클러스터링***이라고 합니다.

* 지도에 표시되는 마커가 너무 많을 때 특정한 기준으로 마커들을 하나의 무리(cluster)로 묶어 주는 방법입니다.

1단계 데이터 준비하기

지도 위에 마커 클러스터링을 실행하려면 실거래 자료, 최고가(7-1절), 급등지(7-2절) 래스터 이미지 데이터가 필요합니다. 그리고 서울시 경계선과 그리드 파일도 불러옵니다.

Do it! 1단계: 데이터 준비 07_지도시각화.R

```
setwd(dirname(rstudioapi::getSourceEditorContext()$path))  # 작업 폴더 설정
load("./06_geodataframe/06_apt_price.rdata")  # 실거래 자료 불러오기
load("./07_map/07_kde_high.rdata")            # 최고가 래스터 이미지
load("./07_map/07_kde_hot.rdata")             # 급등지 래스터 이미지

library(sf)    # install.packages("sf")
bnd <- st_read("./01_code/sigun_bnd/seoul.shp")     # 서울시 경계선
grid <- st_read("./01_code/sigun_grid/seoul.shp")   # 서울시 그리드 파일
```

2단계 마커 클러스터링 옵션 설정하기

지도 위에 마커 클러스터링으로 데이터를 표현하고자 circle_marker.rdata 파일을 불러옵니다. 이 파일을 load()하면 avg.fomula라는 마커 클러스터링용 자바스크립트가 실행됩니다.

이때 마커 클러스터링의 색상을 설정해야 하는데 가장 낮은 지점 10%는 초록색, 중간 10% 이상에서 90%까지는 노란색, 상위 10%는 주황색으로 표현하도록 설정합니다.

Do it! 마커 클러스터링 옵션 설정 07_지도시각화.R

```
#---# 이상치 설정(하위 10%, 상위 90% 지점)
pcnt_10 <- as.numeric(quantile(apt_price$py, probs = seq(.1, .9, by = .1))[1])
pcnt_90 <- as.numeric(quantile(apt_price$py, probs = seq(.1, .9, by = .1))[9])
#---# 마커 클러스터링 함수 등록
load("./01_code/circle_marker/circle_marker.rdata")
#---# 마커 클러스터링 색상 설정: 상, 중, 하
circle.colors <- sample(x=c("red","green","blue"),size=1000, replace=TRUE)
```

3단계 마커 클러스터링 시각화하기

이제 마커 클러스터링 결과를 시각화합니다. `leaflet()`으로 나타낸 지도에 `addCircleMarkers()`로 `avg.formula`라는 마커 클러스터링 기능을 추가합니다. 이때 `lng`는 경도, `lat`는 위도를 나타냅니다. 실제 마커 클러스터링 라벨로 표시되는 가중치(`weight`)는 평당 매매가(`apt_price$py`) 데이터입니다. 또한 `addRasterImage()` 로 최고가와 급등지 래스터 이미지를 지도 위에 표현합니다. 이때 두 이미지 가운데 어떤 이미지를 나타낼 것인지 선택할 수 있는 기능을 제공하는 `addLayersControl()` 옵션을 추가합니다.

Do it! 마커 클러스터링 시각화 07_지도시각화.R

```
library(purrr)  # install.packages("purrr")
leaflet() %>%
  #---# 오픈스트리트맵 불러오기
  addTiles() %>%
  #---# 서울시 경계선 불러오기
  addPolygons(data = bnd, weight = 3, color= "red", fill = NA) %>%
  #---# 최고가 래스터 이미지 불러오기
  addRasterImage(raster_high,
   colors = colorNumeric(c("blue","green","yellow","red"), values(raster_high),
   na.color = "transparent"), opacity = 0.4, group = "2021 최고가") %>%
  #---# 급등지 래스터 이미지 불러오기
  addRasterImage(raster_hot,
   colors = colorNumeric(c("blue","green","yellow","red"), values(raster_hot),
   na.color = "transparent"), opacity = 0.4, group = "2021 급등지") %>%
```

```
  #---# 최고가/급등지 선택 옵션 추가하기
  addLayersControl(baseGroups = c("2021 최고가", "2021 급등지"),
 options = layersControlOptions(collapsed = FALSE)) %>%
   #---# 마커 클러스터링 불러오기
   addCircleMarkers(data = apt_price, lng =unlist(map(apt_price$geometry,1)),
     lat = unlist(map(apt_price$geometry,2)), radius = 10, stroke = FALSE,
     fillOpacity = 0.6, fillColor = circle.colors, weight = apt_price$py,
     clusterOptions = markerClusterOptions(iconCreateFunction=JS(avg.formula)))

#---# 메모리 정리하기
rm(list = ls())
```

가중치를 floor나 area로 바꾸면 마커 클러스터링 숫자가 달라집니다.

☞ 실행 결과

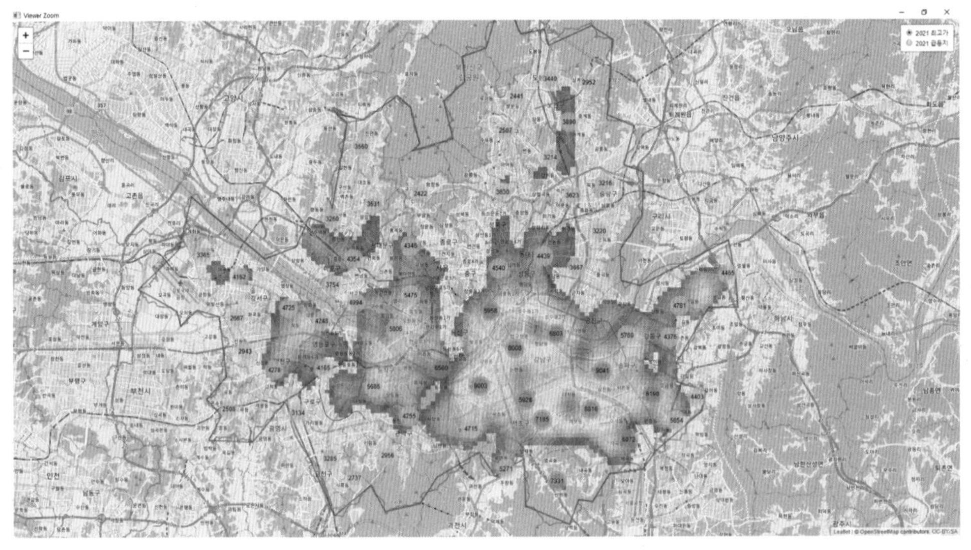

단골 코드 정리하기

이번 장에서는 지오 데이터프레임을 지도로 시각화하는 과정을 살펴봤습니다. 지도 시각화에서 다루었던 주요 기능인 포인트 데이터를 밀도 데이터로 변환한 다음 래스터 이미지로 저장하는 방법을 정리해 보겠습니다.

• 포인트 데이터 불러오기

```
library(spatstat)     # install.packages("spatstat")
data(cells)
density(cells, 0.05, at="points")
plot(cells)
```

☞ 실행 결과

cells

• density.ppp()로 밀도 데이터로 변환하기

```
d <- density.ppp(cells, 0.05)   # 밀도 데이터로 변환
plot(d)
```

☞ 실행 결과

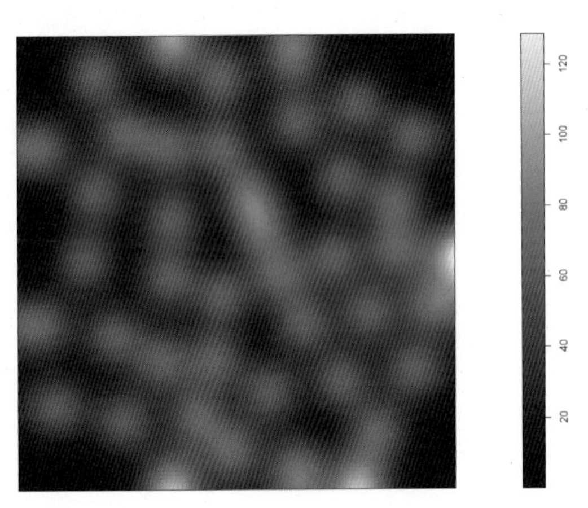

• density.ppp()로 밀도 데이터로 변환하기

```
library(raster)
raster <- raster(d)   # 래스터 변환
plot(raster)   # 확인
```

☞ 실행 결과

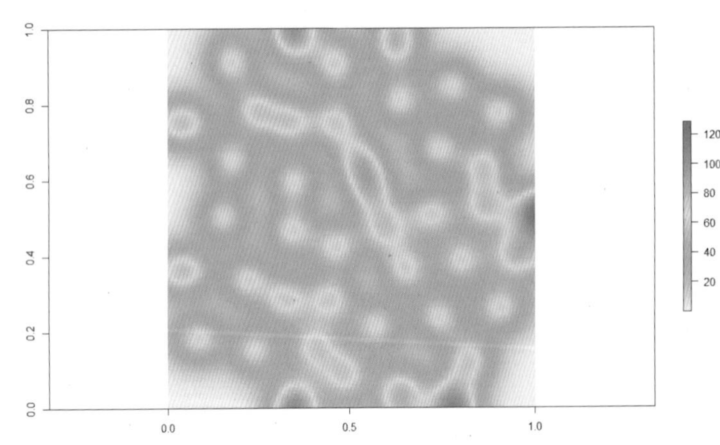

통계 분석과 시각화

데이터 과학에서 통계 분석은 중요한 위치를 차지합니다. 그러나 모델링 결과만으로는 정보를 직관적으로 전달하기 어렵습니다. 따라서 차트 등을 활용한 시각화 기법을 함께 사용합니다. 이 장에서는 확률 밀도 함수, 회귀 분석 그리고 주성분 분석 등을 활용하여 데이터에서 의미 있는 정보를 제공하는 통계 분석과 차트로 시각화하는 방법을 살펴봅니다.

08-1 관심 지역 데이터만 추출하기

이번 장에서는 관심 있는 지역과 서울시 전체 아파트 가격의 차이를 비교하는 차트를 만듭니다. 따라서 관심 지역에서 추출한 데이터가 필요합니다. 관심 지역이란 주목해서 분석하고 싶은 동네를 의미합니다. 여기에서는 관심이 있는 아파트들이 포함된 그리드를 찾아냅니다.

Do it! 실습

1단계 데이터 준비하기

서울시에서 아파트 가격이 가장 비싼 동네를 찾아서 관심 지역으로 설정해 보겠습니다. 먼저 06장에서 만든 실거래 데이터와 07장에서 만든 최고가 래스터 이미지를 불러옵니다. 그리고 필자가 제공한 서울시 그리드 파일도 불러옵니다.

Do it! 데이터 준비 08_통계시각화.R

```
library(sf)
setwd(dirname(rstudioapi::getSourceEditorContext()$path))
load("./06_geodataframe/06_apt_price.rdata")          # 실거래 데이터
load("./07_map/07_kde_high.rdata")                    # 최고가 래스터 이미지
grid <- st_read("./01_code/sigun_grid/seoul.shp")   # 서울시 그리드
```

2단계 서울에서 가장 비싼 지역 찾기

서울에서 가장 비싼 지역을 쉽게 찾을 수 있도록 지도로 시각화해 보겠습니다. 여기에서는 tmap이라는 지도 시각화 패키지를 사용합니다. tmap을 사용하면 지도 위에 라벨값을 표현할 때 07장에서 사용한 leaflet보다 편리합니다. 다만 tmap을 사용하기 전에 `tmap_mode('view')`처럼 기본 모드를 `view`로 설정해 주어야 합니다.

Do it! 관심 지역 그리드 찾기 08_통계시각화.R

```
library(tmap)        # install.packages("tmap")
tmap_mode('view')
#---# 그리드 그리기
```

```
tm_shape(grid) + tm_borders() + tm_text("ID", col = "red") +
  #---# 래스터 이미지 그리기
  tm_shape(raster_high) +
  #---# 래스터 이미지 색상 패턴 설정
  tm_raster(palette = c("blue", "green", "yellow","red"), alpha =.4) +
  #---# 기본 지도 설정
  tm_basemap(server = c('OpenStreetMap'))
```

☞ 실행 결과

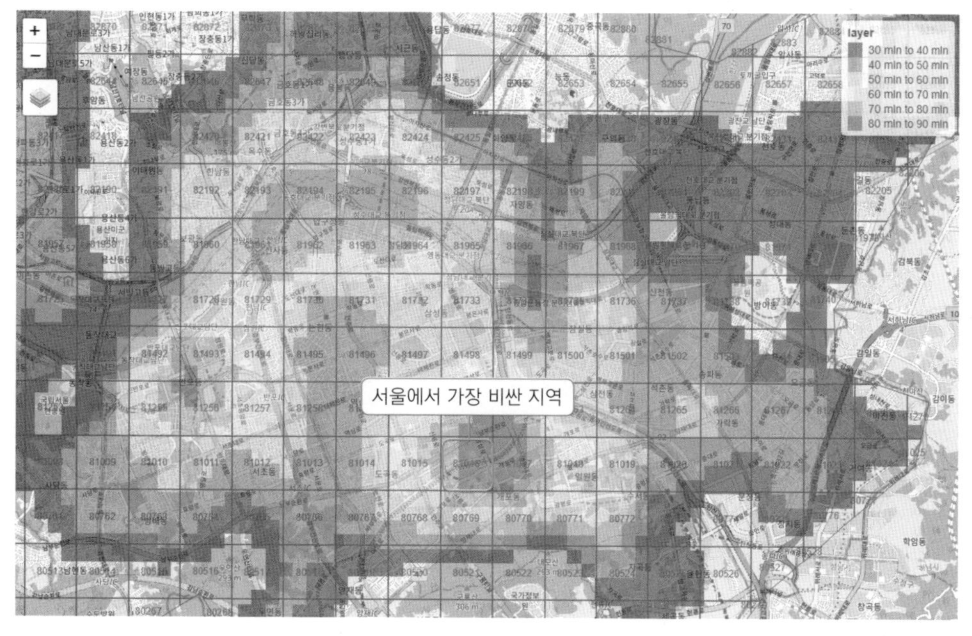

우선 tm_shape() 함수로 그리드 파일을 그릴 수 있습니다. tm_borders()는 경계선 추가, tm_text()는 지도 위에 표현할 텍스트를 설정하는 옵션입니다. tm_raster()로 최고가 래스터 이미지를 그리는데 색상 패턴은 blue, green, yellow, red 등 4단계로 설정하며, alpha값으로 지도에 표현할 그리드 파일의 투명도를 설정합니다. tm_basemap() 함수는 기본(배경) 지도를 설정합니다.

지도 시각화 결과 2021년도 실거래가 기준*으로 서울에서 평당 아파트 가격이 가장 비싼 지역은 개포동 일대로서 ID가 81016 그리드로 나타났습니다.

* 여기에서 사용된 아파트 실거래 데이터는 2021년 1월에서 12월까지 1년 동안의 데이터입니다. 또한 그리드별 평균 아파트 가격은 아파트 크기에 관계없이 해당 그리드에 속하는 모든 아파트의 평당 거래가 평균입니다. 기간과 아파트 크기에 따라 가격이 높은 지역이 달라질 수 있습니다.

3단계 전체 지역/관심 지역 저장하기

아파트 실거래 정보가 어떤 그리드에 속하는지 매칭하고자 st_join() 함수로 실거래와 그리드 데이터를 공간 결합합니다. 일반적인 통계 데이터를 분석할 때는 좌푯값이 포함된 공간 데이터프레임보다 일반 데이터프레임이 편하므로 st_drop_geometry()로 좌푯값 속성을 지워 일반 데이터프레임으로 변환합니다.

이제 통계 차트를 편리하게 분석하고자 all과 sel로 전체 지역과 관심 지역을 구분하여 저장합니다.

Do it! 전체 지역 / 관심 지역 저장 08_통계시각화.R

```
library(dplyr)
apt_price <-st_join(apt_price, grid, join = st_intersects)  # 실거래 + 그리드 결합
apt_price <- apt_price %>% st_drop_geometry()  # 실거래에서 공간 속성 지우기
all <- apt_price                                # 전체 지역(all) 추출
sel <- apt_price %>% filter(ID == 81016)        # 관심 지역(sel) 추출
dir.create("08_chart")  # 새로운 폴더 생성
save(all, file="./08_chart/all.rdata")  # 저장
save(sel, file="./08_chart/sel.rdata")
rm(list = ls())  # 정리하기
```

08-2 확률 밀도 함수: 이 지역 아파트는 비싼 편일까?

데이터가 어떻게 분포되었는지 살펴보는 가장 일반적인 방법은 **히스토그램**histogram을 만드는 것입니다. 그러나 이 방법은 구간bin의 너비를 어떻게 잡는지에 따라 전혀 다른 모양이 될 수 있다는 한계가 있습니다. 이러한 문제를 극복하고자 구간을 가정하지 않고 모든 데이터의 상대적인 위치를 추정하는 **확률 밀도 함수**probability density function를 이용하여 커널 밀도 추정으로 데이터 왜곡 문제를 해결합니다. 이제 관심 지역과 서울시 전체의 아파트 가격이 어떻게 다른지 비교 분석하고 시각화된 결과로 표현해 보겠습니다.

Do it! 실습

1단계 확률 밀도 분포로 변환하기

먼저 서울시 전체 데이터(all.rdata)와 관심 지역(sel.rdata) 데이터를 불러옵니다. 그리고 density() 함수로 각각의 데이터 분포를 확률 밀도 분포로 변환한 다음, max()로 가장 큰 값을 찾습니다. 이제 plot_high에 서울시 전체와 관심 지역의 y축 가운데 최댓값을 찾아서 그래프의 최대 y값으로 입력합니다. 그리고 mean()으로 관심 지역과 서울시 전체의 아파트 평당 평균 가격을 산출합니다.

최종으로 얻은 값은 서울시 전체 아파트의 평당 평균가(avg_all)와 관심 지역 아파트의 평당 평균가(avg_sel), 그리고 그래프의 y축 최댓값(plot_high)입니다.

Do it! 그래프 준비하기 08_통계시각화.R

```
setwd(dirname(rstudioapi::getSourceEditorContext()$path))
load("./08_chart/all.rdata")    # 전체 지역
load("./08_chart/sel.rdata")    # 관심 지역
max_all <- density(all$py) ; max_all <- max(max_all$y)
max_sel <- density(sel$py) ; max_sel <- max(max_sel$y)
plot_high <- max(max_all, max_sel)   # y축 최댓값 찾기
rm(list = c("max_all", "max_sel"))
avg_all <- mean(all$py)   # 전체 지역 평당 평균가 계산
avg_sel <- mean(sel$py)   # 관심 지역 평당 평균가 계산
avg_all ; avg_sel ; plot_high   # 전체/관심 평균 가격과 y축 최댓값 확인
```

☞ 실행 결과

```
[1] 4524.859
[1] 9923.348
[1] 0.000284501
```

2단계 그래프 그리기

1단계에서 추출한 데이터를 기반으로 실제 두 지역의 아파트 가격 차이를 살펴볼 수 있는 그래프를 그려 봅니다. 먼저 plot()으로 서울시 전체의 확률 밀도 함수인 density(all$py)를 그립니다. 이때 선 색상은 파랑(col="blue"), 두께는 2(lwd = 2), 타입은 파선(lty = 2)으로 합니다. abline()으로 서울시 전체의 평균 mean(all$py) 수직선을 그리고, text()로 서울시 전체의 평균값을 텍스트로 입력합니다.

이어서 관심 지역 데이터도 lines()로 확률 밀도 함수 density(sel$py)를 그리고 나머지 옵션을 위와 같은 방법으로 설정합니다. 실행 결과를 보면 관심 지역의 아파트 평균 가격(빨강)이 서울시 전체(파랑)보다 더 높은 것을 알 수 있습니다.

Do it! 확률 밀도 함수 그리기 08_통계시각화.R

```
plot(stats::density(all$py), ylim=c(0, plot_high),
 col="blue", lwd=3, main= NA)  # 전체 지역 밀도 함수 띄우기
abline(v = mean(all$py), lwd = 2, col = "blue", lty=2)  # 전체 지역 평균 수직선 그리기
text(avg_all + (avg_all) * 0.15, plot_high * 0.1,
 sprintf("%.0f",avg_all), srt=0.2, col = "blue")   # 전체 지역 평균 텍스트 입력
lines(stats::density(sel$py), col="red", lwd=3)    # 관심 지역 확률 밀도 함수 띄우기
abline(v = avg_sel, lwd = 2, col = "red", lty=2)   # 관심 지역 평균 수직선 그리기
text(avg_sel + avg_sel * 0.15 , plot_high * 0.1,
 sprintf("%.0f", avg_sel), srt=0.2, col = "red")   # 관심 지역 평균 텍스트 입력
```

☞ 실행 결과

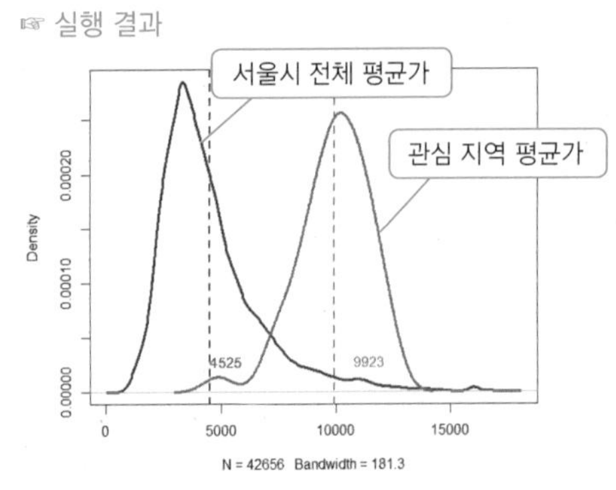

08-3 회귀 분석: 이 지역은 일년에 얼마나 오를까?

확률 밀도 함수는 두 지역의 현재 아파트 가격 차이를 직관적으로 보여준다는 점에서 의미 있는 차트입니다. 그러나 확률 밀도 함수는 현재 상황만을 알려줄 뿐 과거와 미래의 변화에 대한 정보까지는 제공하지 않습니다. 과거와 미래의 변화를 살펴보려면 회귀 분석 같은 시계열 분석 방법을 활용하는 것이 좋습니다.

Do it! 실습

1단계 월별 거래가 요약하기

회귀 분석regression analysis이란 독립 변수(x)의 변화에 따른 종속 변수(y)의 변화를 수리적 모형으로 설명한 모델링입니다. 즉, 시간이라는 독립 변수의 변화에 따라 아파트 평당 가격이라는 종속 변수의 변화가 어떻게 되었는지 살펴보는 방법입니다.

먼저 서울시 전체와 관심 지역 데이터를 불러오고 group_by()로 월별 평당 가격을 요약하여 저장합니다.

Do it! 월별 평당 거래가 요약 08_통계시각화.R

```
setwd(dirname(rstudioapi::getSourceEditorContext()$path))
load("./08_chart/all.rdata")   # 전체 지역
load("./08_chart/sel.rdata")   # 관심 지역
library(dplyr)       # install.packages("dplyr")
library(lubridate)   # install.packages("lubridate")
all <- all %>% group_by(month=floor_date(ymd, "month")) %>%
 summarize(all_py = mean(py))   # 전체 지역 카운팅
sel <- sel %>% group_by(month=floor_date(ymd, "month")) %>%
 summarize(sel_py = mean(py))   # 관심 지역 카운팅
```

2단계 회귀식 모델링하기

이제 시간 변화에 따른 평당 평균 가격 변화라는 변수 관계를 회귀식으로 모델링합니다. lm(종속_변수 ~ 독립_변수)은 종속 변수와 독립 변수의 관계를 선형으로 모델링해 줍니다.

그리고 summary(회귀_모형)$coefficients[2]로 일별 변화량을 계산하고 365를 곱하여 연도별 가격 변화를 산출합니다.

Do it! 회귀식 모델링 08_통계시각화.R

```
fit_all <- lm(all$all_py ~ all$month)   # 전체 지역 회귀식
fit_sel <- lm(sel$sel_py ~ sel$month)   # 관심 지역 회귀식
coef_all <- round(summary(fit_all)$coefficients[2], 1) * 365   # 전체 회귀 계수
coef_sel <- round(summary(fit_sel)$coefficients[2], 1) * 365   # 관심 회귀 계수
```

3단계 그래프 그리기

회귀 분석 결과 차트 위에 회귀식을 표현하려면 textGrob() 함수를 사용합니다. textGrob()로 회귀 계숫값을 텍스트로 만들어서 grob_1과 grob_2에 저장하고 ggplot()으로 회귀 분석 차트를 그립니다. 이때 aes(x=qrt, y=sel)로 x축과 y축을 설정한 다음 geom_line()으로 선을 그립니다.

Do it! 회귀 분석 그리기 08_통계시각화.R

```
#---# 분기별 평당 가격 변화 주석 만들기
library(grid)   # install.packages("grid")
grob_1 <- grobTree(textGrob(paste0("전체 지역: ", coef_all, "만원(평당)"), x=0.05,
 y=0.88, hjust=0, gp=gpar(col="blue", fontsize=13, fontface="italic")))
grob_2 <- grobTree(textGrob(paste0("관심 지역: ", coef_sel, "만원(평당)"), x=0.05,
y=0.95, hjust=0, gp=gpar(col="red", fontsize=16, fontface="bold")))
#---# 관심 지역 회귀선 그리기
library(ggpmisc)   # install.packages("ggpmisc")
gg <- ggplot(sel, aes(x=month, y=sel_py)) +
  geom_line() + xlab("월")+ ylab("가격") +
  theme(axis.text.x=element_text(angle=90)) +
  stat_smooth(method='lm', colour="dark grey", linetype = "dashed") +
  theme_bw()
#---# 전체 지역 회귀선 그리기
gg + geom_line(color= "red", size=1.5) +
  geom_line(data=all, aes(x=month, y=all_py), color="blue", size=1.5) +
  #---#  주석 추가하기
  annotation_custom(grob_1) +
  annotation_custom(grob_2)
rm(list = ls())   # 메모리 정리하기
```

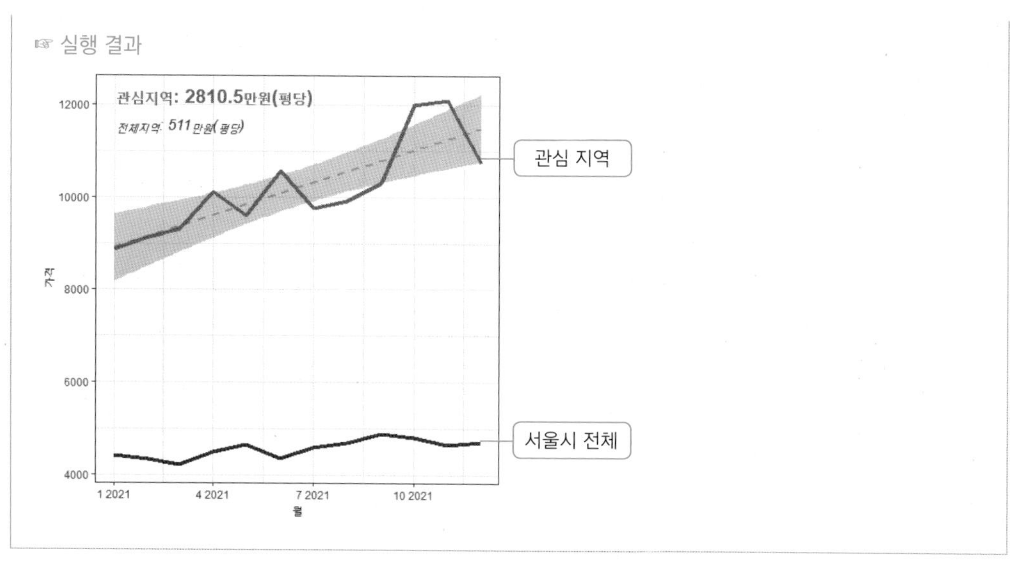

실행 결과를 보면 관심 지역(빨강)은 1년에 평당 2,810만 원이 올랐으며, 서울시 전체 지역(파랑)은 같은 기간에 평당 511만 원이 오른 것으로 나타났습니다. 이는 2021년 한 해 동안 개포동 일대의 아파트 가격 상승률이 서울시 전체 평균보다 5배 이상 높다는 것을 의미합니다. 그래프에서도 서울시 전체 지역의 가격 상승폭은 완만하지만, 관심 지역은 급격하게 상승하고 있어 두 지역의 가격 변화 차이를 직관적으로 보여 줍니다.

맥에서 한글이 깨진다면?

맥에서 실행할 때 한글이 깨진다면 다음처럼 글꼴을 설정하는 스크립트를 실행해 보세요.

```
require(showtext)    # install.packages("showtext")
font_add_google(name='Nanum Gothic', regular.wt=400, bold.wt=700)
showtext_auto()
showtext_opts(dpi=112)
```

08-4 주성분 분석: 이 동네 단지별 특징은 무엇일까?

주성분 분석principal component analysis, PCA은 다차원 정보를 효과적으로 요약하기 위한 대표적인 차원 축소 기법입니다. 좌표 평면에 n개 데이터 (x1,y1), (x2,y2), ..., (xn,yn)들이 타원형으로 분포되어 있을 때 이 데이터의 분포 특성은 e1(변동1)과 e2(변동2)라는 2개의 벡터로 설명할 수 있습니다. 주요 변동 방향과 크기를 알면 이 데이터 분포가 어떤 형태인지를 단순하면서도 직관적으로 설명할 수 있기 때문입니다.

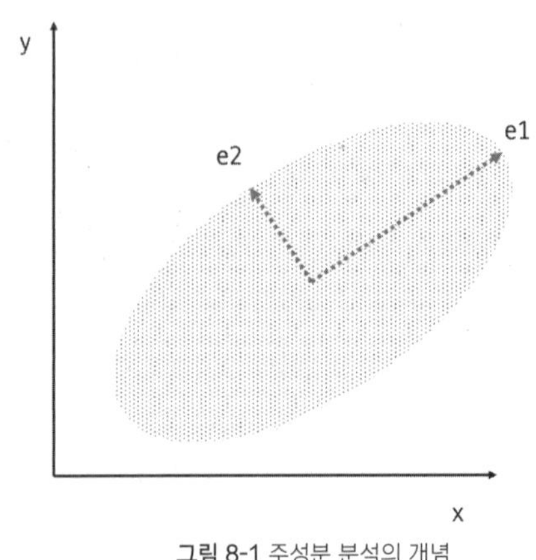

그림 8-1 주성분 분석의 개념

여기에서는 아파트 실거래 자료에 포함된 4가지 정보(평당 가격, 면적, 층수, 건축 연도)를 기준으로 주성분을 추출합니다.

Do it! 실습

1단계 주성분 분석하기

우선 `aggregate()`로 관심 지역(`sel`) 내 아파트 이름을 기준으로 주성분별 평균값을 구합니다. 그리고 `prcomp()`로 주성분 분석을 실시합니다. 주성분 분석 결과는 `summary()`로 확인할 수 있습니다.

Do it! 주성분 분석 08_통계시각화.R

```
setwd(dirname(rstudioapi::getSourceEditorContext()$path))
load("./08_chart/sel.rdata")   # 관심 지역 데이터 불러오기
pca_01 <- aggregate(list(sel$con_year, sel$floor, sel$py, sel$area),
                by=list(sel$apt_nm), mean)   # 아파트별 평균값 구하가기
colnames(pca_01) <- c("apt_nm", "신축", "층수","가격", "면적")
m <- prcomp(~ 신축 + 층수 + 가격 + 면적, data=pca_01, scale=T)   # 주성분 분석
summary(m)
```

☞ 실행 결과

```
Importance of components:
                          PC1    PC2     PC3    PC4
Standard deviation     1.4836 1.1979 0.56678 0.2069
Proportion of Variance 0.5503 0.3587 0.08031 0.0107
Cumulative Proportion  0.5503 0.9090 0.98930 1.0000
```

누적 비율

이때 가장 주의 깊게 살펴봐야 할 부분은 **누적 비율**cumulative proportion입니다. 첫 번째 성분(PC1)이 전체 데이터의 55.03%를 설명하고, 두 번째 성분(PC2)이 35.87(90.9-55.03)%를 설명하므로 두 성분만으로 전체 데이터의 90.9%를 설명할 수 있습니다. 이제 주요 성분 2개를 각각의 축으로 설정하여 분석 그래프로 그려 보겠습니다.

2단계 그래프 그리기

주성분 분석 결과 가운데 가장 중요한 두 축을 기준으로 데이터를 시각화하는 방법을 **바이플롯**biplot이라고 합니다. 바이플롯은 각 변수와 주성분과의 관계를 설명하는 주성분 계수를 하나의 차트에 동시에 그려서 이들의 관계를 살펴보려는 다변량 그래프 분석 기법입니다. 그래프에 대한 설명은 복잡하지만 해석은 상대적으로 간단합니다. 화살표 방향일수록 해당 성분의 영향이 크다는 의미입니다. 또한 화살표가 길수록 다른 성분보다 영향력이 크다는 의미입니다.

먼저 `library()`로 ggplot2의 확장판인 ggfortify를 등록합니다. 그리고 `autoplot()`으로 주성분 분석 시각화 도구를 시작합니다. 이때 `loadings.label`은 화살표와 텍스트 라벨 표시 유무이며, `loadings.label.size`는 화살표의 텍스트 크기입니다. `geom_label()`은 아파트 이름을 표시합니다.

Do it! 그래프 그리기 　　　　　　　　　　　　　　　　　　08_통계시각화.R

```
library(ggfortify)
autoplot(m, loadings.label=T, loadings.label.size=6)+
 geom_label(aes(label=pca_01$apt_nm), size=4)
```

☞ 실행 결과

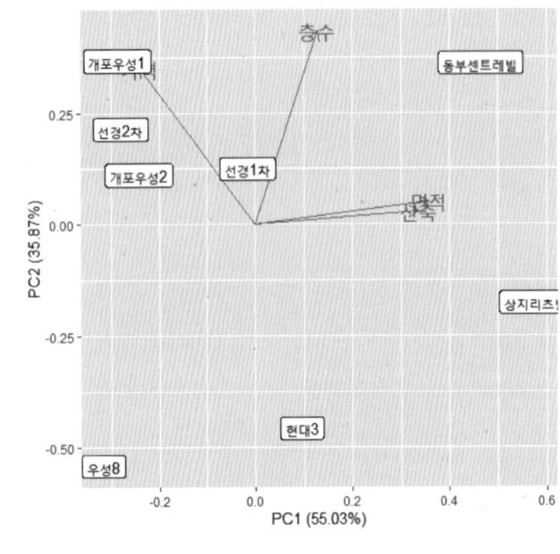

바이플롯 실행 결과 '개포우성1'과 '선경2차'는 평당 가격대가 높은 것으로 나타났으며, 동부센트레빌 아파트는 다른 아파트보다 신축이면서도 면적도 크고 층수가 높은 모습을 보입니다. 반면 상지 리츠빌은 신축이면서도 면적이 넓은 것을 알 수 있습니다.

이렇듯 주성분 분석과 바이플롯을 이용하면 복잡한 정보를 하나의 그래프로 정리하여 비교해 볼 수 있습니다.

단골 코드 정리하기

이번 장에서는 통계 분석을 기반으로 하는 차트 시각화 과정을 살펴보았습니다. 통계 차트 시각화에서 다루었던 주요 기능인 연속 확률 밀도, 회귀 분석 등을 요약해 보겠습니다.

• 히스토그램 → 연속 확률 밀도 그래프 변환

```
faithful <- faithful
hist(faithful$waiting)              # 히스토그램 그리기
plot(density(faithful$waiting))     # 연속 확률 밀도 변환
```

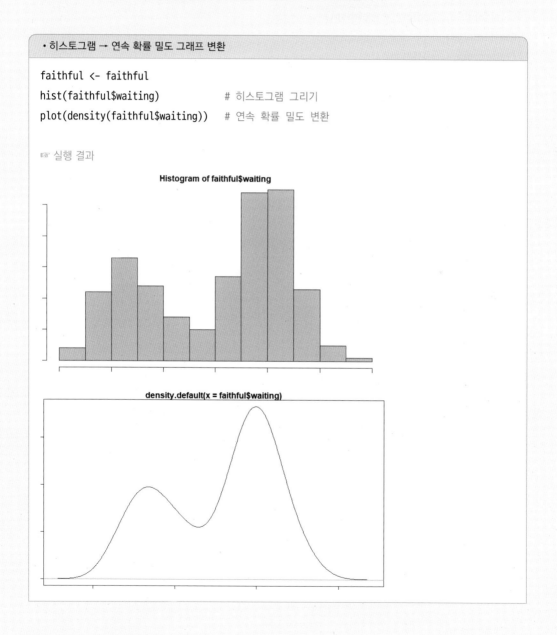

☞ 실행 결과

Histogram of faithful$waiting

density.default(x = faithful$waiting)

• 회귀 분석 → 배기량(displ)과 시내 연비(cty) 관계 분석

```
mpg_lm <- lm(mpg$cty ~ mpg$displ)  # 회귀식 모델링
mpg_lm
```

☞ 실행 결과

```
Call:
  lm(formula = mpg$cty ~ mpg$displ)
Coefficients:
(Intercept)    mpg$displ
 25.99        -2.63
```

```
ggplot(mpg, aes(x=displ, y=cty)) +  # 회귀 모델 차트
   geom_point() +
   stat_smooth(method='lm', colour="red", linetype = "dashed")
```

☞ 실행 결과

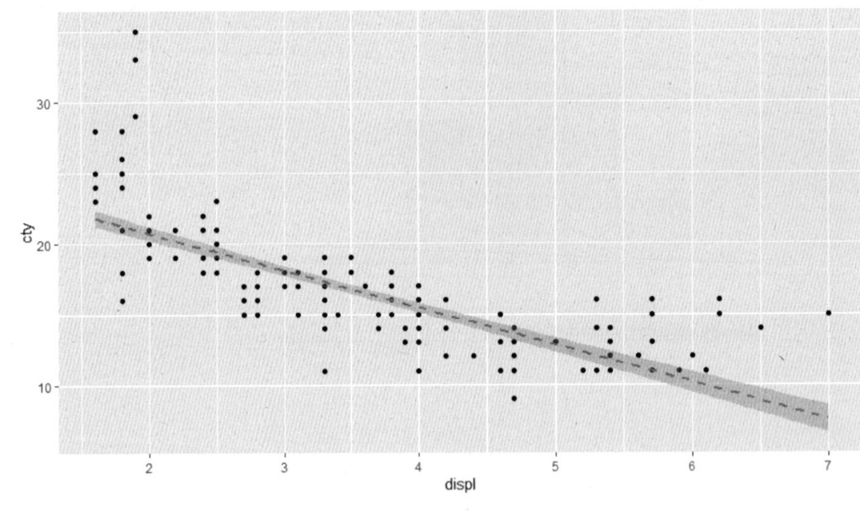

• 주성분 분석 → iris 데이터 PCA 분석

```
library(ggfortify)
df <- iris[1:4]    # 데이터 추출
pca <- prcomp(df, scale. = TRUE) # 주성분 분석
pca
```

☞ 실행 결과

```
                    PC1         PC2        PC3        PC4
Sepal.Length  0.5210659 -0.37741762  0.7195664  0.2612863
Sepal.Width  -0.2693474 -0.92329566 -0.2443818 -0.1235096
Petal.Length  0.5804131 -0.02449161 -0.1421264 -0.8014492
Petal.Width   0.5648565 -0.06694199 -0.6342727  0.5235971
```

```
# 바이플롯 시각화
autoplot(pca, data = iris, colour = 'Species', loadings.label=T, loadings.label.size=3)
```

☞ 실행 결과

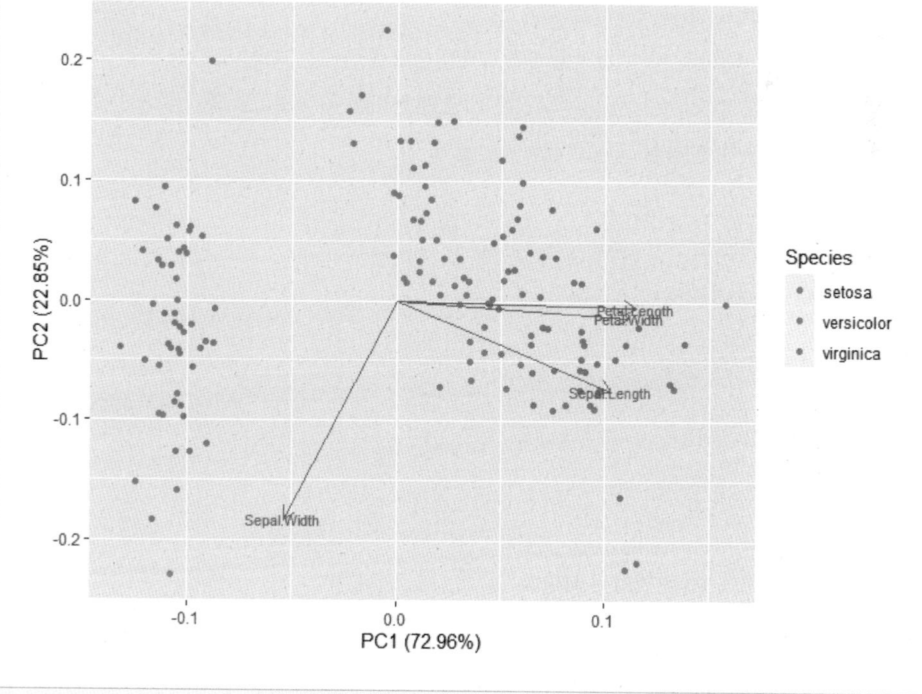

샤이니 입문하기

샤이니는 데이터 분석 결과를 애플리케이션으로 만드는 개발 도구입니다. 이번 장에서는 샤이니의 기본 개념과 용어를 알아보고 작동 원리인 입출력, 반응성 그리고 레이아웃을 소개합니다.

09-1 처음 만나는 샤이니

지금까지 데이터 분석가의 핵심 역량은 통계적 분석과 시각화 구현 능력이었습니다. 그러나 앞으로는 분석 결과를 애플리케이션으로 구현하여 다른 사람들과 공유할 수 있는 능력까지 갖춰야 경쟁력이 있습니다.

R은 분석 결과를 웹 애플리케이션으로 구현할 수 있는 **샤이니**Shiny라는 패키지를 제공합니다. 샤이니는 기존 R 사용자를 고려해 만들어졌습니다. 따라서 웹 개발에 필요한 HTML과 CSS, 자바스크립트 같은 언어를 공부하는 데 시간을 들이지 않아도 됩니다. 이미 다양한 기능을 레고 블록 같이 모듈module로 제공하므로 단순 조합만으로도 다양한 애플리케이션을 개발할 수 있습니다.

Do it! 실습

1단계 샤이니 기본 구조 이해하기

웹 애플리케이션은 사용자의 요청request에 따라 응답response하는 구조로 만듭니다. 샤이니는 이러한 요청과 응답을 효과적으로 처리하고자 **사용자 인터페이스**, **서버**, **실행**이라는 구성 요소를 작성함으로써 웹 애플리케이션을 만듭니다.

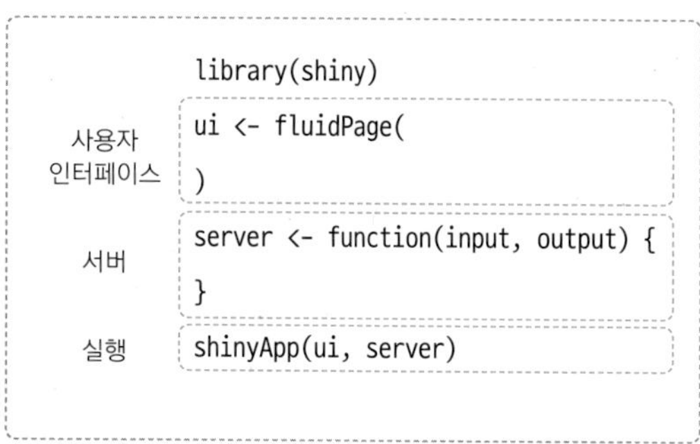

library(shiny)
사용자 인터페이스
ui <- fluidPage(
)
서버
server <- function(input, output) {
}
실행
shinyApp(ui, server)

그림 9-1 샤이니 기본 구조

먼저 `ui()`는 사용자에게 보이는 화면으로 데이터 입력과 분석 결과 출력을 담당합니다. 그리고 `server()`는 입력 결과를 처리한 다음 다시 `ui()`로 보냅니다. 마지막으로 `shinyApp()`은 애플리케이션을 실행합니다.

다음 코드를 실행하면 R스튜디오 팝업 창(브라우저)이 실행되고 화면에 `fluidPage()` 안의 내용이 출력됩니다. 애플리케이션 실행을 멈추려면 팝업 창을 닫으세요.

Do it! 샤이니 기본 구조 이해 09_샤이니 입문.R

```
library(shiny)   # install.packages("shiny")
ui <- fluidPage("사용자 인터페이스")
server <- function(input, output, session){ }
shinyApp(ui, server)
```

☞ 실행 결과

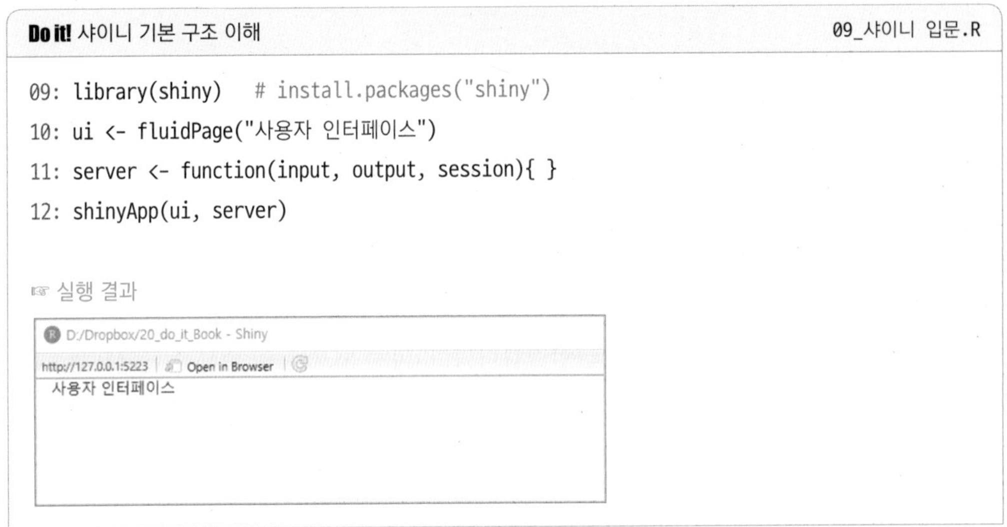

이처럼 스크립트 안에 `shinyApp(ui, server)`이 포함되면 R스튜디오는 샤이니 앱 작성 코드로 인식하여 편집기의 실행 버튼을 〈Run〉 대신 〈Run App〉으로 바꿉니다. 그런데 〈Run App〉 버튼을 누르면 전체 스크립트를 한꺼번에 실행하므로 단계별 진행 상황을 알기 어렵습니다. 따라서 실습할 때는 줄별로 선택한 후 Ctrl + Enter로 실행합니다.

2단계 샘플 실행해 보기

데이터 분석은 크게 명령형과 반응형 방식으로 구분됩니다. **명령형**은 데이터 분석을 단계별로 진행하는 방식입니다. 반면에 **반응형**은 분석을 진행하다가 특정한 조건이 바뀌면 되돌아가[feedback] 다시 분석하는 방식입니다. 기존 R 데이터 분석이 명령형이었다면 샤이니 애플리케이션은 반응형 방식으로 동작합니다.

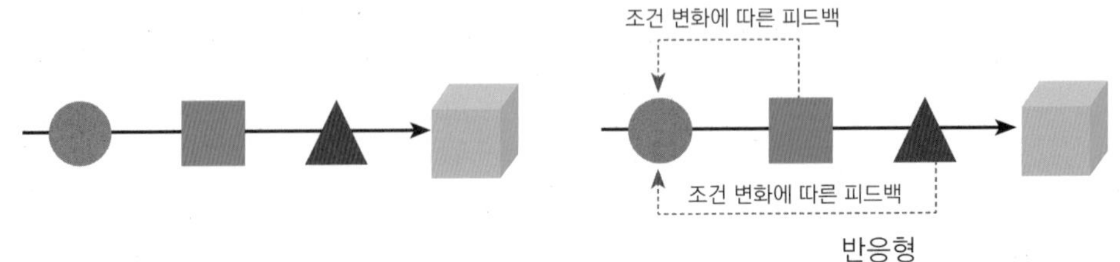

그림 9-2 명령형과 반응형의 데이터 흐름

샤이니의 복잡한 작동 원리는 차차 소개하기로 하고 여기서는 샤이니 패키지가 제공하는 샘플을 실행해 구성 요소들이 어떻게 연결되고 동작하는지 살펴보겠습니다. 먼저 샤이니가 어떠한 샘플들을 제공하는지 확인해 보겠습니다.

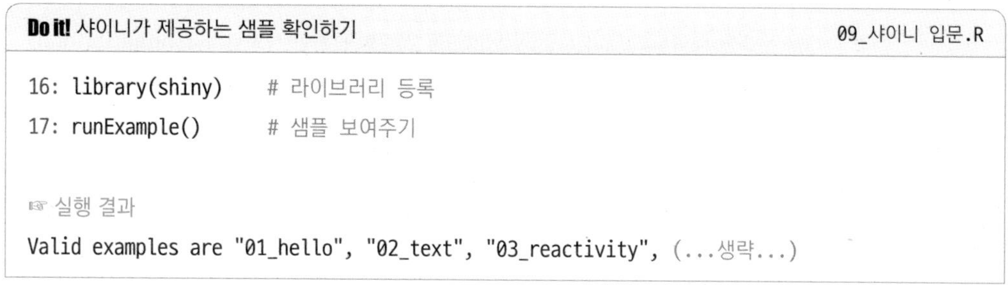

Do it! 샤이니가 제공하는 샘플 확인하기 09_샤이니 입문.R

```
library(shiny)      # 라이브러리 등록
runExample()        # 샘플 보여주기
```

☞ 실행 결과

```
Valid examples are "01_hello", "02_text", "03_reactivity", (...생략...)
```

현재 샤이니는 11가지 샘플을 제공합니다. 이 가운데 첫 번째 샘플을 실행해 보겠습니다.

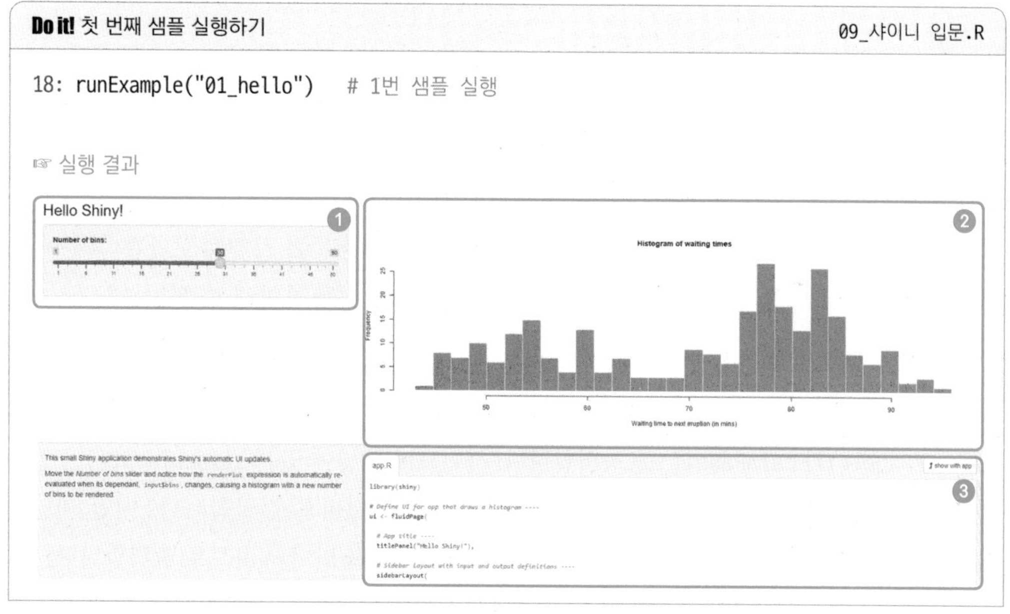

Do it! 첫 번째 샘플 실행하기 09_샤이니 입문.R

```
runExample("01_hello")    # 1번 샘플 실행
```

☞ 실행 결과

팝업 창에 실행된 애플리케이션은 모두 3가지 구역으로 구분됩니다. ❶은 데이터를 입력하는 곳입니다. 마우스로 입력값의 범위를 조절하면 ❷ 히스토그램 플롯이 달라지는 것을 확인할 수 있습니다. ❸은 애플리케이션에 사용된 코드를 보여 줍니다.

샤이니가 제공하는 1번 샘플의 데이터 소개

1번 샘플(01_hello)에 사용된 데이터는 샤이니에 내장된 기본 데이터로서 미국 옐로스톤 공원에 있는 올드 페이스풀 간헐천(Old Faithful Geyser)의 분출 시간(eruptions)과 다음 분출될 때까지의 대기 시간(waiting)을 272회 관측한 자료입니다. head(faithful, 2) 코드로 데이터가 어떻게 구성되었는지 확인할 수 있습니다.

Do it! 올드 페이스풀 간헐천 관측 자료 　　09_샤이니 입문.R

```
faithful <- faithful
head(faithful, 2)
```

☞ 실행 결과

```
  eruptions waiting
1       3.6      79
2       1.8      54
```

3단계 사용자 인터페이스 부분

앞 단계에서 샤이니가 제공하는 샘플 가운데 첫 번째인 01_hello를 실행해 보았습니다. 이 샘플을 직접 만들어 보면서 샤이니가 제공하는 기능과 동작 원리를 파악해 보겠습니다.

우선 사용자가 보는 화면을 만들어야 합니다. `fluidPage()`로 단일 페이지 화면을 만들 수 있습니다. 그리고 화면을 사이드바와 메인 패널로 나누고자 `sidebarLayout()`을 이용해 `sidebarPanel()`과 `mainPanel()`을 정의합니다. 사이드바 패널에 있는 `sliderInput()`은 일정 범위의 데이터를 입력하여 `input$bins`에 저장한 다음 서버로 전달합니다. 메인 패널의 `plotOutput()`은 서버에서 계산된 결과인 `output$distPlot`을 받아서 차트로 출력합니다.

Do it! 01_hello 샘플의 사용자 인터페이스 부분 09_샤이니 입문.R

```
library(shiny)        # 라이브러리 등록
ui <- fluidPage(      # 사용자 인터페이스 시작: fluidPage 정의
 titlePanel("샤이니 1번 샘플"), # 제목 입력
 #---# 레이아웃 구성: 사이드바 패널 + 메인 패널
 sidebarLayout(
   sidebarPanel(  # 사이드바 패널 시작
     #--- 입력값: input$bins 저장
     sliderInput(inputId = "bins",              # 입력 아이디
                 label = "막대(bin) 개수:",     # 텍스트 라벨
                 min = 1, max = 50,             # 선택 범위(1-50)
                 value = 30)),                  # 기본값 30
   mainPanel(  # 메인 패널 시작
     #---# 출력값: output$distPlot 저장
     plotOutput(outputId = "distPlot")) # 차트 출력
 ))
```

4단계 서버 부분

앞 단계에서 사용자 인터페이스 부분을 작성했으므로 이번에는 서버 부분을 작성해 보겠습니다. server()는 ui()의 input$bins 데이터를 받아서 분석한 다음 output$distPlot로 전달하는 역할을 합니다.

server()는 input, output, session이라는 3개의 전달 인자argument를 정의하는 것부터 출발합니다. 입력 데이터인 input$bins은 renderPlot() 안에서 분석되어 최종적으로 output $distPlot에 저장됩니다. 이는 앞서 설명했던 plotOutput()을 통하여 화면에 출력됩니다. 마지막으로 앞에서 정의한 ui와 server로 shinyApp()을 실행하면 팝업 창에 샤이니 애플리케이션이 실행됩니다.

Do it! 01_hello 샘플의 서버 부분 09_샤이니 입문.R

```
server <- function(input, output, session){
 #---# 랜더링한 플롯을 output 인자의 distPlot에 저장
 output$distPlot <- renderPlot({
   x <- faithful$waiting   # 분출 대기 시간 정보 저장
   #---# input$bins을 플롯으로 렌더링
   bins <- seq(min(x), max(x), length.out = input$bins + 1)
   #---# 히스토그램 그리기
   hist(x, breaks = bins, col = "#75AADB", border = "white",
        xlab = "다음 분출 때까지 대기 시간(분)",
        main = "대기 시간 히스토그램")
 })
}
#---# 실행
shinyApp(ui, server)
rm(list = ls())  # 메모리 정리하기
```

☞ 실행 결과

input과 output 뒤에 나오는 session은 여러 사람이 동시에 샤이니를 이용할 경우 독립성을 확보하는 역할을 수행합니다. 인터넷으로 샤이니 애플리케이션을 사용할 때 동시에 여러 사람이 접속할 수 있습니다. 이때 A 사용자가 입력값을 변경할 때 B 사용자의 출력값이 영향을 받아서는 안 됩니다. 따라서 사용자별로 독립적인 공간을 마련해 주어야 하는데 이것이 바로 session입니다.

09-2 입력과 출력하기

앞 절에서 샤이니 샘플을 살펴보면서 기본적인 구성 요소 등을 파악했습니다. 여기서는 한 걸음 더 들어가 반응형 방식의 핵심인 입출력의 동작 원리를 살펴보겠습니다.

Do it! 실습

1단계 입력받기 input$~

샤이니는 입력 조건을 바꿔서 서버의 계산을 거쳐 출력 결과로 전달하는 과정이 중요합니다.

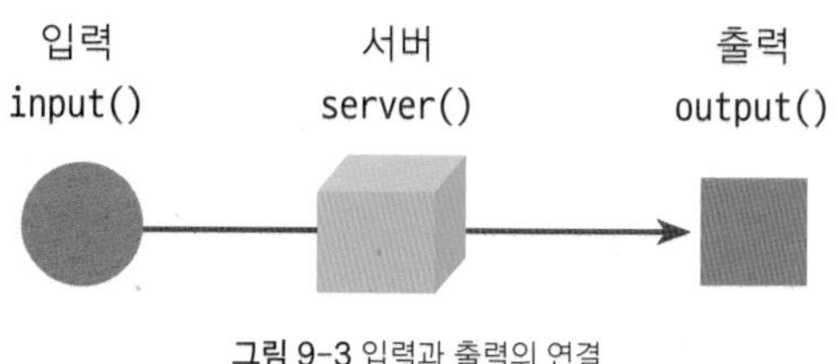

그림 9-3 입력과 출력의 연결

입력 위젯은 사용자들이 입력하는 값을 받는 장치로서 샤이니에서 제공하는 함수 이름은 대체로 ~Input으로 끝납니다. 입력 위젯은 숫자나 문자를 직접 입력하거나text input 주어진 예시를 선택하거나select box 최솟값과 최댓값 등 일정 범위를 선택하는sliders 등 상황에 따라 다양한 형태를 선택할 수 있습니다.

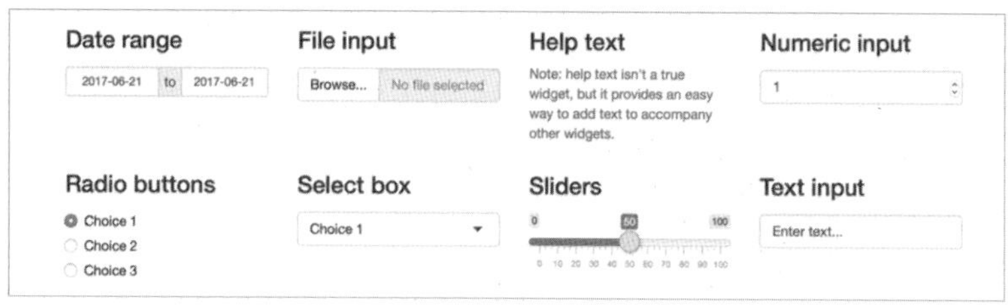

그림 9-4 다양한 입력 위젯 예시

예를 들어 앞서 01_hello 샘플에서 사용한 sliderInput(inputId, label, value)은 숫자 데이터의 최솟값과 최댓값 범위를 입력할 수 있는 함수로서 아이디(inputId), 레이블(label) 그리고 값(value)으로 구성되어 있습니다.

- inputId: ui()에서 입력된 값을 server()로 전달하기 위한 링크 역할
- label: ui의 화면에 표시되는 제목
- value: 실제 입력되는 최솟값과 최댓값으로서 입력 아이디와 함께 server()로 전달됨

입력 위젯에서 사용자가 입력한 값은 서버를 거쳐 계산된 다음 다시 ui()로 계산 결과가 전달됩니다. 마지막으로 shinyApp()을 실행하면 애플리케이션이 실행되고 사용자는 입력 위젯으로 숫자의 범위를 선택할 수 있습니다.

다음 코드는 슬라이더를 표시하는 예입니다.

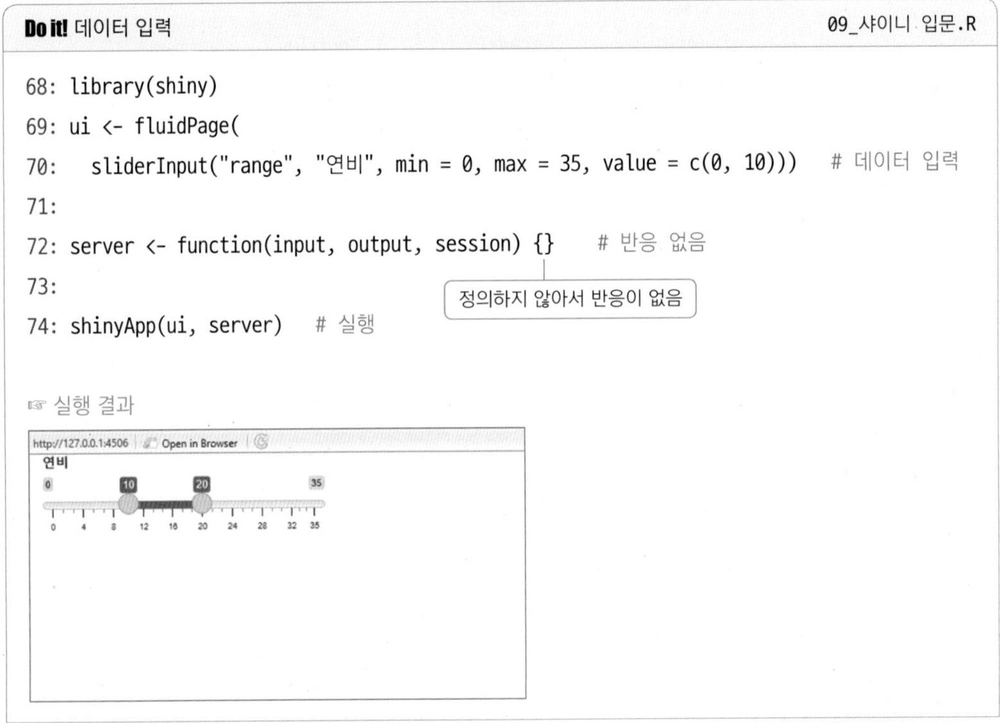

Do it! 데이터 입력 09_샤이니 입문.R

```
library(shiny)
ui <- fluidPage(
  sliderInput("range", "연비", min = 0, max = 35, value = c(0, 10)))   # 데이터 입력

server <- function(input, output, session) {}   # 반응 없음

shinyApp(ui, server)   # 실행
```


그런데 애플리케이션에서 슬라이더를 조작해도 아무런 변화가 없습니다. 왜냐하면 여기에서는 ui()의 입력 함수만 정의했을 뿐 이를 분석하여 다시 돌려주는 server()의 출력 함수를 정의하지 않았기 때문입니다.

2단계 출력하기 output$~

입력된 데이터를 이용하여 특정 분석을 수행하려면 server()에서 출력할 데이터를 정의해야 합니다. 앞서 작성한 코드에서 사용자가 슬라이더를 조작해 최솟값과 최댓값을 선택하면 input$range에 최솟값[1]과 최댓값[2]으로 저장됩니다. 이 값은 server()로 전달됩니다.

다음 코드는 renderText() 내에서 입력값을 더한 다음 output$value에 저장합니다. 이 값은 다시 textOutput()로 연결되어 최종 계산된 값을 화면에 출력합니다. 이제 애플리케이션을 실행 후 슬라이더를 조작해 보면 그 아래 두 값을 더한 값이 출력됩니다.

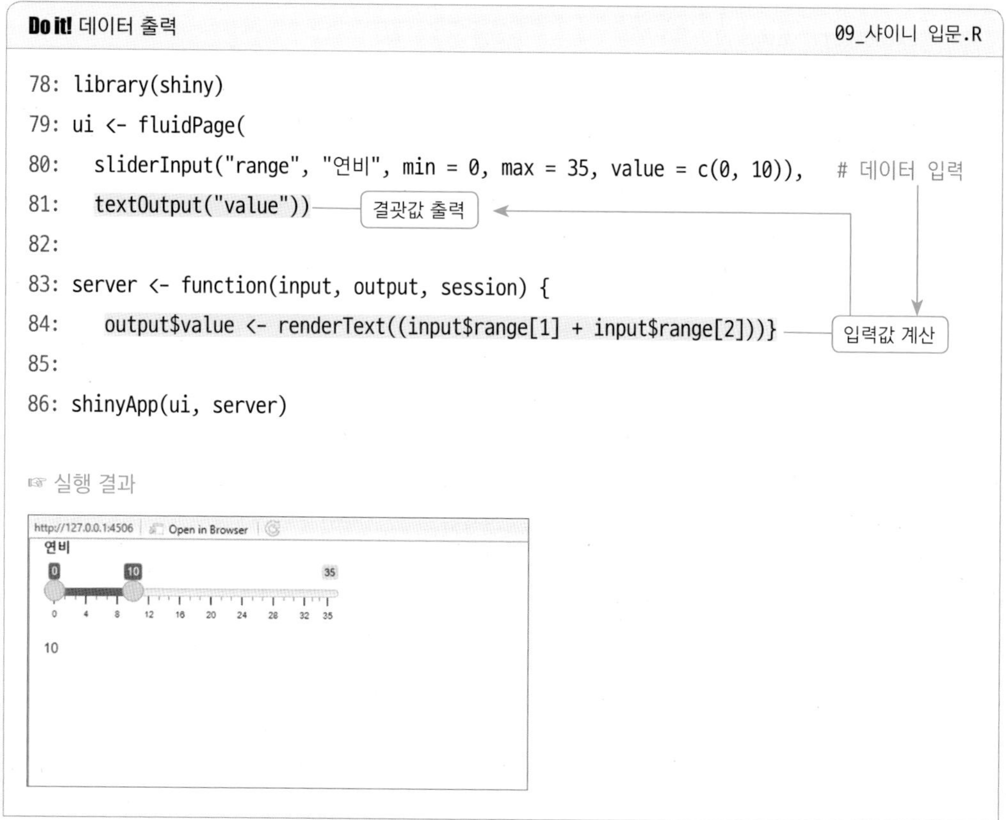

Do it! 데이터 출력　　09_샤이니 입문.R

```
library(shiny)
ui <- fluidPage(
  sliderInput("range", "연비", min = 0, max = 35, value = c(0, 10)),   # 데이터 입력
  textOutput("value"))

server <- function(input, output, session) {
   output$value <- renderText((input$range[1] + input$range[2]))}

shinyApp(ui, server)
```


☞ 실행 결과

3단계 렌더링 함수의 중요성 render~()

앞에서도 강조했듯이 샤이니에서는 입력과 출력 결과의 연결이 중요합니다. 즉, ui()에서 입력된 값이 server()에서 처리되고 결과가 다시 ui()로 돌아오는 과정이 중요합니다. 이 흐름이 원활하게 이루어지지 않으면 오류가 발생합니다. 한 예로 앞 단계에서 작성한 server()에서 renderText()와 같은 렌더링 함수를 제거하면 연결 과정이 끊어져 애플리케이션이 실행되지 않습니다.

sliderInput()으로 숫자가 입력된 다음 (input$range[1] + input$range[2])으로 계산되어 output$value에 저장되어야 하는데 renderText()와 같은 렌더링 함수를 사용하지 않았으므로 결괏값이 갱신되지 않고 고정됩니다. 따라서 ui()와 server() 사이의 변수가 일치하지 않게 되어 애플리케이션을 실행할 때 오류 메시지가 나옵니다.

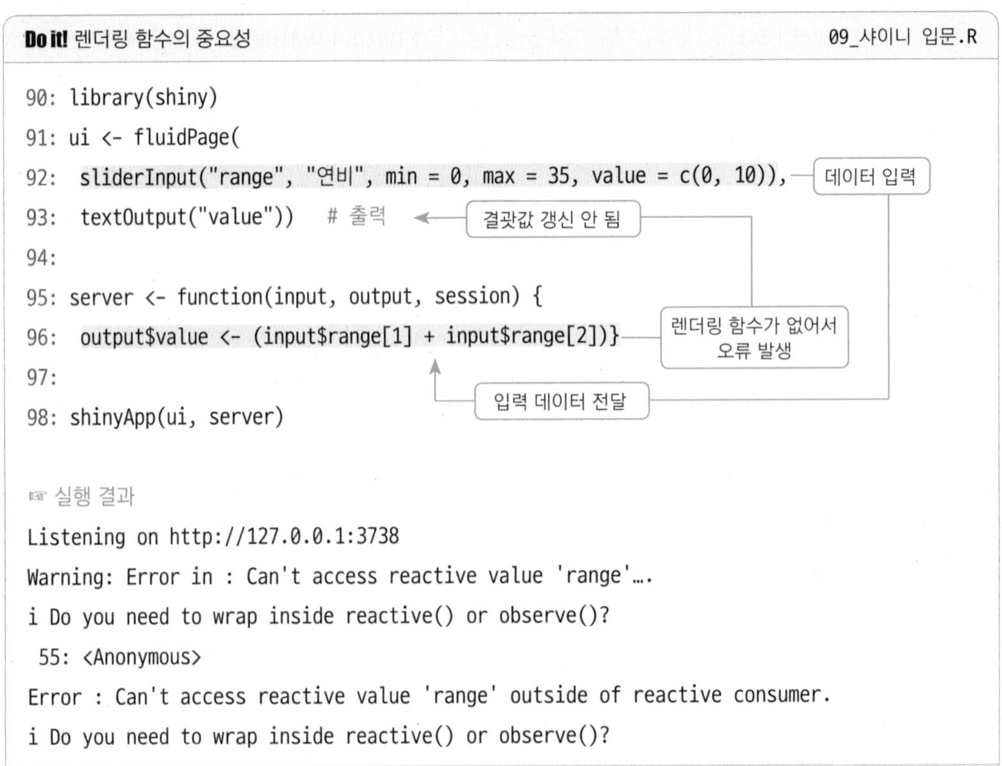

Do it! 렌더링 함수의 중요성 09_샤이니 입문.R

```
library(shiny)
ui <- fluidPage(
 sliderInput("range", "연비", min = 0, max = 35, value = c(0, 10)),
 textOutput("value"))   # 출력

server <- function(input, output, session) {
 output$value <- (input$range[1] + input$range[2])}

shinyApp(ui, server)
```


☞ 실행 결과

```
Listening on http://127.0.0.1:3738
Warning: Error in : Can't access reactive value 'range'….
i Do you need to wrap inside reactive() or observe()?
 55: <Anonymous>
Error : Can't access reactive value 'range' outside of reactive consumer.
i Do you need to wrap inside reactive() or observe()?
```

09-3 반응형 웹 애플리케이션 만들기

우리는 앞에서 사용자 입력을 받는 위젯과 이를 활용하여 결과를 반환하는 방법을 살펴보았습니다. 여기에서는 입력과 출력이 어떻게 연결되고 변화에 따라 반응하는지 살펴봅니다.

반응성reactive이란 `ui()`의 입력값인 `input$~`이 변경될 때 `server()`가 자동으로 변화를 감지하여 출력값 `output$~`을 렌더링rendering 후 갱신하는 것을 말합니다. 여기서는 입력 슬라이더 범위가 바뀔 때마다 출력 테이블이 달라지는 샤이니 애플리케이션을 만들어 보겠습니다.

Do it! 실습

1단계 데이터 준비하기

우선 데이터 테이블을 편리하게 다룰 수 있는 DT 패키지를 불러옵니다. 그리고 `mpg`로 ggplot2 패키지에 포함된 자동차 연비 테스트 결과 데이터 세트를 불러옵니다. `head(mpg)`로 자동차와 관련된 다양한 정보를 확인할 수 있습니다. 이 가운데 시내 연비를 기준으로 필터링된 데이터 테이블을 보여 주는 애플리케이션을 만들어 보겠습니다.

Do it! 데이터 준비 　　　　09_샤이니 입문.R

```
library(DT)          # install.packages("DT")
library(ggplot2)     # install.packages("ggplot2")
mpg <- mpg
head(mpg)
```

☞ 실행 결과

```
# A tibble: 6 x 11
  manufacturer model displ  year   cyl trans   drv     cty   hwy fl    class
  <chr>        <chr> <dbl> <int> <int> <chr>   <chr> <int> <int> <chr> <chr>
1 audi         a4      1.8  1999     4 auto(l~ f        18    29 p     comp~
2 audi         a4      1.8  1999     4 manual~ f        21    29 p     comp~
```

2단계 반응식 작성하기

먼저 ui()를 시작하면서 단일 페이지 화면을 정의합니다. 그리고 sliderInput()으로 자동차 연비의 범위를 입력하는 슬라이드를 만듭니다. 앞 절에서 배웠던 것처럼 입력된 데이터는 input$range에 저장되며 server()로 전달됩니다.

사용자 입력에 따라서 반응(결과를 필터링)하도록 reactive() 반응식을 시작합니다. subset()으로 시내 연비(cty)가 input$range[1]보다 크고 input$range[2]보다 작은 행을 추출한 다음 return()으로 cty_sel이라는 반응식 결과를 저장합니다. 이를 데이터 테이블로 출력하고자 renderDataTable()로 전달하여 output$table에 저장합니다. 이때 주의할 점은 server() 내에서 반응식 결과(cty_sel)를 사용할 때는 뒤에 호출 연산자 ()를 붙여야 한다는 것입니다.

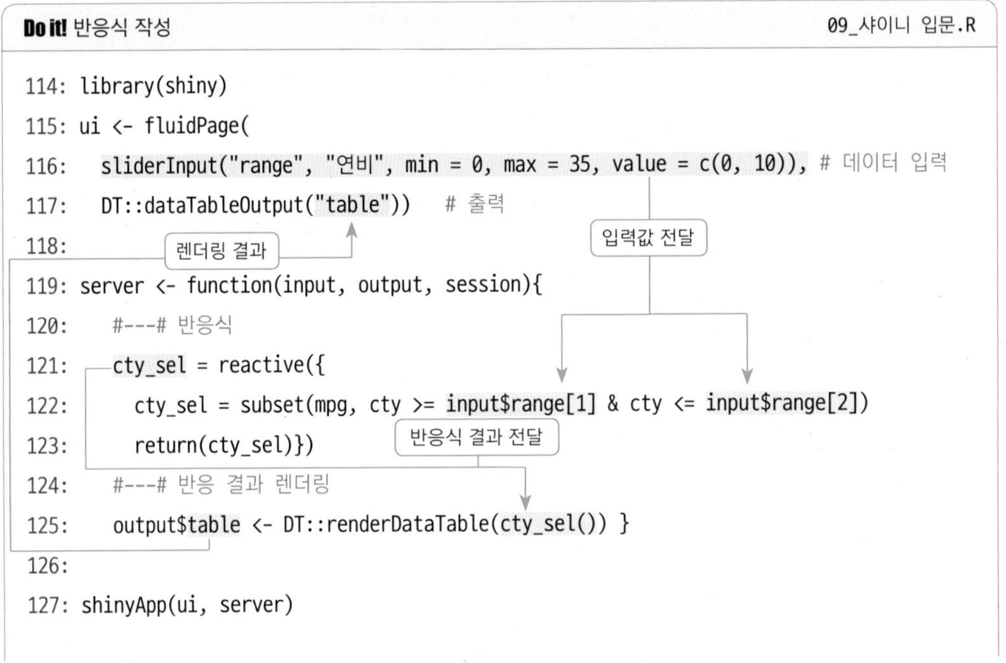

Do it! 반응식 작성 09_샤이니 입문.R

```
library(shiny)
ui <- fluidPage(
  sliderInput("range", "연비", min = 0, max = 35, value = c(0, 10)), # 데이터 입력
  DT::dataTableOutput("table"))   # 출력

server <- function(input, output, session){
   #---# 반응식
   cty_sel = reactive({
     cty_sel = subset(mpg, cty >= input$range[1] & cty <= input$range[2])
     return(cty_sel)})
   #---# 반응 결과 렌더링
   output$table <- DT::renderDataTable(cty_sel()) }

shinyApp(ui, server)
```

☞ 실행 결과

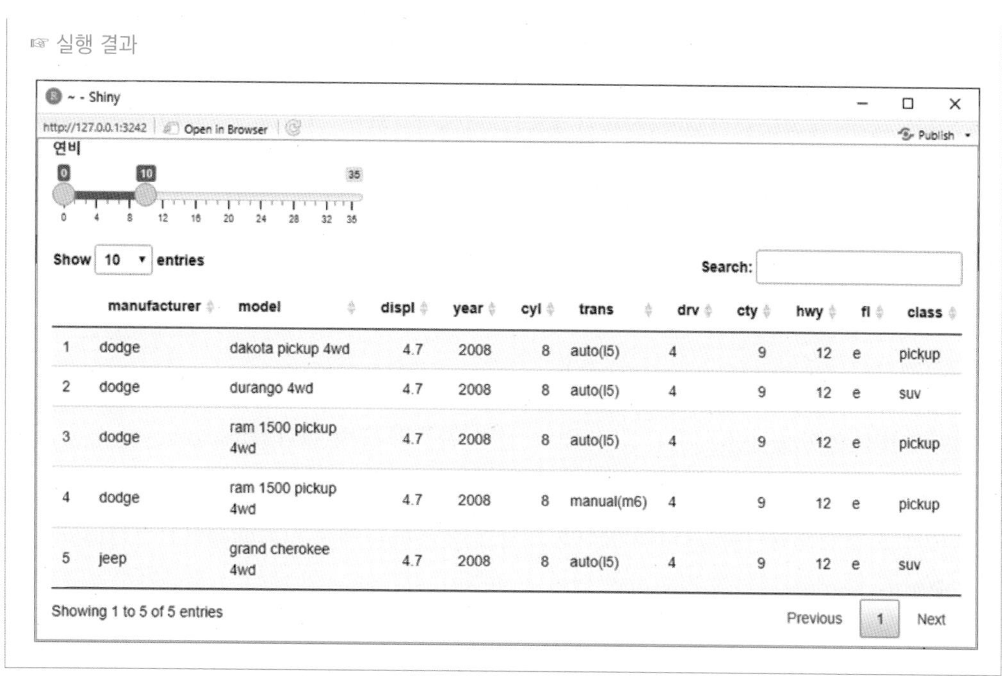

	manufacturer	model	displ	year	cyl	trans	drv	cty	hwy	fl	class
1	dodge	dakota pickup 4wd	4.7	2008	8	auto(l5)	4	9	12	e	pickup
2	dodge	durango 4wd	4.7	2008	8	auto(l5)	4	9	12	e	suv
3	dodge	ram 1500 pickup 4wd	4.7	2008	8	auto(l5)	4	9	12	e	pickup
4	dodge	ram 1500 pickup 4wd	4.7	2008	8	manual(m6)	4	9	12	e	pickup
5	jeep	grand cherokee 4wd	4.7	2008	8	auto(l5)	4	9	12	e	suv

애플리케이션을 실행하면 최종적으로 `dataTableOutput()`으로 전달된 테이블이 표시됩니다. 슬라이더를 조작해 연비를 바꾸면 서버가 반응하여 해당 값으로 필터링된 결과가 출력됩니다.

09-4 레이아웃 정의하기

레이아웃layout이란 제한된 공간 안에 문자, 그림, 기호, 사진 같은 구성 요소를 효과적으로 배치하는 것을 말합니다. 이는 인간과 장치 사이에서 원활한 상호작용interaction뿐만 아니라 디자인 관점에서도 중요한 역할을 수행합니다.

샤이니에서 레이아웃이란 제한된 화면 안에 입력 위젯과 출력 결과를 배치하는 방식을 의미합니다. 일반적으로 작업의 편의와 공간 배치의 효율을 생각하여 그리드grid라 불리는 규격화된 레이아웃을 선호합니다. 그리드 방식을 사용하려면 `ui()`에서 `fluidPage()` → `fluidRow()` → `column()` 순서로 화면을 정의하면 됩니다. 여기에서는 하나의 페이지에 다양한 위젯이나 차트 등을 효과적으로 배치할 수 있는 단일 페이지 레이아웃을 살펴봅니다.

Do it! 실습

1단계 단일 페이지 레이아웃

`ui()` 다음에 `fluidPage()`로 단일 페이지 화면을 시작합니다. 그리고 그리드형 배치를 사용하고자 `fluidRow()`를 추가합니다. 이제 `column()`을 이용하여 화면의 배치를 설정할 수 있습니다. 이때 최대 폭은 12입니다. `column(9)`과 `column(3)` 그리고 `column(12)`으로 하나의 페이지를 세 영역으로 구분하고 `shinyApp()`으로 실행 결과를 확인해 봅니다.

Do it! 단일 페이지 화면 09_샤이니 입문.R

```
library(shiny)
#---# 전체 페이지 정의
ui <- fluidPage(
 #---# 행 row 구성 정의
 fluidRow(
      #---# 첫 번째 열: 빨강(red) 박스로 높이 450 픽셀, 폭 9
      column(9, div(style = "height:450px;border: 4px solid red;","폭 9")),
      #---# 두 번째 열: 보라(purple) 박스로 높이 450 픽셀, 폭 3
      column(3, div(style = "height:450px;border: 4px solid purple;","폭 3")),
      #---# 세 번째 열: 파랑(blue) 박스로 높이 400 픽셀, 폭 12
```

```
        column(12, div(style = "height:400px;border: 4px solid blue;","폭 12"))))
server <- function(input, output, session) {}
shinyApp(ui, server)
```

☞ 실행 결과

2단계 탭 페이지 추가하기

페이지 안에 담아야 할 내용이 많을 때는 단일 페이지만으로는 모든 콘텐츠를 담아낼 수 없습니다. 이때 사이드바나 탭 같은 화면 확장 방법들을 활용할 수 있습니다. 여기에서는 탭을 사용해 보겠습니다. 먼저 tabsetPanel()로 탭 패널을 시작하고 추가하고 싶은 탭의 개수를 결정한 다음 tabPanel("탭1"), tabPanel("탭2")와 같이 새로운 탭을 추가하면 됩니다.

Do it! 탭 페이지 추가 09_샤이니 입문.R

```
library(shiny)
ui <- fluidPage(
 fluidRow(
  column(9, div(style = "height:450px;border: 4px solid red;","폭 9")),
  column(3, div(style = "height:450px;border: 4px solid red;","폭 3")),
 #---# 탭 패널 1~2번 추가
 tabsetPanel(
```

```
  tabPanel("탭1",
   column(4, div(style = "height:300px;border: 4px solid red;","폭 4")),
   column(4, div(style = "height:300px;border: 4px solid red;","폭 4")),
   column(4, div(style = "height:300px;border: 4px solid red;","폭 4")), ),
  tabPanel("탭2",div(style ="height:300px;border: 4px solid blue;","폭 12")))))
server <- function(input, output, session) {}
shinyApp(ui, server)
```

☞ 실행 결과

지금까지 샤이니가 무엇이고 어떻게 동작하는지 간략하게 살펴봤습니다. 물론 샤이니를 전문으로 다루려면 다른 책이나 자료를 더 보아야 하지만, 여기서 설명한 내용만으로도 핵심 구조는 이해할 수 있습니다. 다음 장에서는 지금까지 다룬 내용을 모두 종합해 서울시 아파트 실거래 데이터를 분석하는 웹 애플리케이션을 만들어 보겠습니다.

데이터 분석 애플리케이션 개발하기

이번 장에서는 09장에서 배운 샤이니를 이용하여 지도 기반 웹 애플리케이션을 만들어 봅니다. 먼저 R에서 반응형 지도를 구현하는 방법을 살펴보고 이를 확장하여 샤이니 안에 지도를 포함하는 과정을 살펴봅니다. 마지막으로 반응형 함수를 추가하여 실제 활용할 수 있는 애플리케이션을 구현해 봅니다.

10-1 반응형 지도 만들기

본격적으로 지도를 포함하는 애플리케이션을 만들기 전에 leaflet 기반으로 반응형 지도를 만드는 R 스크립트를 작성해 보겠습니다. 앞서 07장에서 사용해 본 leaflet은 반응형 지도를 만드는 자바스크립트 라이브러리입니다. 오픈스트리트맵 위에 다양한 레이어를 표현할 수도 있고, 마커 기능으로 지도 위에 특정 지점을 표시할 수도 있습니다. 여기서는 07장에서 분석한 결과물인 최고가 지역, 급등 지역 그리고 마커 클러스터링을 하나의 지도 위에 표현해 보겠습니다.

Do it! 실습

1단계 데이터 불러오기

우선 아파트 실거래 데이터(06_apt_price.rdata)와 서울시 경계선(sigun_bnd/seoul.shp)을 불러오고, 최고가 지역(kde_high.rdata)과 급등 지역(07_kde_hot) 래스터 이미지를 불러옵니다. 그리고 서울시 1km 그리드(sigun_grid /seoul.shp)도 불러옵니다.

Do it! 데이터 불러오기 — 10_웹애플리케이션.R

```
setwd(dirname(rstudioapi::getSourceEditorContext()$path))
load("./06_geodataframe/06_apt_price.rdata")       # 아파트 실거래 데이터
library(sf)
bnd <- st_read("./01_code/sigun_bnd/seoul.shp")      # 서울시 경계선
load("./07_map/07_kde_high.rdata")      # 최고가 래스터 이미지
load("./07_map/07_kde_hot.rdata")       # 급등 지역 래스터 이미지
grid <- st_read("./01_code/sigun_grid/seoul.shp")    # 서울시 1km 그리드
```

2단계 마커 클러스터링 설정

07장에서 다뤘던 것처럼 마커 클러스터링을 사용할 때 데이터가 왜곡되는 것을 방지하고자 `quantile()`로 전체 평당 가격 중에서 하위 10%, 상위 10% 지점을 특정합니다. 그리고 `load()`로 마커 클러스터링 실행 스크립트(circle_marker.rdata)를 등록합니다. 이제 마커 클

러스터링의 등급별 차이를 직관적으로 보여줄 수 있도록 마커에 표시할 색상을 빨강(상), 초록(중), 파랑(하)으로 설정합니다.

Do it! 마커 클러스터링 설정 10_웹애플리케이션.R

```
pcnt_10 <-as.numeric(quantile(apt_price$py, probs=seq(.1,.9,by=.1))[1])   # 하위 10%
pcnt_90 <-as.numeric(quantile(apt_price$py, probs=seq(.1,.9,by=.1))[9])   # 상위 10%
load("./01_code/circle_marker/circle_marker.rdata")   # 마커 클러스터링 함수
circle.colors <- sample(x=c("red","green","blue"), size=1000, replace=TRUE)
```

3단계 반응형 지도 만들기

이제 leaflet 기반 반응형 지도를 구현해 보겠습니다. 먼저 `addTiles()`로 기본 맵을 오픈스트리트맵으로 설정합니다. 그리고 `addRasterImage()`로 2021년 최고가 지역과 급등 지역을 나타내는 래스터 이미지를 불러옵니다. 그런데 두 이미지를 한꺼번에 볼 수 있는 방법은 없습니다. 따라서 래스터 이미지 레이어를 바꿀 수 있도록 `addLayersControl()`로 변경 스위치를 추가합니다. 사용자가 이 스위치를 조작하면 해당 래스터 이미지가 보입니다. 그다음 `addPolygons()`으로 서울시 외곽 경계선을 불러오고 `addCircleMarkers()`로 마커 클러스터링을 불러옵니다.

Do it! 반응형 지도 만들기 10_웹애플리케이션.R

```
library(leaflet)
library(purrr)
library(raster)
leaflet() %>%
 #---# 기본 맵 설정: 오픈스트리트맵
 addTiles(options = providerTileOptions(minZoom = 9, maxZoom = 18)) %>%
 #---# 최고가 지역 KDE
 addRasterImage(raster_high,
  colors = colorNumeric(c("blue", "green","yellow","red"),
  values(raster_high), na.color = "transparent"), opacity = 0.4,
  group = "2021 최고가") %>%
 #---# 급등 지역 KDE
 addRasterImage(raster_hot,
  colors = colorNumeric(c("blue", "green","yellow","red"),
  values(raster_hot), na.color = "transparent"), opacity = 0.4,
  group = "2021 급등지") %>%
```

```
#---# 레이어 스위치 메뉴
addLayersControl(baseGroups = c("2021 최고가", "2021 급등지"),
 options = layersControlOptions(collapsed = FALSE)) %>%
#---# 서울시 외곽 경계선
addPolygons(data=bnd, weight = 3, stroke = T, color = "red",
 fillOpacity = 0) %>%
#---# 마커 클러스터링
addCircleMarkers(data = apt_price, lng =unlist(map(apt_price$geometry,1)),
 lat = unlist(map(apt_price$geometry,2)), radius = 10, stroke = FALSE,
 fillOpacity = 0.6, fillColor = circle.colors, weight=apt_price$py,
 clusterOptions = markerClusterOptions(iconCreateFunction=JS(avg.formula)))
```

☞ 실행 결과

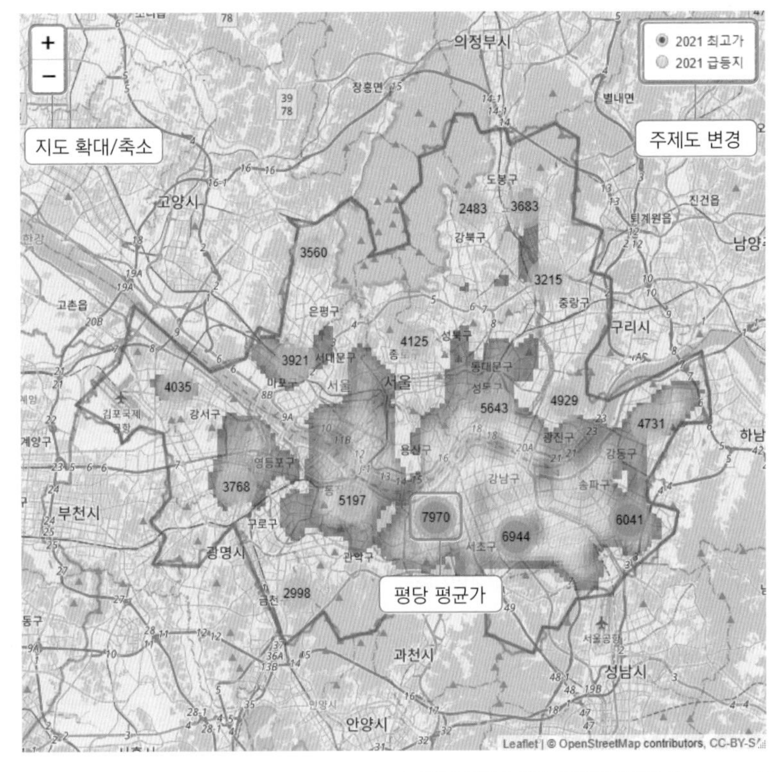

코드를 실행하면 R스튜디오 오른쪽 Viewer 창에 반응형 지도가 나타납니다. 지도의 오른쪽 위에 스위치를 조작하면 서로 다른 주제의 지도 이미지를 볼 수 있습니다. 또한 전체 지도를 확대하거나 축소할 때 마커 클러스터링값(평당 평균가)이 달라지는 것도 확인할 수 있습니다.

10-2 지도 애플리케이션 만들기

앞 절에서 만든 반응형 지도를 활용하여 샤이니 애플리케이션을 구현해 보겠습니다. 샤이니와 mapedit 패키지를 사용합니다. 이는 자바스크립트뿐만 아니라 HTML 같은 웹 프로그래밍 기술을 활용하여 더 복잡한 지도 기반 애플리케이션을 구현할 수 있도록 도와줍니다. 이제 그리드 지도를 기반으로 아파트 실거래 데이터를 분석하는 기초적인 애플리케이션을 구현해 보겠습니다.

Do it! 실습

1단계 그리드 필터링하기

우선 서울시 전체를 1km 단위로 구분한 그리드 파일(sigun_grid/seoul.shp)을 불러옵니다. 이때 그리드 데이터는 sf형이므로 필요한 부분만 잘라내려면 `as(셰이프 파일, "Spatial")`로 sp형으로 바꾼 다음, `as(sp형 파일, "sfc")`로 변환합니다. 그리고 아파트가 포함된 그리드만 추출하고자 `st_contains()`로 그리드(`grid`)와 아파트(`apt_price`)를 결합하여 데이터가 포함된(`length) > 0`) 그리드만 남겨 놓습니다. 필터링 결과는 `plot()`로 확인합니다.

Do it! 그리드 필터링 10_웹애플리케이션.R

```
grid <- st_read("./01_code/sigun_grid/seoul.shp")        # 그리드 불러오기
grid <- as(grid, "Spatial") ; grid <- as(grid, "sfc")   # 변환
grid <- grid[which(sapply(st_contains(st_sf(grid),apt_price),length) > 0)]   # 필터링
plot(grid)   # 그리드 확인
```

☞ 실행 결과

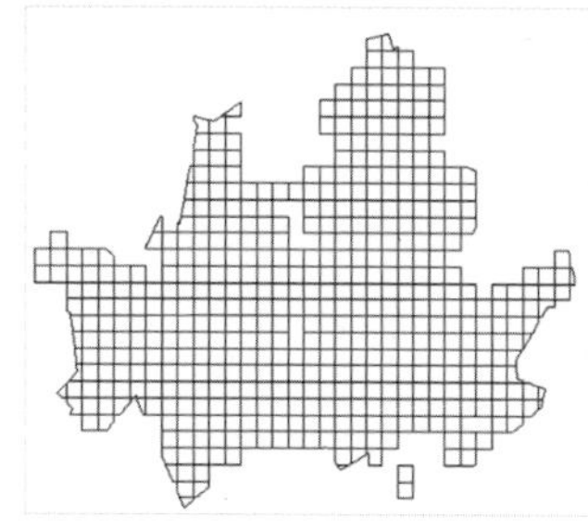

2단계 반응형 지도 모듈화하기

leaflet 기반 반응형 지도를 만듭니다. 이 지도는 앞 절에서 만들어 본 반응형 지도와 유사합니다. 다만 addFeatures()로 그리드 지도 레이어가 추가되었다는 점과 지도를 m이라는 변수로 저장하였다는 점이 다릅니다. 이렇게 만든 m은 자바스크립트를 포함하는 htmlwidgets이라고 하며 샤이니에서 불러와서 사용할 수 있습니다. m을 실행하면 htmlwidgets이 어떻게 동작하는지 살펴볼 수 있습니다.

Do it! 반응형 지도 모듈화 10_웹애플리케이션.R

```
m <- leaflet() %>%
  #---# 기본 맵 설정: 오픈스트리트맵
  addTiles(options = providerTileOptions(minZoom = 9, maxZoom = 18)) %>%
  #---# 최고가 지역 KDE
  addRasterImage(raster_high,
   colors = colorNumeric(c("blue", "green","yellow","red"),
   values(raster_high), na.color = "transparent"), opacity = 0.4,
   group = "2021 최고가") %>%
  #---# 급등 지역 KDE
  addRasterImage(raster_hot,
   colors = colorNumeric(c("blue", "green","yellow","red"),
   values(raster_hot), na.color = "transparent"), opacity = 0.4,
   group = "2021 급등지") %>%
  #---# 레이어 스위치 메뉴
  addLayersControl(baseGroups = c("2021 최고가", "2021 급등지"),
   options = layersControlOptions(collapsed = FALSE)) %>%
  #---# 서울시 외곽 경계선
  addPolygons(data=bnd, weight = 3, stroke = T, color = "red",
   fillOpacity = 0) %>%
  #---# 마커 클러스터링
  addCircleMarkers(data = apt_price, lng =unlist(map(apt_price$geometry,1)),
  lat = unlist(map(apt_price$geometry,2)), radius = 10, stroke = FALSE,
  fillOpacity = 0.6, fillColor = circle.colors, weight=apt_price$py,
  clusterOptions = markerClusterOptions(iconCreateFunction=JS(avg.formula))) %>%
  #---# 그리드
leafem ::addFeatures(st_sf(grid), layerId= ~seq_len(length(grid)), color = 'grey')
m
```

☞ 실행 결과

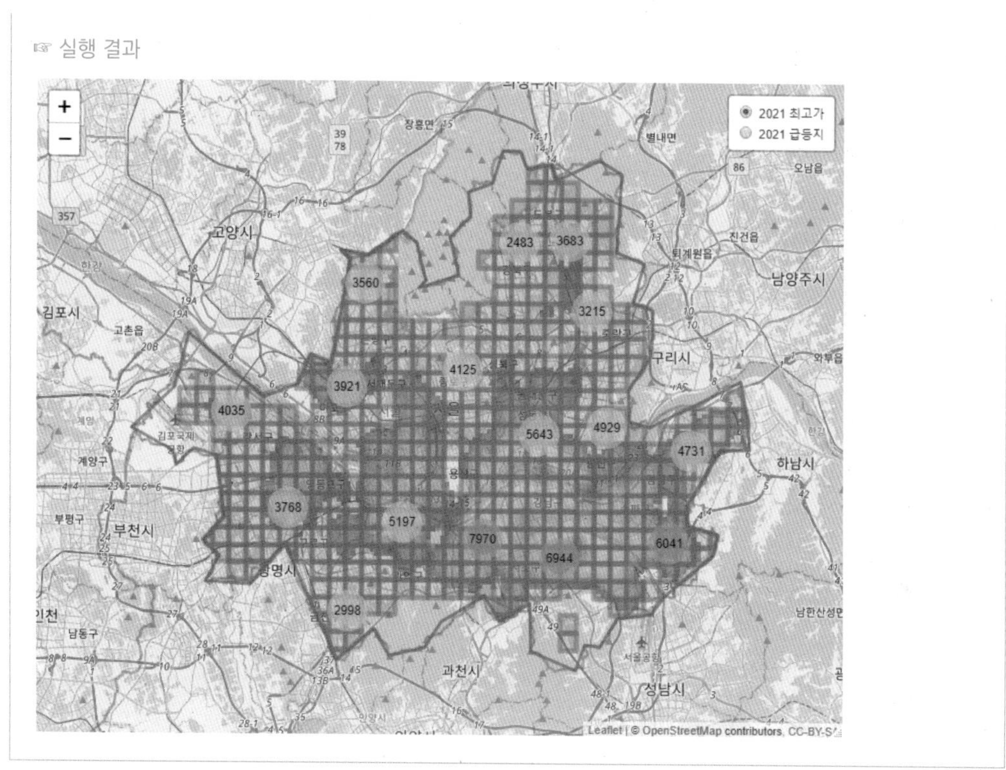

3단계 애플리케이션 구현하기

이제 샤이니로 애플리케이션을 만들어 봅니다. 이때 지도에서 특정 지점을 선택하여 분석하는 기능을 구현하고자 mapedit 패키지를 사용합니다. mapedit는 지도의 특정 지점을 선택하거나 처리하는 selectModUI()와 callModule() 라이브러리를 제공합니다.

- selectModUI(): 지도 입력 모듈. 지도에서 특정 지점이 선택될 때 입력값을 서버로 전달
- callModule(): 입력 결과를 처리하여 다시 화면으로 전달하는 출력 모듈

여기서는 m 객체를 이용해 입출력을 처리합니다. ui()와 server() 사이에 정보를 주고받으려면 이름이 같아야 하므로 selectmap으로 설정했습니다.

Do it! 샤이니와 mapedit으로 애플리케이션 구현 10_웹애플리케이션.R

```
library(shiny)   # install.packages("shiny")
library(mapedit) # install.packages("mapedit")
library(dplyr)   # install.packages("dplyr")
#---# 사용자 인터페이스
```

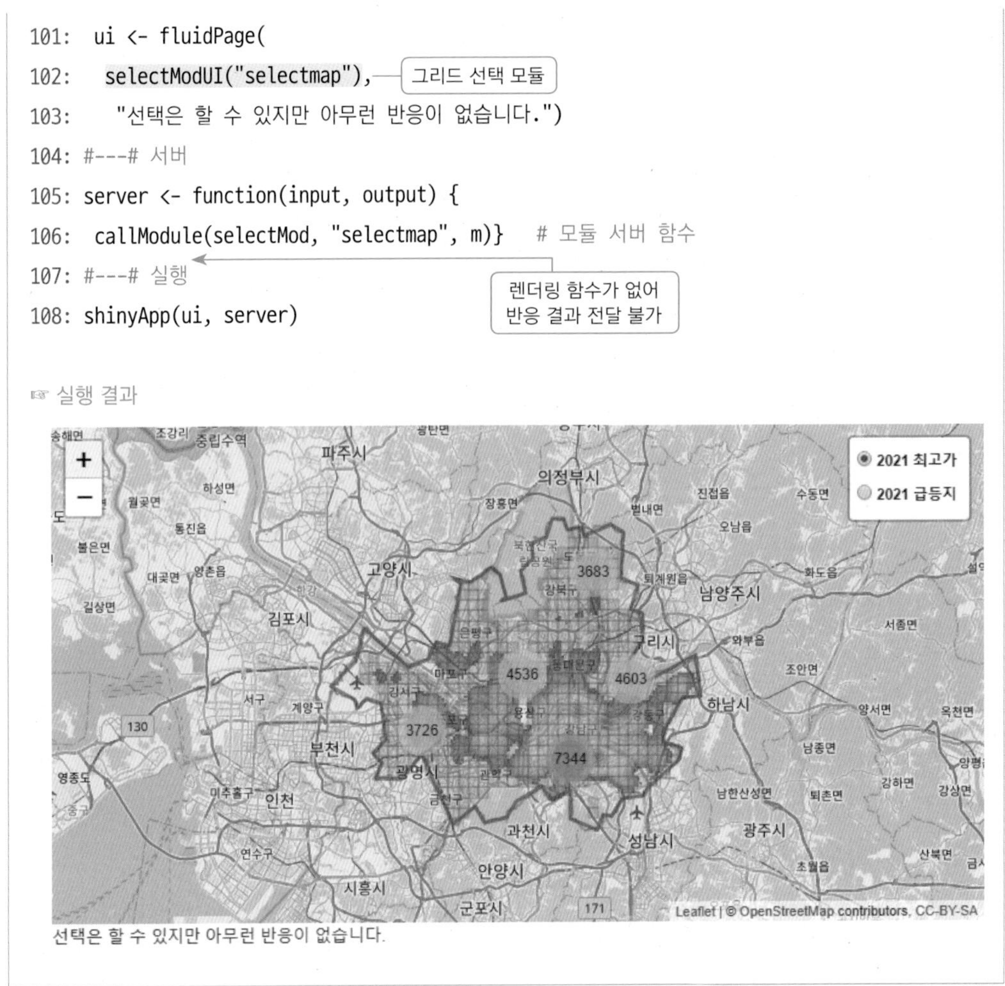

```
ui <- fluidPage(
  selectModUI("selectmap"),
   "선택은 할 수 있지만 아무런 반응이 없습니다.")
#---# 서버
server <- function(input, output) {
 callModule(selectMod, "selectmap", m)}  # 모듈 서버 함수
#---# 실행
shinyApp(ui, server)
```


shinyApp()으로 애플리케이션을 실행하면 지도 위에 그려진 그리드를 선택할 수 있습니다. 하지만 아직 반응식을 추가하지 않았으므로 반응하지 않습니다. 다음 단계에서 반응식을 추가해 보겠습니다.

4단계 반응식 추가하기

이제 사용자 입력에 따라 반응하도록 callModule()을 df()라는 반응식으로 저장합니다. df(1)[1]는 사용자가 선택한 그리드 아이디를 알려 주는 반응식 결과입니다. 이를 output$sel에 저장한 다음 textOutput()으로 화면에 출력합니다. 이제 shinyApp()으로 애플리케이션을 실행한 다음 그리드를 선택하면 지도 아래에 해당 그리드의 아이디가 출력됩니다.

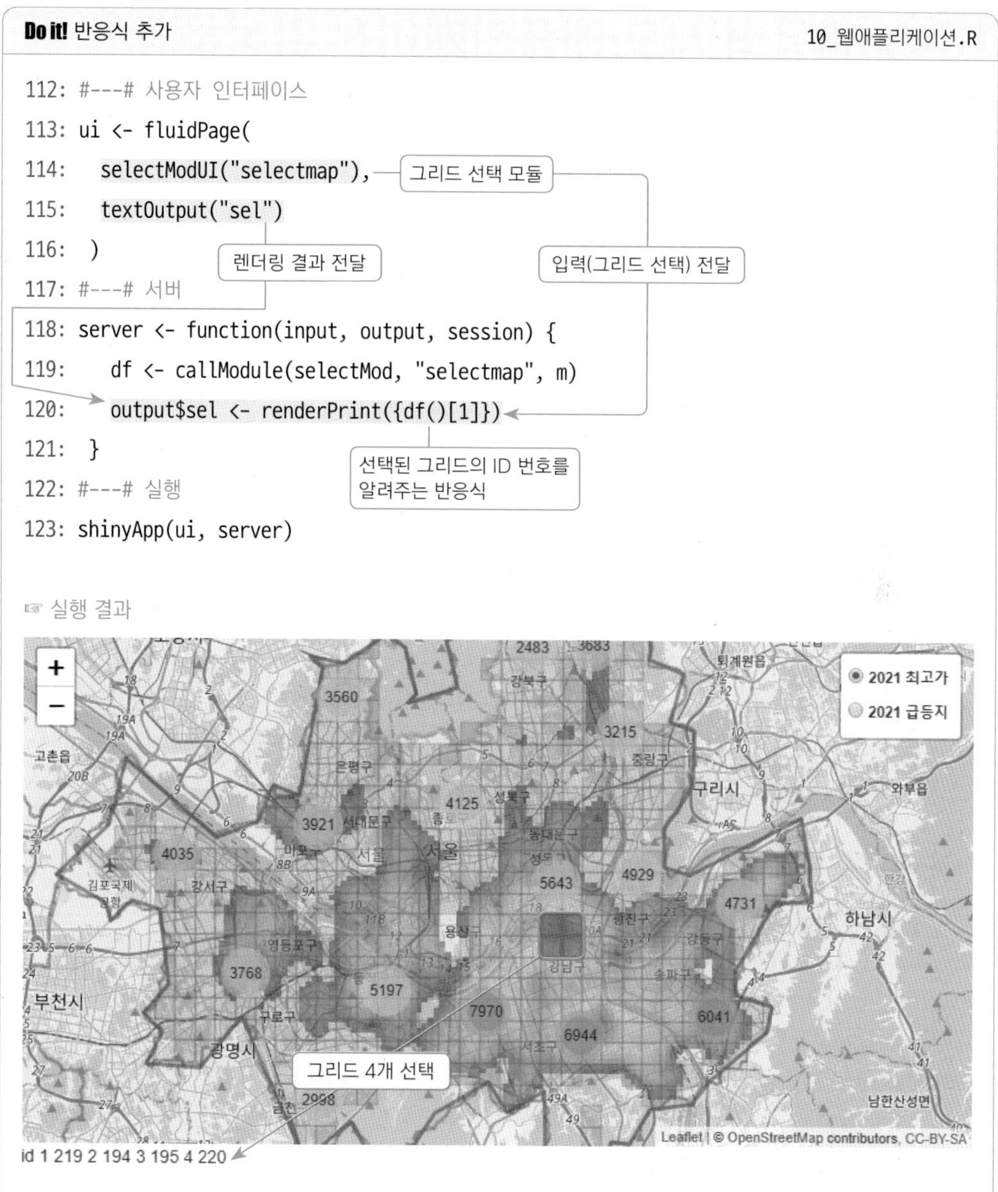

Do it! 반응식 추가 10_웹애플리케이션.R

```
#---# 사용자 인터페이스
ui <- fluidPage(
  selectModUI("selectmap"),
  textOutput("sel")
 )
#---# 서버
server <- function(input, output, session) {
   df <- callModule(selectMod, "selectmap", m)
   output$sel <- renderPrint({df()[1]})
 }
#---# 실행
shinyApp(ui, server)
```

☞ 실행 결과

10-3 반응형 지도 애플리케이션 완성하기

지금까지 데이터를 분석하고 시각화하여 애플리케이션을 만드는 기초를 공부했습니다. 이제 이 책에서 배운 모든 내용을 종합해 실제 활용할 수 있는 반응형 지도 애플리케이션을 완성해 보겠습니다. 여기서는 앞에서 개별적으로 구현한 모든 기능을 샤이니 애플리케이션 내부로 가져와야 하므로 구조가 조금 더 복잡합니다. 앞서 배운 내용들을 떠올리며 단계별로 차근차근 진행해 보겠습니다.

Do it! 실습

1단계 사용자 인터페이스 설정하기

먼저 애플리케이션의 사용자 인터페이스를 설정합니다. ui()를 시작하면서 fluidPage()로 단일 페이지 화면을 시작합니다. 이어서 화면을 그리드형으로 배치하는 fluidRow()를 추가하고 세 영역으로 구분합니다.

Do it! 사용자 인터페이스 설정 10_웹애플리케이션.R

```
library(DT)   # install.packages("DT")
ui <- fluidPage(
 #---# 상단 화면: 지도 + 입력 슬라이더
 fluidRow(
  column( 9, selectModUI("selectmap"), div(style = "height:45px")),
  column( 3,
   sliderInput("range_area", "전용면적", sep = "", min = 0, max = 350,
               value = c(0, 200)),
   sliderInput("range_time", "건축 연도", sep = "", min = 1960,  max = 2020,
               value = c(1980, 2020)), ),
  #---# 하단 화면: 테이블 출력
  column(12, dataTableOutput(outputId = "table"), div(style = "height:200px"))))
```

화면 위쪽에는 지도를 나타내는 selectModUI()와 사용자가 전용면적, 건축 연도를 입력할 수 있도록 sliderInput()를 배치하고, 아래쪽에는 dataTableOutput()으로 데이터 테이블을 배치합니다.

전용면적 슬라이더는 0~350m²까지 선택할 수 있게 하되 초깃값은 0~200m²(약 60평)로 합니다. 이렇게 하면 최소 면적은 input$range_area[1], 최대 면적은 input$range_area[2]에 저장됩니다. 건축 연도 슬라이더는 1960~2020년까지 선택할 수 있게 하되 초깃값은 1980~2020년으로 합니다. 이렇게 하면 최소 연도는 input$range_time[1], 최대 연도는 input$range_time[2]에 저장됩니다.

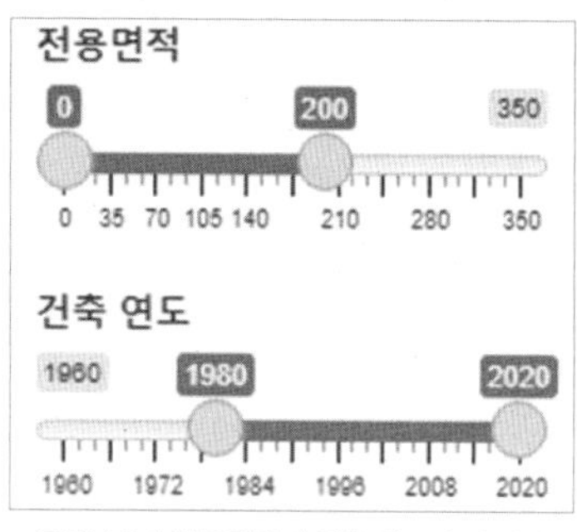

그림 10-1 전용면적과 건축 연도 슬라이더

슬라이더로 입력한 정보는 server의 reactive() 함수로 전달된 다음 선택한 조건에 따라 필터링된 데이터가 dataTableOutput()에 출력됩니다.

2단계 반응식 설정하기

1단계에서 사용자 인터페이스를 설정했으므로 2~5단계까지는 실제 분석을 실행하는 서버를 작성합니다. 09장에서 다뤘던 것처럼 서버는 input, output, session을 정의하는 것으로 시작합니다. 제일 처음해야 할 일은 앞에서 정의한 슬라이더 입력값을 필터링하는 반응식을 만드는 것입니다.

subset()으로 조건에 따라 아파트 실거래(apt_price) 자료를 필터링합니다. return()으로 필터링된 결과를 반환하고 apt_sel이라는 반응형 객체로 저장합니다. 이렇게 반응형 객체로 저장한 데이터는 다른 데이터와 구분하고자 뒤에 ()를 붙입니다. 따라서 슬라이더 입력 필터링 결과를 다른 곳에서 사용하려면 apt_sel()처럼 사용합니다.

Do it! 반응식 설정: 슬라이더 입력 필터링 10_웹애플리케이션.R

```
server <- function(input, output, session) {
 #---# 반응식
 apt_sel = reactive({
   apt_sel = subset(apt_price, con_year >= input$range_time[1] &
                  con_year <= input$range_time[2] & area >= input$range_area[1] &
                  area <= input$range_area[2])
   return(apt_sel)})
```

3단계 지도 입출력 모듈 설정하기

이제 지도에서 특정 그리드를 선택했을 때 반응값으로 전달될 수 있는 지도 입출력 모듈을 만듭니다. g_sel에는 사용자가 특정 그리드를 선택했을 때 해당 그리드의 아이디를 저장합니다. callModule()은 입력 결과를 처리하여 다시 화면으로 전달하는 출력 모듈입니다. 나머지 부분은 앞에서 설명한 내용과 같습니다.

Do it! 지도 입출력 모드 설정: 그리드 선택 저장 10_웹애플리케이션.R

```
 g_sel <- callModule(selectMod, "selectmap",
  leaflet() %>%
   #---# 기본 맵 설정: 오픈스트리트맵
   addTiles(options = providerTileOptions(minZoom = 9, maxZoom = 18)) %>%
   #---# 최고가 지역 KDE
   addRasterImage(raster_high,
    colors = colorNumeric(c("blue", "green","yellow","red"),
    values(raster_high), na.color = "transparent"), opacity = 0.4,
    group = "2021 최고가") %>%
   #---# 급등 지역 KDE
   addRasterImage(raster_hot,
    colors = colorNumeric(c("blue", "green","yellow","red"),
    values(raster_hot), na.color = "transparent"), opacity = 0.4,
    group = "2021 급등지") %>%
   #---# 레이어 스위치 메뉴
   addLayersControl(baseGroups = c("2021 최고가", "2021 급등지"),
    options = layersControlOptions(collapsed = FALSE)) %>%
   #---# 서울시 외곽 경계선
   addPolygons(data=bnd, weight = 3, stroke = T, color = "red",
```

```
    fillOpacity = 0) %>%
   #---# 마커 클러스터링
   addCircleMarkers(data = apt_price, lng =unlist(map(apt_price$geometry,1)),
    lat = unlist(map(apt_price$geometry,2)), radius = 10, stroke = FALSE,
    fillOpacity = 0.6, fillColor = circle.colors, weight=apt_price$py,
    clusterOptions=markerClusterOptions(iconCreateFunction=JS(avg.formula))) %>%
   #---# 그리드
   leafem::addFeatures(st_sf(grid),layerId= ~seq_len(length(grid)),
    color='grey'))
```

4단계 선택에 따른 반응 결과 저장하기

사용자가 지도에서 특정 그리드를 선택하면 반응식에 따라 해당 그리드에 속하는 정보를 추출하여 반응값 rv로 저장합니다. 아무 그리드도 선택하지 않은 초기에는 반응값을 NULL로 설정하고, 특정 그리드를 선택하면 해당 그리드 내 정보를 추출한 다음 rv$sel에 저장합니다. 이때 st_drop_geometry()로 불필요한 공간 정보는 제거합니다.

Do it! 선택에 따른 반응 결과 저장 | 10_웹애플리케이션.R

```
#---# 반응 초깃값 설정(NULL)
rv <- reactiveValues(intersect=NULL, selectgrid=NULL)
#---# 반응 결과(rv: reactive value) 저장
observe({
  gs <- g_sel()
  rv$selectgrid <- st_sf(grid[as.numeric(gs[which(gs$selected==TRUE),"id"])])
  if(length(rv$selectgrid) > 0){
    rv$intersect <- st_intersects(rv$selectgrid, apt_sel())
    rv$sel <-st_drop_geometry(apt_price[apt_price[unlist(rv$intersect[1:10]),],])
  } else {
    rv$intersect <- NULL
  }
})
```

5단계 반응 결과 렌더링

서버 구현의 마지막 단계로서 renderDataTable()을 이용해 필요한 칼럼만 추출한 다음 output$table로 전달합니다. 이때 dplyr 패키지의 select()로 ymd, addr_1, apt_nm, price, area, floor, py 칼럼만 출력합니다. 또한 arrange(desc())를 사용해 평당 가격을 기준으로 내림차순 정렬하고 extensions 옵션으로 출력된 값을 엑셀 파일로 저장합니다.

Do it! 반응 결과 출력 후 화면에 전달 10_웹애플리케이션.R

```
output$table <- DT::renderDataTable({
  dplyr::select(rv$sel, ymd, addr_1, apt_nm, price, area, floor, py) %>%
  arrange(desc(py))}, extensions = 'Buttons', options = list(dom = 'Bfrtip',
  scrollY = 300, scrollCollapse = T, paging = TRUE, buttons = c('excel')))
}
```

6단계 애플리케이션 실행하기

이제 shinyApp()으로 애플리케이션을 실행합니다. 지도에서 특정 그리드를 선택하거나 전용면적, 건축 연도 등을 변경하면 지도와 아래쪽에 있는 테이블이 달라지는 것을 확인할 수 있습니다.

Do it! 애플리케이션 실행 10_웹애플리케이션.R

```
shinyApp(ui, server)
```

☞ 실행 결과

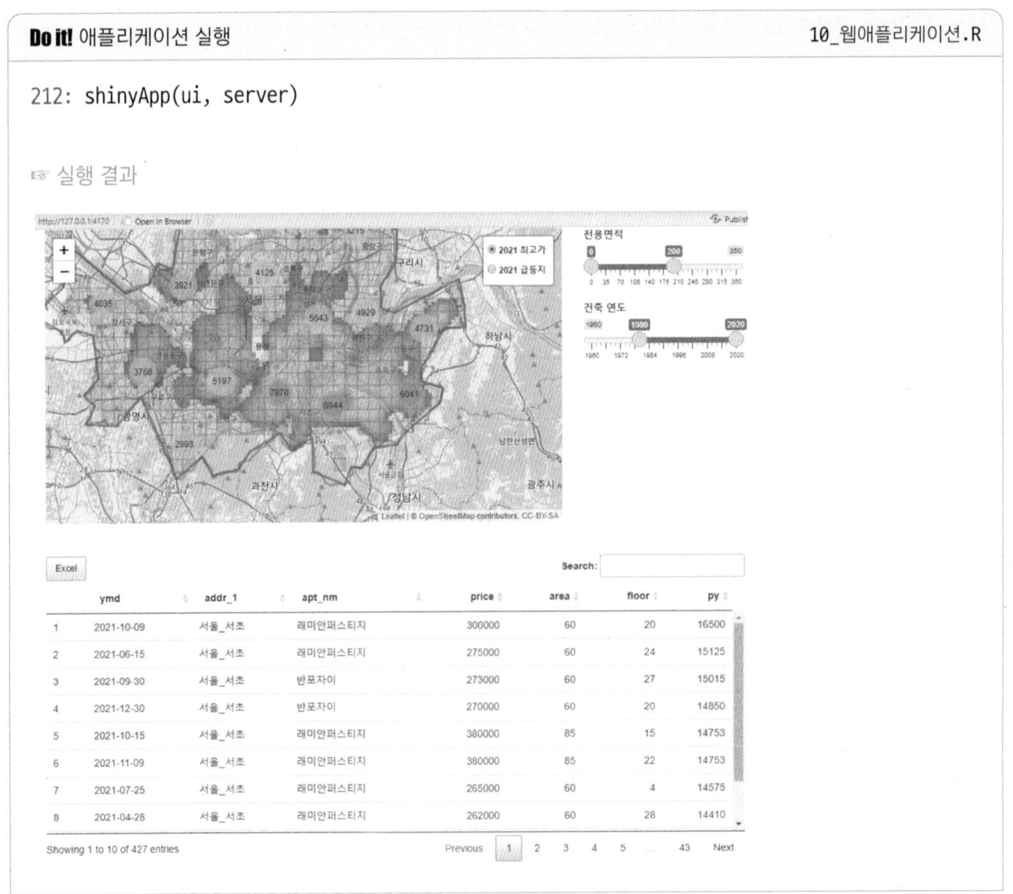

	ymd	addr_1	apt_nm	price	area	floor	py
1	2021-10-09	서울_서초	래미안퍼스티지	300000	60	20	16500
2	2021-06-15	서울_서초	래미안퍼스티지	275000	60	24	15125
3	2021-09-30	서울_서초	반포자이	273000	60	27	15015
4	2021-12-30	서울_서초	반포자이	270000	60	20	14850
5	2021-10-15	서울_서초	래미안퍼스티지	380000	85	15	14753
6	2021-11-09	서울_서초	래미안퍼스티지	380000	85	22	14753
7	2021-07-25	서울_서초	래미안퍼스티지	265000	60	4	14575
8	2021-04-28	서울_서초	래미안퍼스티지	262000	60	28	14410

10-4 서울시 아파트 실거래 애플리케이션 만들기

지금까지 이 책에서 다룬 내용을 종합해 데이터 분석 애플리케이션을 만들어 보았습니다. 그런데 실습을 진행하면서 동시에 개념 설명까지 하다 보니 원래 목적과는 동떨어진 연습 코드들이 R 스크립트에 포함돼 있고 경험이 부족한 사람들은 실습 순서도 헛갈릴 수 있습니다. 또한 이 책의 최종 목적인 배포까지 배우려면 몇 가지 처리를 해줘야 합니다. 따라서 이번 절에서는 지금까지 만든 애플리케이션을 배포용으로 만들어 보면서 최종 소스 전체를 소개하겠습니다.

여기서 작성하는 app.R 파일이 이 책의 최종 결과물인 서울시 아파트 실거래 분석 애플리케이션의 소스 파일입니다. 11장에서는 이 파일을 웹 서버에 배포해 다른 사람이 애플리케이션을 사용할 수 있게 하는 방법을 다룹니다. 다만 배포할 때 R 스크립트에 한글 문자 처리가 까다로워서 편의상 한글은 가능한 한 영어 단어로 대체했습니다.

혹시 이전 실습들을 잘 진행하지 못했다면 여기서 소개하는 코드를 순서에 따라 차근차근 작성해 보기 바랍니다. 이미 다룬 내용을 복습하는 차원이므로 자세한 설명보다는 코드와 작성 순서에 집중하겠습니다. 코드를 작성하면서 지금까지 배운 내용들을 떠올려 보기 바랍니다.

함수나 패키지가 없다는 오류가 발생할 때

R에 익숙하지 않은 사용자라면 코드를 작성한 후 실행할 때 다음처럼 함수를 찾을 수 없다는 오류가 발생할 수 있습니다.

```
could not find function "함수명"
```

이 오류는 해당 함수가 포함된 패키지를 불러오지 않았을 때 발생합니다. 이럴 때는 library("패키지명")로 패키지를 불러와야 합니다.
그런데 패키지를 불러올 때 패키지가 설치되지 않았다면 다음과 같은 오류 메시지가 나올 수 있습니다.

```
Error in library(패키지명) : '패키지명' 이라고 불리는 패키지가 없습니다
```

이럴 때는 install.packages("패키지명")으로 패키지를 설치 후 불러오기 바랍니다.

Do it! 실습

1단계 라이브러리 불러오기

최종 분석 애플리케이션은 app.R이라는 이름으로 만듭니다. 우선 애플리케이션에 사용할 라이브러리들을 불러옵니다.

Do it! 라이브러리 불러오기 app.R

```
# 01_Library
library(devtools); library(sf); library(purrr); library(dplyr); library(DT)
library(rgdal); library(lattice); library(latticeExtra); library(lubridate)
library(ggplot2); library(ggfortify); library(ggrepel); library(showtext)
library(leaflet); library(leaflet.extras); library(raster); library(shiny)
library(mapview); library(mapedit); library(grid)
```

2단계 한글 글꼴 설정하기

아파트 이름 같은 한글 텍스트를 처리할 때 사용할 글꼴을 설정하고자 showtext 라이브러리를 불러옵니다. 구글 서버에서 나눔고딕 글꼴을 내려받아 웹 서버에 설치합니다. 자동으로 글꼴을 사용하려면 showtext_auto() 옵션을 사용하고 showtext_opts(dpi=112)로 글꼴의 해상도를 설정합니다.

Do it! 한글 글꼴 설정 app.R

```
# 02_Hangul font
require(showtext)
font_add_google(name='Nanum Gothic', regular.wt=400, bold.wt=700)
showtext_auto()
showtext_opts(dpi=112)
```

3단계 데이터 불러오기

다음은 분석 애플리케이션에 사용할 실거래 데이터, 서울시 경계선 데이터와 최고가 및 급등지 래스터 이미지를 불러옵니다. 주의해야 할 점은 **웹 서버에 배포할 때는 setwd(dirname(...)) 코드를 반드시 주석으로 처리해야 합니다.**

Do it! 데이터 불러오기 app.R

```
# 03_Data Load

setwd(dirname(rstudioapi::getSourceEditorContext()$path))
grid <- st_read("./01_code/sigun_grid/seoul.shp")
bnd <- st_read("./01_code/sigun_bnd/seoul.shp")
load("./06_geodataframe/06_apt_price.rdata")
load("./07_map/07_kde_high.rdata")
load("./07_map/07_kde_hot.rdata")
```

4단계 마커 클러스터링 설정

이제 지도 위에 표시할 마커 클러스터링을 불러옵니다. 이때 극단치outlier를 제거하고자 `quantile()`로 상위 10% 지점과 하위 10% 지점을 설정합니다. 그리고 `load()`로 필자가 만든 마커 클러스터링 실행 스크립트(circle_marker.rdata)를 등록합니다. 그리고 등급별 차이를 직관적으로 보여주도록 마커에 표시할 색상을 설정합니다.

Do it! 마커 클러스터링 설정 app.R

```
# 04_Marker clustering

pcnt_10 <- as.numeric(quantile(apt_price$py, probs = seq(.1, .9, by = .1))[1])
pcnt_90 <- as.numeric(quantile(apt_price$py, probs = seq(.1, .9, by = .1))[9])
load("./01_code/circle_marker/circle_marker.rdata")
circle.colors <- sample(x=c("red","green","blue"), size=1000, replace=TRUE)
```

5단계 그리드 필터링하기

지도에서 특정 지점에 있는 아파트를 선택할 수 있도록 서울시 전체를 1km 단위로 구분한 그리드 파일(sigun_grid/seoul.shp)을 불러온 다음 아파트가 포함된 그리드만 추출합니다. 이때 필요한 부분만 추출하고자 `as(셰이프 파일, "Spatial")`와 `as(sp형 파일, "sfc")`로 파일의 속성을 변환합니다. 그리고 `st_contains()`로 아파트가 한 개라도 포함된(`length) > 0`) 그리드만 남겨 놓습니다.

Do it! 그리드 필터링 app.R

```
# 05_Grid filtering

grid <- as(grid, "Spatial")
grid <- as(grid, "sfc")
grid <- grid[which(sapply(st_contains(st_sf(grid), apt_price), length)>0)]
```

6단계 사용자 화면 만들기

샤이니 애플리케이션을 구현할 때 가장 먼저 해야 할 일은 fluidPage()로 화면을 배치하는 것입니다. FluidRow()로 왼쪽 위에는 지도, 그 오른쪽에는 슬라이더를 배치합니다. 그리고 tabsetPanel()로 아래쪽에 차트와 테이블을 배치합니다.

Do it! 사용자 화면 만들기 app.R

```
# 06_Shiny_UI

ui <- fluidPage(
  #---#
  fluidRow(
    column(9, selectModUI("selectmap"), div(style = "height:45px")),
    column(3, sliderInput("range_time", "Construction Year", sep = "", min = 1960,
                          max = 2021, value = c(1970, 2020)),
              sliderInput("range_area", "Area", sep = "", min = 0,
                          max = 350, value = c(0, 200)), )),
  #---#
  tabsetPanel(
    tabPanel("Chart",
      column(4, h5("Price Range", align = "center"),
             plotOutput("density", height=300),),
      column(4, h5("Price Trends", align = "center"),
             plotOutput("regression", height=300)),
      column(4, h5("PCA",
             align = "center"), plotOutput("pca", height=300)), ),
    tabPanel("Table", DT::dataTableOutput("table"))
))
```

7단계 서버 만들기

사용자 화면을 만든 이후 실제 데이터들이 처리되는 서버를 구축합니다. 서버 구축은 몇 단계로 구분되는데, 우선 subset()을 활용하여 전용면적과 건축 연도 슬라이더의 범위를 선택한 다음 reactive() 반응식으로 저장합니다. 반응식을 사용하는 이유는 슬라이더 필터링값이 변경될 때마다 그 결과를 반영하기 위해서입니다.

Do it! 슬라이드 범위 선택 필터링 app.R

```
# 07_Shiny_Server

server <- function(input, output, session) {
  #---#
  all = reactive({
    all = subset(apt_price, con_year >= input$range_time[1] &
                            con_year <= input$range_time[2] &
                            area >= input$range_area[1] &
                            area <= input$range_area[2])
    return(all)})
```

leaflet()을 활용하여 배경 지도를 불러오고 addRasterImage()와 addLayersControl()로 2021 최고가와 급등지 래스터 이미지를 선택할 수 있는 기능을 추가합니다. 그리고 markerClusterOptions()으로 마커 클러스터를 표시하도록 한 다음 addFeatures()로 특정 그리드를 선택할 수 있는 기능을 추가합니다. 그리고 선택된 그리드 정보를 전달하고자 callModule() 라이브러리를 사용합니다.

Do it! 지도 그리기 app.R

```
#---#
g_sel <- callModule(selectMod, "selectmap",
  leaflet() %>%
    addTiles(options = providerTileOptions(minZoom = 9, maxZoom = 18)) %>%
    addRasterImage(raster_high,
      colors = colorNumeric(c("blue", "green", "yellow","red"),
      values(raster_high), na.color = "transparent"),
      opacity = 0.4, group = "2021 High Price") %>%
    addRasterImage(raster_hot,
      colors = colorNumeric(c("blue", "green", "yellow","red"),
```

```
      values(raster_hot), na.color = "transparent"),
      opacity = 0.4, group = "2021 Hot Spot") %>%
    addLayersControl(baseGroups = c("2021 High Price", "2021 Hot Spot"),
      options = layersControlOptions(collapsed = FALSE)) %>%
      addPolygons(data=bnd, weight = 3, stroke = T,
      color = "red", fillOpacity = 0) %>%
    addCircleMarkers(data = apt_price, lng =unlist(map(apt_price$geometry,1)),
      lat = unlist(map(apt_price$geometry,2)), radius = 10, stroke = FALSE,
      fillOpacity = 0.6, fillColor = circle.colors, weight=apt_price$py,
      clusterOptions = markerClusterOptions(iconCreateFunction=JS(avg.formula))) %>%
    leafem::addFeatures(st_sf(grid), layerId = ~seq_len(length(grid)), color = 'grey'))
```

이제 g_sel()을 이용하여 슬라이더와 그리드 선택 결과에 따라 그 결과를 저장하는 reactive Values()를 생성합니다. 처음에는 아무것도 선택하지 않으므로 초깃값은 NULL입니다.

Do it! 반응 결과 필터링 app.R

```
#---#
rv <- reactiveValues(intersect=NULL, selectgrid=NULL)
observe({
  gs <- g_sel()
  rv$selectgrid <- st_sf(grid[as.numeric(gs[which(gs$selected==TRUE),"id"])])
  if(length(rv$selectgrid) > 0){
    rv$intersect <- st_intersects(rv$selectgrid, all())
    rv$sel <-st_drop_geometry(apt_price[apt_price[unlist(rv$intersect[1:10]),],])
  } else {
    rv$intersect <- NULL
  }
})
```

반응식 초깃값 NULL

이제부터는 차트와 테이블을 그리는 단계입니다. density()를 이용하여 전체 데이터의 평균과 선택된 그리드의 평당 가격으로 확률 밀도 함수를 그린 다음 renderPlot()으로 렌더링합니다.

Do it! 차트 그리기 1: 확률 밀도 함수 app.R

```
#---#
output$density <- renderPlot({
  if (nrow(rv$intersect) == 0)
    return(NULL)
  max_all  <- density(all()$py)  ; max_all <- max(max_all$y)
  max_sel  <- density(rv$sel$py) ; max_sel <- max(max_sel$y)
  plot_high  <- max(max_all, max_sel)
  avg_all <- mean(all()$py)
  avg_sel <- mean(rv$sel$py)
  plot(stats::density(all()$py), xlab=NA, ylab=NA, ylim=c(0, plot_high),
       col="blue", lwd=3, main= NA)
  abline(v = avg_all, lwd = 2, col = "blue", lty=2)
    text(avg_all + (avg_all)*0.13, plot_high * 0.1,
         sprintf("%.0f", avg_all), srt=0.2, col = "blue")
  lines(stats::density(rv$sel$py), ylim=c(0, plot_high),
        col="red", lwd=3, main= NA)
  abline(v = avg_sel, lwd = 2, col = "red", lty=2)
  text(avg_sel + (avg_sel)*0.13, plot_high * 0.3,
       sprintf("%.0f", avg_sel), srt=0.2, col = "red")
})
```

두 번째로 회귀 함수인 lm()으로 평당 가격의 상승이나 하락 폭을 분석합니다. 이때 textGrob()로 차트 위에 증가나 감소 폭을 숫자로 표현한 다음 renderPlot()으로 렌더링합니다.

Do it! 회귀 분석 app.R

```
#---#
output$regression <- renderPlot({
  if (nrow(rv$intersect) == 0)
    return(NULL)
  all <- aggregate(all()$py, by=list(all()$ym),mean)
  sel <- aggregate(rv$sel$py, by=list(rv$sel$ym),mean)
  fit_all <- lm(all$x ~ all$Group.1)
  fit_sel <- lm(sel$x ~ sel$Group.1)
  coef_all <- round(summary(fit_all)$coefficients[2], 1) * 365
  coef_sel <- round(summary(fit_sel)$coefficients[2], 1) * 365
  grob_1 <- grobTree(textGrob(paste0("All: ",
```

```
                 coef_all), x=0.05,  y=0.84, hjust=0,
                 gp=gpar(col="blue", fontsize=13)))
  grob_2 <- grobTree(textGrob(paste0("Sel: ",
                 coef_sel), x=0.05,  y=0.95, hjust=0,
                 gp=gpar(col="red", fontsize=16, fontface="bold")))
  gg <- ggplot(sel, aes(x=Group.1, y=x, group=1)) +
    geom_smooth(color= "red",size=1.5, se=F) + xlab("Year")+ ylab("Price") +
    theme(axis.text.x=element_text(angle=90)) +
    stat_smooth(method='lm', linetype = "dashed", se=F) +
    theme_bw()
  gg + geom_smooth(data=all, aes(x=Group.1, y=x, group=1, se=F), color="blue", size=1, se=F) +
    annotation_custom(grob_1) +
    annotation_custom(grob_2)
})
```

세 번째로 주성분 분석 함수인 precomp()로 특정 그리드 내 아파트가 신축, 고층, 고가, 대형 중 어떤 특성을 가지는지 분석합니다. 분석 결과는 autoplot()으로 시각화한 다음 renderPlot()으로 렌더링합니다.

Do it! 주성분 분석 app.R

```
#---#
output$pca <- renderPlot({
  if (nrow(rv$intersect) == 0)
    return(NULL)
  pca_01 <- aggregate(list(rv$sel$con_year, rv$sel$floor,
    rv$sel$py, rv$sel$area), by=list(rv$sel$apt_nm), mean)
  colnames(pca_01) <- c("apt_nm", "new", "floor","price", "area")
  m <- prcomp(~ new + floor + price + area, data= pca_01, scale=T)
  autoplot(m, size=NA, loadings.label=T, loadings.label.size=4)+
  geom_label_repel(aes(label=pca_01$apt_nm), size=3, alpha = 0.7, family="Nanum Gothic")
})
```

마지막으로 renderDataTable()로 테이블을 그린 다음 렌더링합니다. 이때 테이블을 엑셀 파일로 내려받을 수 있도록 options 기능을 추가합니다.

Do it! 테이블 그리기 app.R

```
#---#
output$table <- DT::renderDataTable({
  dplyr::select(rv$sel, ymd, addr_1, apt_nm, price, area, floor, py) %>%
    arrange(desc(py))}, extensions = 'Buttons',
    options = list(dom = 'Bfrtip', scrollY = 300, scrollCollapse = T,
    paging = TRUE, buttons = c('excel')))
}
```

8단계 애플리케이션 실행하기

이제 최종 결과물인 애플리케이션을 실행합니다.

Do it! 애플리케이션 실행 app.R

```
# 08_Shiny_App

shinyApp(ui, server)
```

☞ 실행 결과

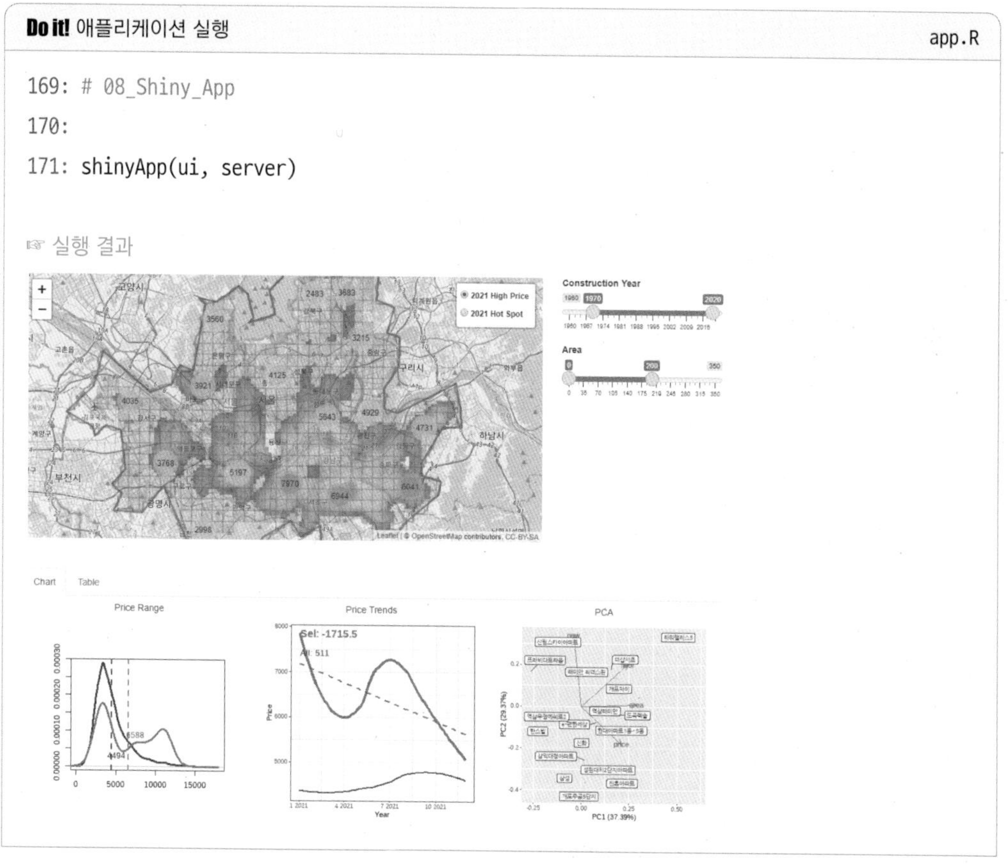

이로써 서울시 아파트 실거래 분석 애플리케이션을 완성했습니다. 이제 다음 장에서는 다른 사람이 인터넷으로 이 애플리케이션을 사용할 수 있도록 배포하는 방법을 살펴보겠습니다.

애플리케이션 배포하기

이 장에서는 지금까지 만든 데이터 분석 애플리케이션을 사용자에게 배포하는 방법을 살펴봅니다. R스튜디오에서 제공하는 shinyapps.io를 이용하면 샤이니로 만든 애플리케이션을 온라인에 쉽게 공유할 수 있습니다.

11-1 배포 준비하기

지금까지 샤이니를 이용해 데이터 분석 애플리케이션을 만들어 보았습니다다. 이제 개발을 완료한 애플리케이션을 다른 사람들이 이용할 수 있도록 온라인에 배포하는 방법을 알아보겠습니다.

Do it! 실습

1단계 샤이니 클라우드 서비스 소개

샤이니로 개발한 애플리케이션을 다른 사람들과 공유하려면 웹 서버가 필요합니다. 웹 서버는 직접 구축하거나 아마존 웹 서비스, 구글 클라우드, 마이크로소프트 애저 같은 클라우드 서비스를 이용하기도 합니다.

하지만 웹 서버 구축은 데이터 분석과는 또 다른 전문 영역이므로 일반 R 사용자가 접근하기에는 어려울 수 있습니다. 따라서 R스튜디오는 샤이니 애플리케이션을 쉽고 빠르게 배포하도록 shinyapps.io라는 샤이니 클라우드 서비스를 제공합니다. 이 서비스는 R스튜디오에서 운영하는 공유 서버의 클라우드에서 독립적으로 실행됩니다.

2단계 shinyapps.io 가입하기

shinyapps.io를 사용하려면 해당 서비스에 가입해야 합니다. 먼저 웹 브라우저에서 shinyapps.io에 접속하고 첫 화면에서 〈Sign Up〉을 클릭합니다. 회원 가입은 구글이나 깃허브 아이디가 있으면 빠르게 할 수 있습니다.

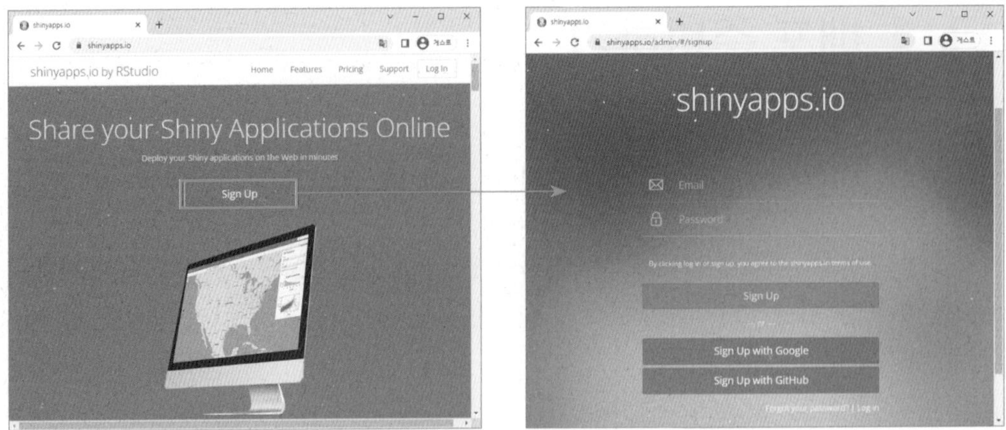

그림 11-1 shinyapps.io 가입하기

간단한 정보를 입력하고 가입을 마치면 다음처럼 계정 설정 화면이 나옵니다. 여기에 **계정 이름을 입력하고** 〈Save〉를 클릭합니다. 계정 이름은 애플리케이션을 배포 후에 다른 사용자가 접속할 경로의 일부로 사용되기도 합니다.

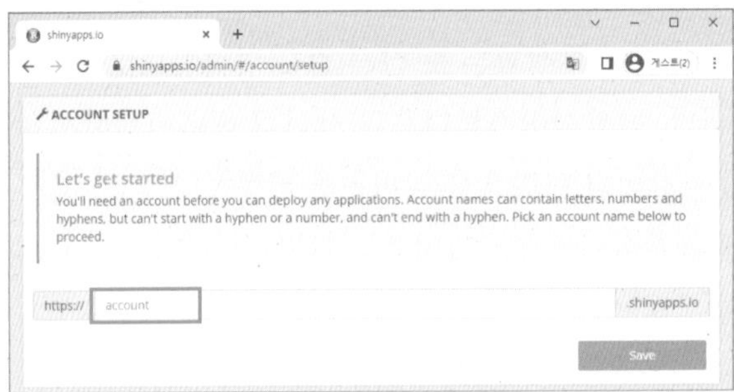

그림 11-2 계정 설정하기

계정 설정을 마치면 다음처럼 대시보드가 나옵니다. 대시보드에는 shinyapps.io를 사용하는 방법이 나와 있습니다. 이 순서에 따라 R스튜디오 콘솔 창에 명령어를 실행하면 되지만, 이 책에서는 R스튜디오에서 제공하는 배포 메뉴로 진행하겠습니다. 일단 웹 페이지를 닫지 말고 다음 단계를 진행합니다.

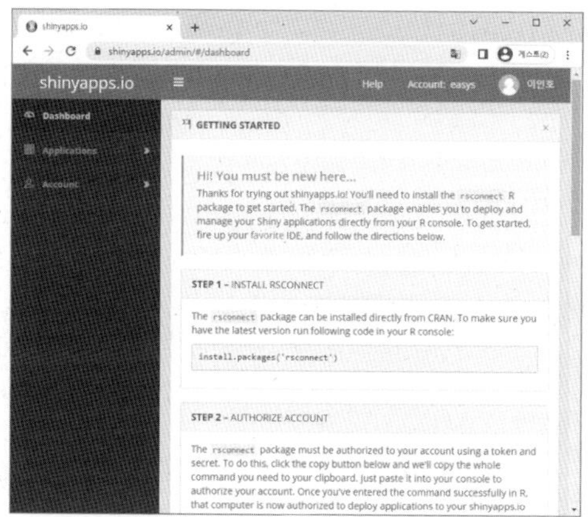

그림 11-3 shinyapps.io 대시보드

shinyapps.io 요금제

shinyapps.io 서비스는 기본으로 무료입니다. 다만 무료 계정은 배포할 수 있는 애플리케이션이 최대 5개로 제한되며 서버 사용 시간도 한 달에 25시간으로 제한됩니다. 실습용으로는 무료 계정으로도 충분합니다. 만약 필요하다면 다른 유료 요금제로 변경할 수 있습니다. shinyapps.io 대시보드에서 [Account → Billing]를 클릭하면 요금제를 확인할 수 있습니다.

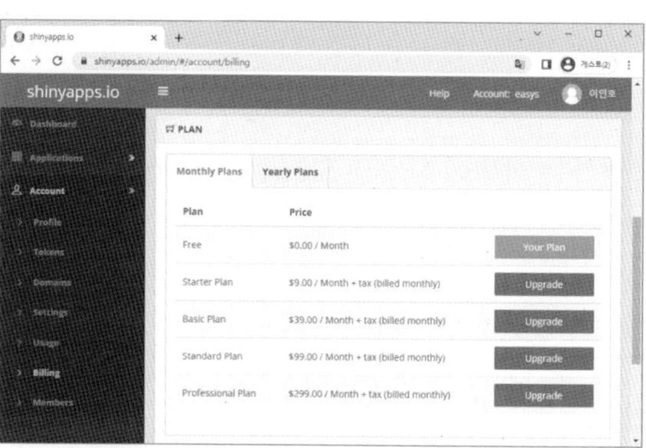

그림 11-4 shinyapps.io 요금제 안내

3단계 배포 계정 연결하기

이제 R스튜디오를 배포 계정에 연결해야 합니다. 메뉴에서 [Tools → Global Options → Publishing]을 선택하면 다음처럼 옵션 창이 열립니다. 여기서 〈Connect〉를 클릭합니다.

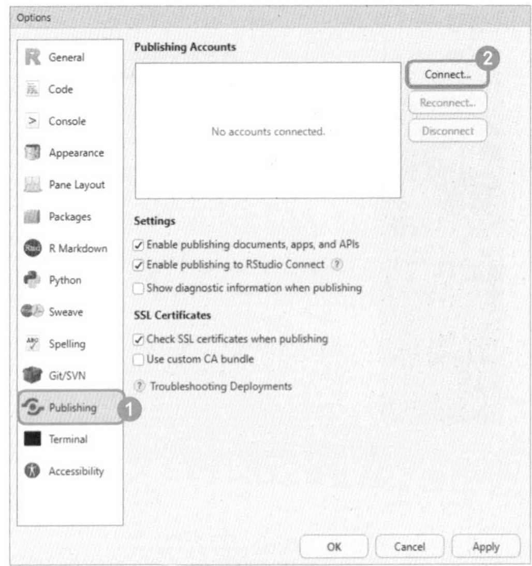

그림 11-5 배포 옵션 창

그러면 다음처럼 몇 가지 패키지를 설치하라는 창이 나옵니다. 〈Yes〉를 눌러 설치합니다.

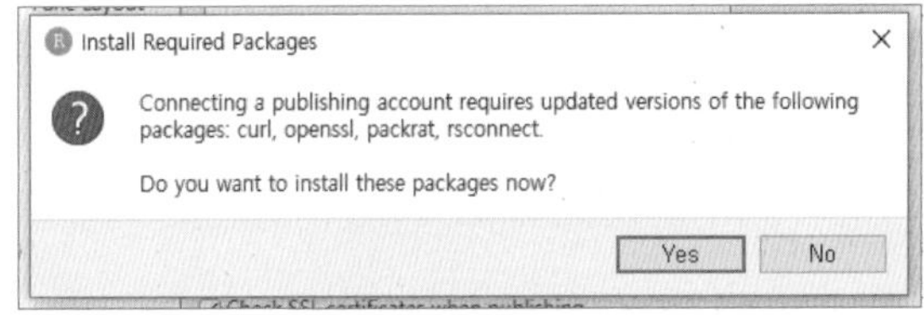

그림 11-6 패키지 설치

그다음 연결 계정을 선택하는 화면이 나오면 ShinyApps.io를 선택합니다. 그러면 연결에 필요한 계정 정보를 입력하는 화면이 나오는데 여기에 입력할 코드는 shinyapps.io 관리자 페이지에서 얻을 수 있습니다.

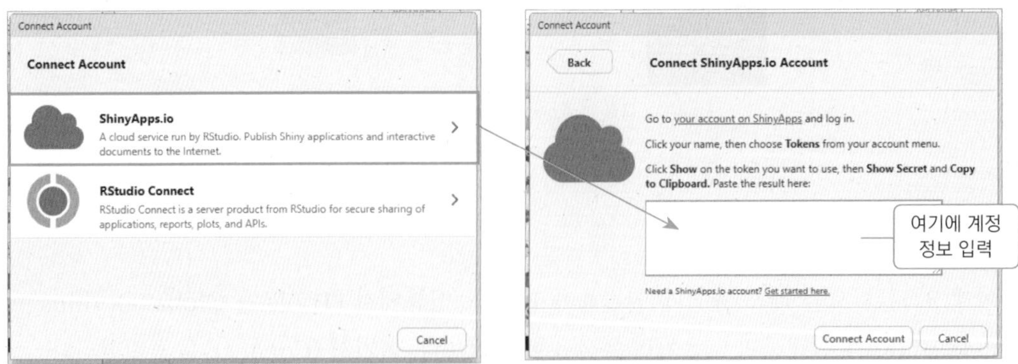

그림 11-7 연결할 계정 선택

웹 브라우저에서 shinyapps.io 관리자 페이지에 접속 후 [Account → Tokens] 메뉴를 클릭합니다. 그러면 다음처럼 계정 정보가 나오는데 여기서 〈Show〉를 클릭하고 팝업이 뜨면 〈Copy to clipboard〉를 클릭합니다. 그러면 다시 팝업이 뜨는데 여기에 나온 코드를 Ctrl + C를 눌러 복사하고 Enter를 누릅니다. 그리고 복사한 코드를 shinyapps.io 계정 정보 입력 상자(그림 11-7의 오른쪽)에 붙여 넣은 후 〈Connect Account〉를 클릭합니다.

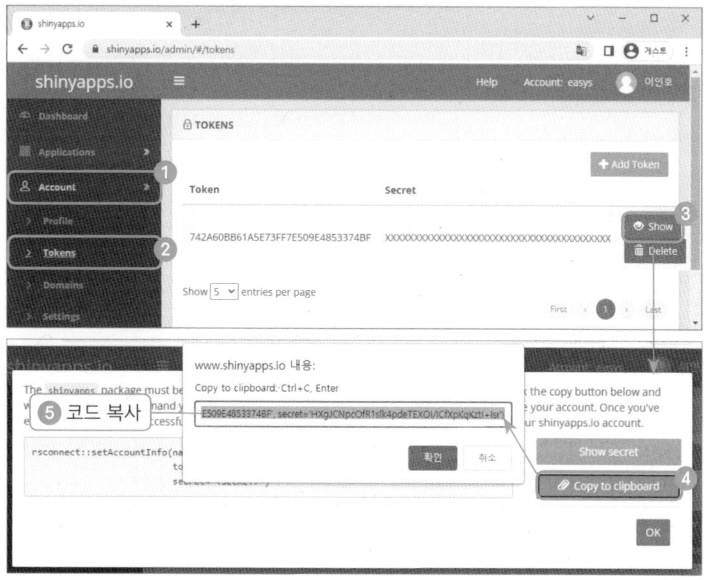

그림 11-8 계정 정보 복사

잠시 후 계정에 연결되면 다음처럼 2단계에서 설정한 shinyapps.io 계정 이름이 나타나는 것을 확인할 수 있습니다. 〈OK〉를 클릭해 옵션 창을 닫습니다.

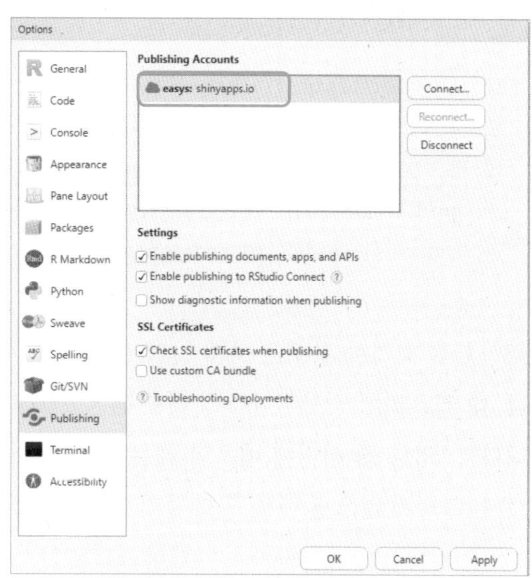

그림 11-9 배포 계정 연결 확인하기

11-2 샤이니 클라우드에 배포하기

애플리케이션을 배포할 준비를 마쳤습니다. 이제 R스튜디오에서 샤이니 클라우드 웹 서버에 애플리케이션을 배포해 보겠습니다.

Do it! 실습

1단계 배포할 소스 파일 준비하기

본격적인 배포에 앞서 10장에서 완성한 app.R 파일을 엽니다. 그리고 setwd() 함수 호출문은 주석으로 처리 후 저장합니다.

Do it! 주석 확인 app.R

```
# 02_Hangul font

require(showtext)
font_add_google(name='Nanum Gothic', regular.wt=400, bold.wt=700)
showtext_auto()
showtext_opts(dpi=112)

# 03_Data Load

# setwd(dirname(rstudioapi::getSourceEditorContext()$path))
grid <- st_read("./01_code/sigun_grid/seoul.shp")
bnd <- st_read("./01_code/sigun_bnd/seoul.shp")
```

주석 처리

주석으로 처리한 구문은 현재 작업 폴더의 위치를 자동으로 설정해 주는 편리한 명령어입니다. 내 컴퓨터에서 샤이니를 실행할 때는 반드시 이 명령어를 실행해야 오류가 발생하지 않습니다. 그러나 **웹 서버에 배포할 때는 이 명령어를 실행하면 안 되므로 주석으로 처리**해야 합니다. 그렇지 않으면 배포 후 애플리케이션을 실행할 때 다음과 같은 오류가 발생합니다.

An error has occurred

The application failed to start. Contact the author for more information.

그림 11-10 애플리케이션 실행 오류

2단계 파일 올리기

최종 app.R 파일이 준비됐으면 오른쪽 위에 **배포 아이콘( )**을 클릭합니다. 또는 [File → Publish] 메뉴를 선택해도 됩니다.

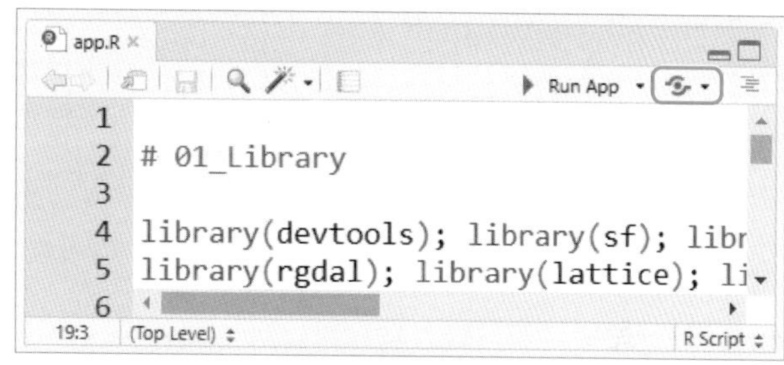

그림 11-11 배포하기

그러면 다음처럼 애플리케이션을 구성하는 파일들을 서버에 올리는 화면이 나옵니다. 왼쪽 파일 목록에서 다음처럼 **서버에 올릴 파일만 선택**합니다.

- app.R: 최종 애플리케이션 파일
- 01_code: 기초 데이터들이 담긴 폴더
- 06_geodataframe/06_apt_price.rdata: 서울시 아파트 실거래 데이터
- 07_map/07_kde_high.rdata: 최고가 래스터 이미지
- 07_map/07_kde_hot.rdata: 급등지 래스터 이미지

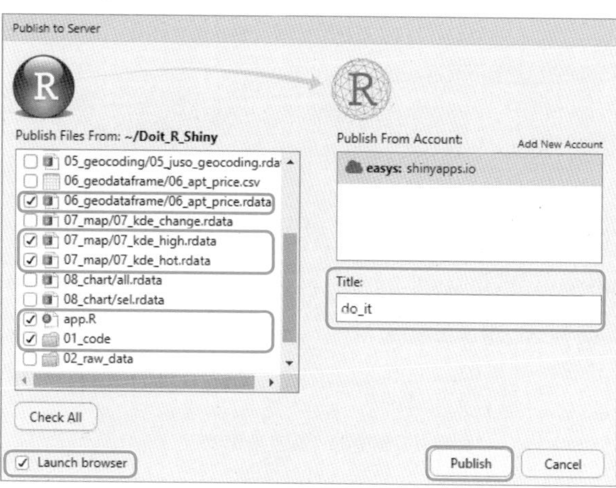

그림 11-12 파일 올리기

그다음 Title 항목에 **애플리케이션 이름**을 입력하고 왼쪽 아래에 **Launch browser**가 선택된 상태로 〈**Publish**〉를 클릭합니다. 이때 "Publish Content Issues Found"라는 메시지가 나오면 〈Publish Anyway〉를 클릭합니다. 참고로 애플리케이션 이름은 사용자가 온라인으로 애플리케이션에 접속할 때 입력하는 경로의 마지막 항목입니다. 샤이니 클라우드 서버의 애플리케이션 경로는 다음처럼 구성됩니다.

애플리케이션 경로

```
https://##계정_이름##/shinyapps.io/##애플리케이션_이름##
```

파일 올리기가 시작되면 R스튜디오의 Deploy 창에 다음처럼 메시지가 출력됩니다. 파일을 다 올리는 데 약 5~10분이 걸리니 잠시 기다려 주세요.

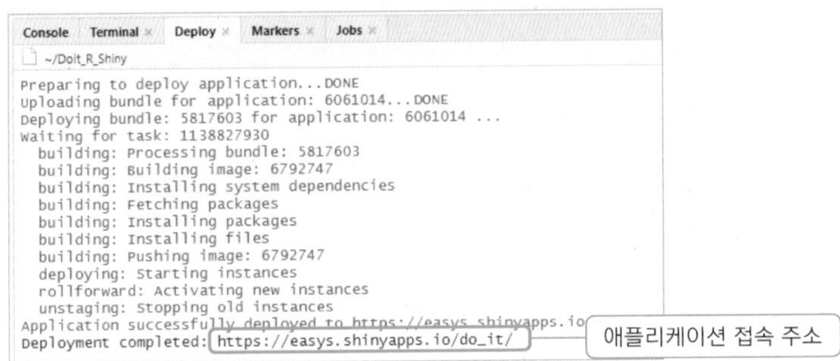

그림 11-13 파일 올리기 완료

업로드가 완료되면 웹 브라우저에 애플리케이션이 자동으로 실행됩니다. 그리고 웹 브라우저 주소 창에 나오는 주소를 공유하면 다른 사람들이 온라인으로 애플리케이션을 사용할 수 있습니다.

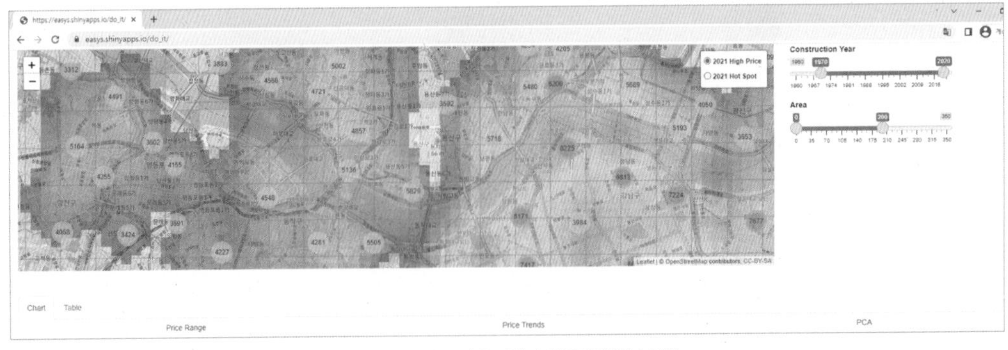

그림 11-14 웹 브라우저에서 애플리케이션 실행

11-3 애플리케이션 이용하기

지금까지 서울시 아파트 실거래가 분석 애플리케이션을 만들고 배포까지 마쳤습니다. 필자가 만든 애플리케이션은 다음 주소에 접속하면 확인할 수 있습니다.

- cmman75.shinyapps.io/do_it

애플리케이션을 실행하면 오른쪽 슬라이더로 건축 연도와 전용면적을 선택할 수 있으며 지도에서는 확대/축소와 관심 지역을 선택할 수 있습니다. 관심 지역을 선택하면 해당 그리드가 회색으로 바뀝니다. 관심 지역은 여러 곳을 선택할 수 있지만 많아질수록 분석 속도는 느려집니다.

예를 들어 다음 그림처럼 원효로 일대를 관심 지역으로 선택했다고 가정하면 지도 아래에 3가지 차트는 다음처럼 분석할 수 있습니다.

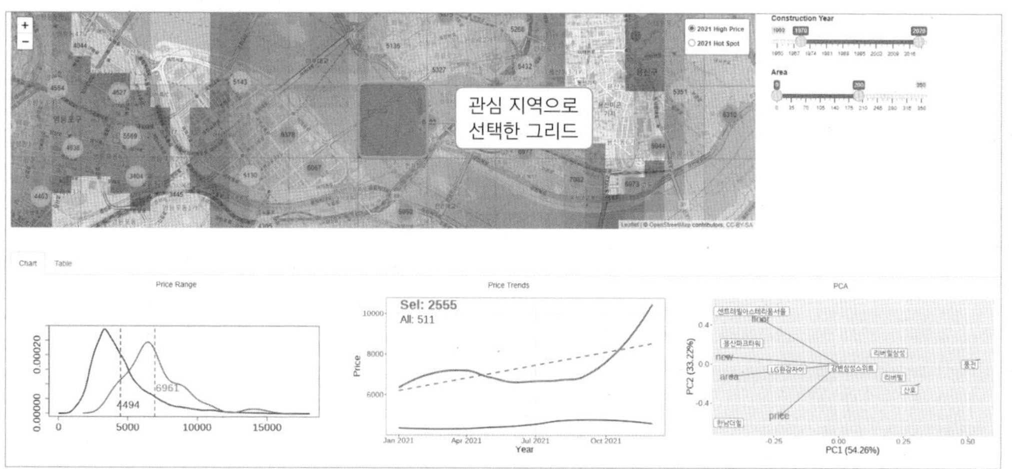

그림 11-15 애플리케이션 사용법 설명

첫 번째 차트는 서울시 전체와 관심 지역으로 선택한 지역의 아파트 가격대 분포와 차이를 직관적으로 보여 줍니다. 2021년 기준 서울 아파트에서 1970년에서 2020년 사이에 건축되고 면적이 200㎡(약 60평) 이하의 아파트 가격은 평당 4,494만 원인 것으로 나타났습니다. 한편 관심 지역으로 선택한 원효로 일대의 아파트 가격은 평당 6,961만 원으로 나타나, 이 지역의 아파트 가격이 서울시 전체보다 1.5배 가량 높다는 것을 알 수 있습니다.

두 번째 차트는 2021년 1~12월까지 서울시 전체와 원효로 일대 아파트 가격이 어떻게 변화했는지 보여 줍니다. 2021년 한 해 동안 원효로 일대 아파트 가격은 평당 2,555만 원 올랐습니다. 그리고 서울시 전체의 아파트 가격은 511만 원이 올랐습니다. 결국 2021년 한 해 동안 원효로 일대의 아파트 가격 상승이 서울시 전체보다 5배 이상 높았던 것을 알 수 있습니다. 아래 실선 그래프는 시간에 따른 변화율을 보여 주고, 점선 그래프는 회귀선으로서 해당 지역의 가격 변화 추세를 보여 줍니다.

세 번째 차트는 2021년 실거래 데이터를 바탕으로 원효로 일대에서 매매 계약이 이뤄졌던 아파트 단지별 특성을 보여 줍니다. 이때 단지별 특성은 크게 4가지로 구분됩니다. floor(고층), new(신축), area(크기), price(고가)이며 화살표 방향의 아파트 단지는 해당 요소에 특화되었다는 의미입니다.

샤이니 애플리케이션 활용 사례

웹 기반 애플리케이션은 데이터의 특성을 직관적으로 살펴볼 수 있는 좋은 도구입니다. 한 화면에 데이터가 가진 연결성을 직관적으로 파악할 수 있도록 도와줌으로써 중요한 의사결정 정보를 한눈에 파악할 수 있습니다. 이번 장에서는 지금까지 사용한 아파트 실거래 데이터뿐만 아니라 기상청 지진 발생 데이터 그리고 소상공인시장진흥공단에서 제공하는 커피 전문점 위치 데이터를 이용하여 웹 기반 애플리케이션을 활용하는 사례를 소개합니다.

12-1 아파트 가격 상관관계 분석하기

대부분 상품은 오래될수록 감가상각이 발생하여 가격이 하락하기 마련이지만, 부동산 시장에서는 오래된 아파트가 주변의 새 아파트보다 더 비싸기도 합니다. 또한 아파트의 크기가 클수록 매매가격도 올라가며 단위 면적당 가격 역시 대체로 상승하지만, 일부 지역에서는 반대로 하락하기도 합니다.

주택 가격은 일반 요인(인구, 경제성장, 환율 등)과 개별 특성(크기, 면적, 위치 등) 등 여러 가지 요인에 영향을 받습니다. 따라서 이러한 이질적인 요소들이 어떠한 관계가 있는지 살펴보면 아파트 가격의 특성을 이해할 수 있습니다.

이번 절에서는 지금까지 사용한 2021 아파트 실거래 데이터를 활용하여 아파트 크기, 층수, 건축 연도, 가격이라는 4가지 요소가 지역별로 어떠한 관계를 보이는지 살펴보겠습니다.

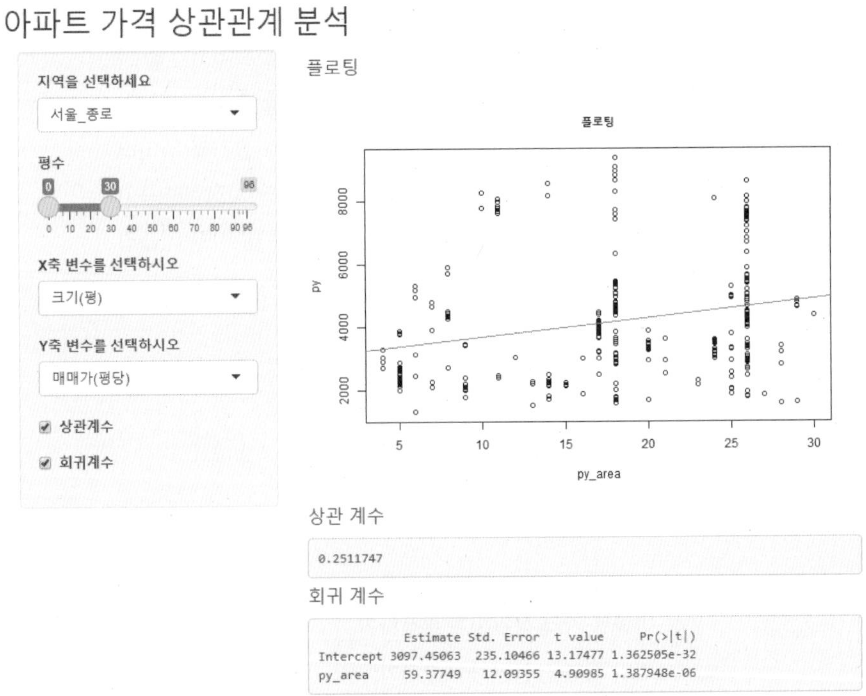

그림 12-1 아파트 가격 상관관계 분석 애플리케이션

1단계 데이터 준비하기

먼저 06장에서 구축한 아파트 실거래 데이터(06_apt_price.rdata)를 불러옵니다. 이때 실거래 데이터 안에는 공간 정보가 포함되어 있습니다. 공간 정보는 지도를 사용할 때는 필요하지만 처리 과정에서 많은 자원을 소모하므로 사용하지 않을 때는 제거하는 것이 좋습니다. 따라서 sf 라이브러리의 `st_drop_geometry()`를 활용하여 공간 정보를 제거합니다.

Do it! 데이터 준비하기 12-1_아파트가격_상관관계분석.R

```
setwd(dirname(rstudioapi::getSourceEditorContext()$path))   # 작업 폴더 설정
load("./06_geodataframe/06_apt_price.rdata")   # 실거래 데이터 불러오기
library(sf)
apt_price <- st_drop_geometry(apt_price)   # 공간 정보 제거
apt_price$py_area <- round(apt_price$area / 3.3, 0)   # 크기 변환 (㎡ -> 평)
head(apt_price$py_area)
```

☞ 실행 결과

```
[1] 39 44 53 53 37 37
```

2단계 사용자 화면 구현하기

데이터를 준비했으면 이제 애플리케이션의 사용자 화면을 구현합니다. 사용자 화면은 다음처럼 구분합니다.

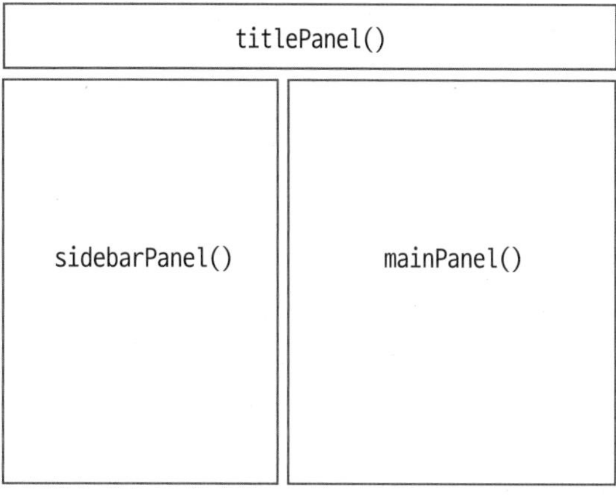

그림 12-2 사용자 화면 레이아웃

우선 shiny 라이브러리를 불러온 다음 `fluidPage()`로 화면 배치를 시작합니다. 그리고 `titlePanel()`로 화면 위쪽에 제목을 입력합니다.

Do it! 사용자 화면 시작과 제목 패널 구현 12-1_아파트가격_상관관계분석.R

```
library(shiny)
ui <- fluidPage(
  #---# 제목 설정
  titlePanel("아파트 가격 상관관계 분석"),
```

그다음은 `sidebarPanel()`을 시작하여 왼쪽 아래 화면을 구성합니다. 이 부분은 선택 메뉴 4개와 체크박스 2개로 구성합니다. 선택 메뉴는 지역명, 아파트 크기, 그리고 X축과 Y축 변수명을 지정하며, 체크박스는 상관 계수와 회귀 계수를 표시할 것인지 선택합니다.

첫 번째 선택 메뉴인 지역명 입력 메뉴를 추가하려면 `selectInput()`을 사용합니다. 입력 함수 안에는 선택 메뉴를 구분하는 고유 아이디(`inputId`), 라벨(`label`), 선택지(`choices`)를 작성합니다. 이때 선택지에는 주소 칼럼(`apt_price$addr_1`)에서 `unique()`값을 추출하여 서울시 25개 자치구를 지정합니다. 그리고 기본값을 나타내는 `selected`에는 첫 번째 값(서울시 종로구)을 설정합니다.

Do it! 사이드바 패널 시작과 지역 선택 메뉴 구현 12-1_아파트가격_상관관계분석.R

```
#---# 사이드 패널
sidebarPanel(
  #---# 선택 메뉴 1: 지역
  selectInput(
    inputId = "sel_gu",            # 입력 아이디
    label = "지역을 선택하세요",     # 라벨
    choices = unique(apt_price$addr_1),        # 지역 리스트
    selected = unique(apt_price$addr_1)[1]),  # 기본 지역 선택
```

이렇게 나머지 선택 메뉴도 용도에 맞게 구현합니다. 참고로 일정 범위의 값을 입력하는 `sliderInput()`은 `selectInput()`과 유사하지만 선택지가 아니라 최솟값과 최댓값의 범위를 입력한다는 차이가 있습니다.

Do it! 크기, X축, Y축 선택 메뉴 구현 12-1_아파트가격_상관관계분석.R

```
#---# 선택 메뉴 2: 크기(평)
sliderInput(
  inputId = "range_py",  # 입력 아이디
  label = "평수",         # 라벨
  min = 0,                         # 선택 범위 최솟값
  max = max(apt_price$py_area),  # 선택 범위 최댓값
  value = c(0, 30)),             # 기본 선택 범위
#---# 선택 메뉴 3: X축 변수
selectInput(
  inputId = "var_x",             # 입력 아이디
  label = "X축 변수를 선택하시오", # 라벨
  choices = list(                # 선택 리스트
    "매매가(평당)"="py",
    "크기(평)"="py_area",
    "건축 연도"="con_year",
    "층수"="floor"),
  selected = "py_area"),          # 기본 선택
#---# 선택 메뉴 4: Y축 변수
selectInput(
  inputId = "var_y",              # 입력 아이디
  label = "Y축 변수를 선택하시오",  # 라벨
  choices = list(                 # 선택 리스트
    "매매가(평당)"="py",
    "크기(평)"="py_area",
    "건축 연도"="con_year",
    "층수"="floor"),
  selected = "py"),   # 기본 선택
```

그다음 checkboxInput()으로 화면에 상관 계수와 회귀 계수 표시를 결정하는 옵션을 추가합니다. 이때 라벨값은 strong()으로 굵게 표시하고 value = TRUE를 추가하여 기본으로 체크되게 합니다.

Do it! 상관, 회귀 계수 표시 체크박스 구현 12-1_아파트가격_상관관계분석.R

```
  #---# 체크박스 1: 상관 계수
  checkboxInput(
    inputId = "corr_checked",       # 입력 아이디
    label = strong("상관 계수"),    # 라벨
    value = TRUE),                  # 기본 선택
  #---# 체크박스 2: 회귀 계수
   checkboxInput(
     inputId = "reg_checked",       # 입력 아이디
     label = strong("회귀 계수"),   # 라벨
     value = TRUE)                  # 기본 선택
   ),
```

이제 mainPanel()을 시작하여 오른쪽 아래 화면을 구성합니다. 메인 패널은 차트를 보여줄 플롯 출력 plotOutput() 1개과 상관 계수와 회귀 계수를 보여줄 텍스트 출력 verbatimTextOutput() 2개로 구성합니다. 참고로 단순히 텍스트만 출력할 때는 textOuput()을 사용하면 되지만 HTML로 더욱 깔끔하게 출력하려면 verbatimTextOutput()을 사용합니다.

Do it! 메인 패널 구현 12-1_아파트가격_상관관계분석.R

```
#---# 메인 패널
mainPanel(
  #---#
  h4("플로팅"),                      # 라벨
  plotOutput("scatterPlot"),         # 플롯 출력
  #---#
  h4("상관 계수"),                   # 라벨
  verbatimTextOutput("corr_coef"),   # 텍스트 출력
  #---#
  h4("회귀 계수"),                   # 라벨
  verbatimTextOutput("reg_fit")      # 텍스트 출력
 )
)
```

지금까지 구현한 화면 구성과 각 패널에 포함한 위젯을 요약하면 다음과 같습니다.

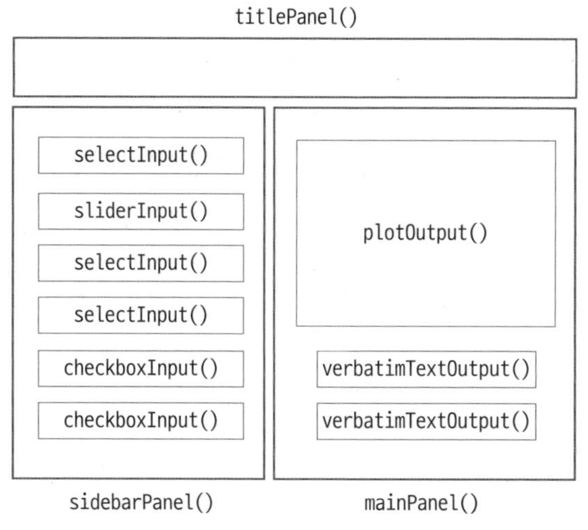

그림 12-3 사용자 화면 입출력 위젯 구성

3단계 서버 구현하기

사용자 화면을 구현했으므로 이제 서버를 구현할 차례입니다. 서버는 사용자 화면의 입력 조건으로 반응식 `reactive()`를 구현하고, 그 결과를 바탕으로 상관 계수, 회귀선과 회귀 계수를 구합니다. 그리고 이 값을 `renderPlot()`과 `renderText()` 등으로 다시 화면으로 전달합니다.

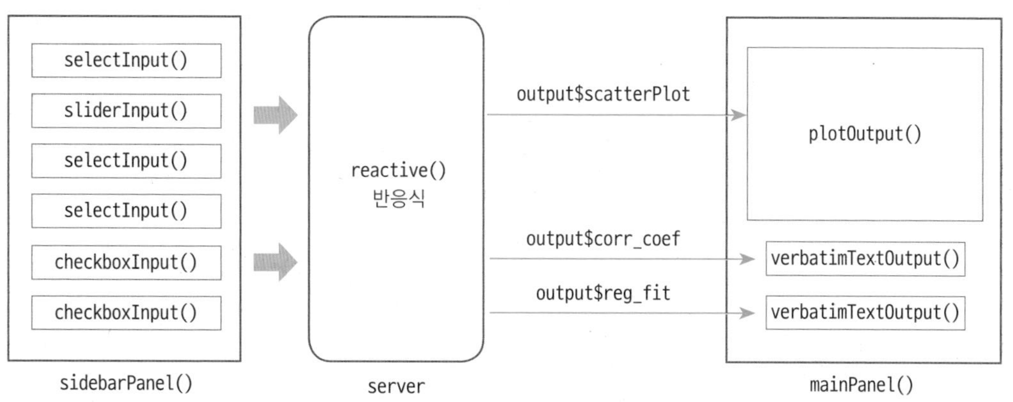

그림 12-4 데이터 전달 과정

Do it! 서버 구현 12-1_아파트가격_상관관계분석.R

```
server <- function(input, output, session) {
  #---# 반응식
  apt_sel = reactive({
    apt_sel = subset(apt_price,
      addr_1 == input$sel_gu &          # 지역 선택
      py_area >= input$range_py[1] &    # 최소 크기(평) 선택
      py_area <= input$range_py[2])     # 최대 크기(평) 선택
    return(apt_sel)
    })
  #---# 플롯
  output$scatterPlot <- renderPlot({
    var_name_x <- as.character(input$var_x)   # X축 이름
    var_name_y <- as.character(input$var_y)   # Y축 이름
    #---# 회귀선 그리기
    plot(
      apt_sel()[, input$var_x],   # X축 설정
      apt_sel()[, input$var_y],   # Y축 설정
      xlab = var_name_x,    # X축 라벨
      ylab = var_name_y,    # Y축 라벨
      main = "플로팅")       # 플롯 제목
      fit <- lm(apt_sel()[, input$var_y] ~ apt_sel()[, input$var_x])   # 회귀식
      abline(fit, col="red")   # 회귀선 그리기
  })
  #---# 상관 계수
  output$corr_coef <- renderText({
    if(input$corr_checked){             # 체크박스 1 확인
      cor(apt_sel()[, input$var_x],   # 상관 분석 X축 설정
          apt_sel()[, input$var_y])   # 상관 분석 Y축 설정
      }
  })
  #---# 회귀 계수
  output$reg_fit <- renderPrint({
   if(input$reg_checked){            # 체크박스 2 확인
      fit <- lm(apt_sel()[, input$var_y] ~ apt_sel()[, input$var_x]) # 회귀 분석
      names(fit$coefficients) <- c("Intercept", input$var_x)  # 회귀 계수 추출
      summary(fit)$coefficients       # 회귀 계수 요약
    }
   })
}
```

4단계 애플리케이션 실행하기

샤이니로 만든 애플리케이션은 shinyApp()으로 실행할 수 있습니다. 필자가 만든 애플리케이션은 웹 브라우저에서 cmman75.shinyapps.io/apt_dashboard에 접속하면 확인할 수 있습니다.

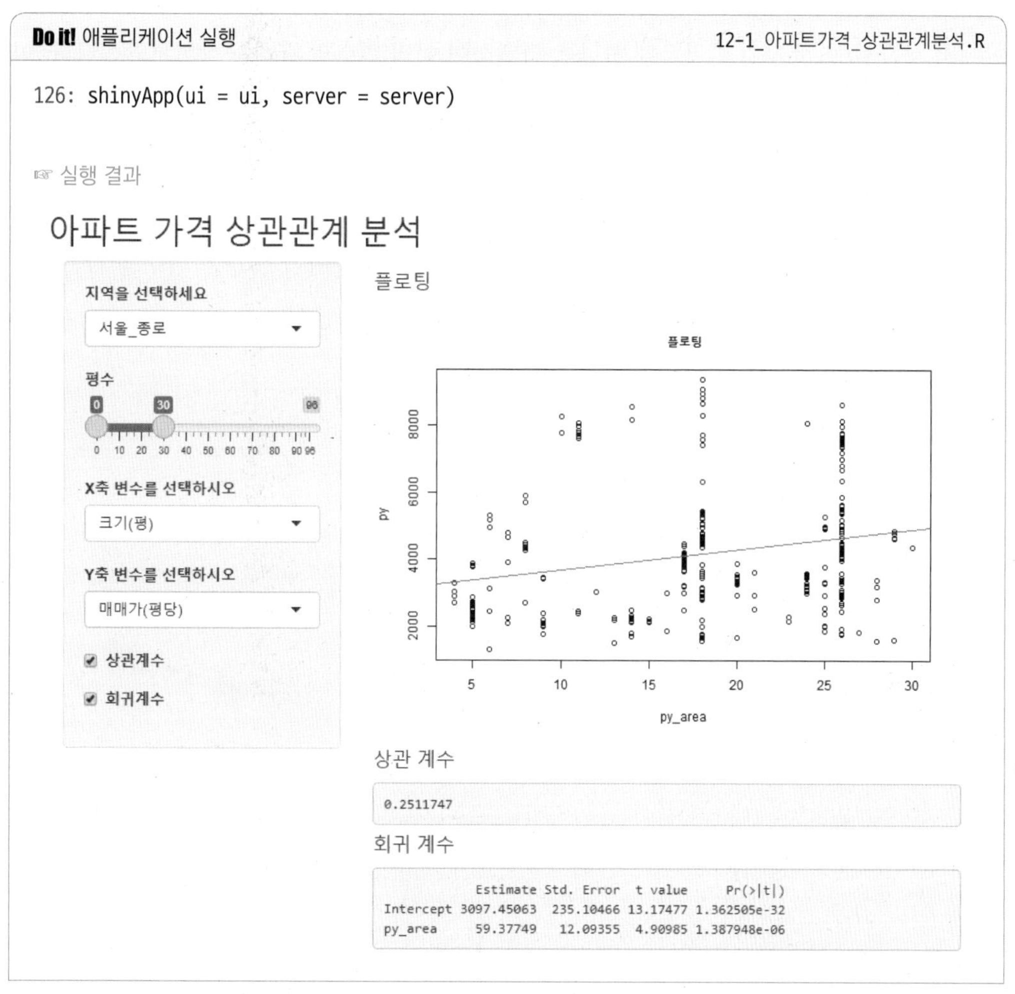

애플리케이션이 실행되면 서울시 25개 자치구 가운데 하나를 선택합니다. 그리고 아파트 크기인 평수의 범위를 설정하고 X·Y축 변수를 선택한 다음 상관 계수와 회귀 계수 옵션을 체크합니다. 이제 지역별로 여러 변수 사이의 관계를 살펴봅니다. 예를 들어 위 실행 결과에서는 서울시 종로구의 30평 이하 아파트는 크기가 클수록 평당 가격이 상승하는 모습을 보입니다.

12-2 여러 지역 상관관계 비교하기

앞에서 서울시 25개 자치구 가운데 하나를 선택하여 여러 변수의 관계를 살펴보았습니다. 이는 특정한 지역을 대상으로 여러 데이터가 어떠한 상관관계를 보이는지 살펴보는 데 의미가 있습니다. 하지만 다른 지역과 비교하기는 쉽지 않아 개별 지역의 분석 결과가 무엇을 의미하는지 이해하기는 어렵습니다.

이번 절에서는 앞에서 구현한 애플리케이션에서 한 걸음 더 나아가 똑같은 변수를 기준으로 여러 지역을 비교해 볼 수 있는 애플리케이션을 만들겠습니다.

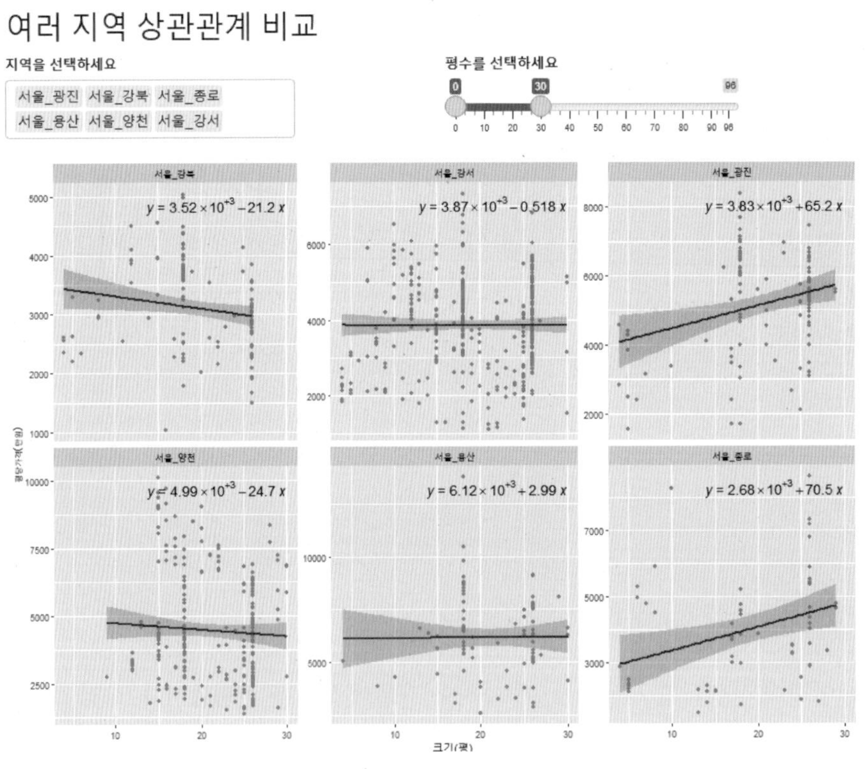

그림 12-5 여러 지역 상관관계 비교 애플리케이션

1단계 데이터 준비하기

06장에서 구축한 아파트 실거래 데이터(06_apt_price.rdata)를 불러온 다음 `st_drop_geometry()`를 활용하여 공간 정보를 제거하고 크기를 평 단위로 변환합니다.

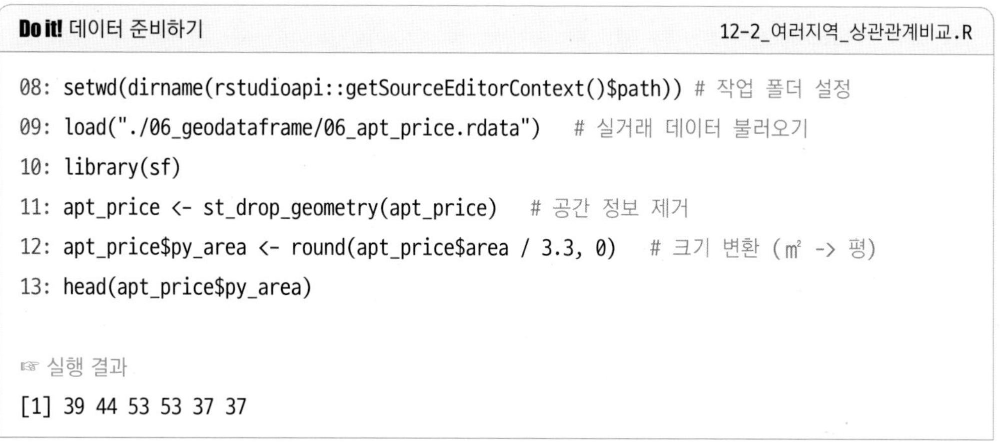

Do it! 데이터 준비하기 — 12-2_여러지역_상관관계비교.R

```
setwd(dirname(rstudioapi::getSourceEditorContext()$path)) # 작업 폴더 설정
load("./06_geodataframe/06_apt_price.rdata")   # 실거래 데이터 불러오기
library(sf)
apt_price <- st_drop_geometry(apt_price)   # 공간 정보 제거
apt_price$py_area <- round(apt_price$area / 3.3, 0)   # 크기 변환 (㎡ -> 평)
head(apt_price$py_area)
```

☞ 실행 결과

```
[1] 39 44 53 53 37 37
```

2단계 사용자 화면 구현하기

앞 절에서는 패널을 이용하여 사용자 화면을 분할했지만, 여기서는 `fluidRow()`를 사용하여 칼럼column 단위로 분할합니다. 이때 한 칼럼의 최대 길이는 12이며 이를 넘어서면 다음 행으로 넘기도록 구현합니다.

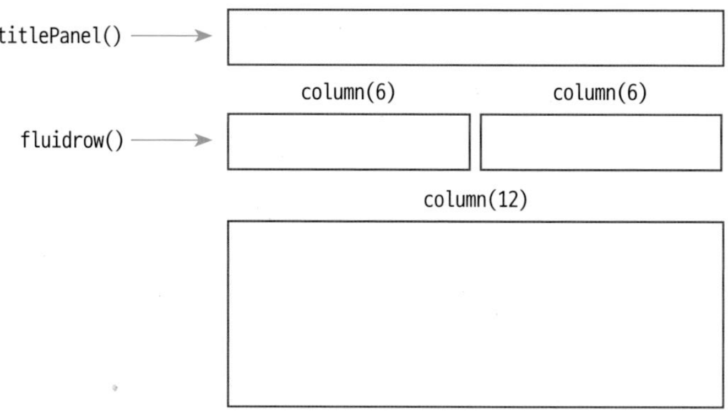

그림 12-6 사용자 화면 레이아웃

우선 필요한 라이브러리를 불러옵니다. 차트 위에 수식을 표시해 주는 `stat_poly_eq()`를 사용하고자 ggmisc 라이브러리도 불러옵니다. 이어서 `fluidPage()`로 화면 배치를 시작하고 `titlePanel()`로 제목을 입력합니다.

Do it! 사용자 화면 시작과 제목 패널 구현 12-2_여러지역_상관관계비교.R

```
library(shiny)    # install.packages("shiny")
library(ggpmisc)  # install.packages("ggpmisc")

ui <- fluidPage(
 #---# 타이틀 입력
 titlePanel("여러 지역 상관관계 비교"),
```

이제 fluidRow()와 column()을 활용하여 제목 아래에 입출력 위젯을 배치합니다. 첫 번째 칼럼은 넓이를 6으로 설정하고 selectInput()으로 지역명을 입력합니다. 이때 multiple=TRUE 옵션을 사용하여 여러 지역을 동시에 선택할 수 있도록 합니다. 두 번째 칼럼은 넓이를 6으로 설정하고 sliderInput()을 이용하여 분석에 사용할 아파트 크기를 선택하도록 합니다. 화면의 가장 아래쪽에는 plotOutput()으로 차트를 출력하는 공간을 할당합니다.

Do it! 입출력 화면 12-2_여러지역_상관관계비교.R

```
 fluidRow(
  #---# 선택 메뉴 1: 지역 선택
  column(6,
   selectInput(
    inputId = "region",         # 입력 아이디
    label = "지역을 선택하세요", # 라벨
    unique(apt_price$addr_1),   # 선택 범위
    multiple = TRUE)),          # 복수 선택 옵션
  #---# 선택 메뉴 2: 크기 선택
  column(6,
   sliderInput(
    inputId = "range_py",            # 입력 아이디
    label = "평수를 선택하세요",      # 라벨
    min = 0,                         # 선택 범위 최솟값
    max = max(apt_price$py_area),    # 선택 범위 최댓값
    value = c(0, 30))),              # 기본 선택 범위
  #---# 출력
  column(12,
   plotOutput(outputId = "gu_Plot", height="600")))   # 차트 출력
)
```

지금까지 구현한 화면 구성과 각 칼럼에 포함한 위젯을 요약하면 다음과 같습니다.

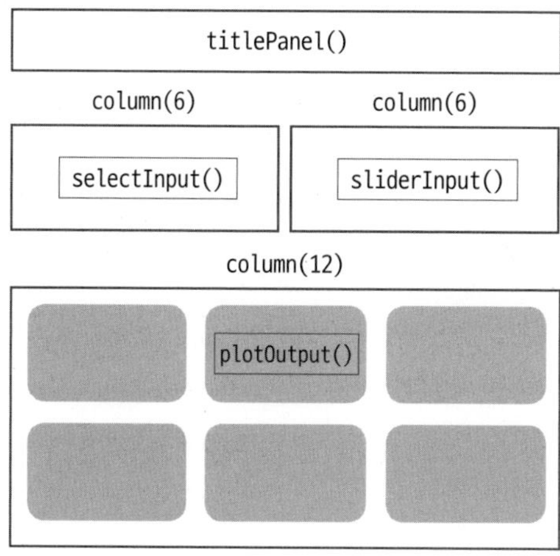

그림 12-7 사용자 화면 입출력 위젯 구성

3단계 서버 구현하기

샤아니 서버에서는 아파트 실거래 데이터(`apt_price`)를 입력 조건에 따라 `reactive()` 반응식으로 렌더링하여 `apt_sel()`이라는 결과를 구합니다. 그리고 그 결과를 이용하여 `lm()`으로 회귀식을 구한 다음 `ggplot()`으로 회귀선을 그립니다.

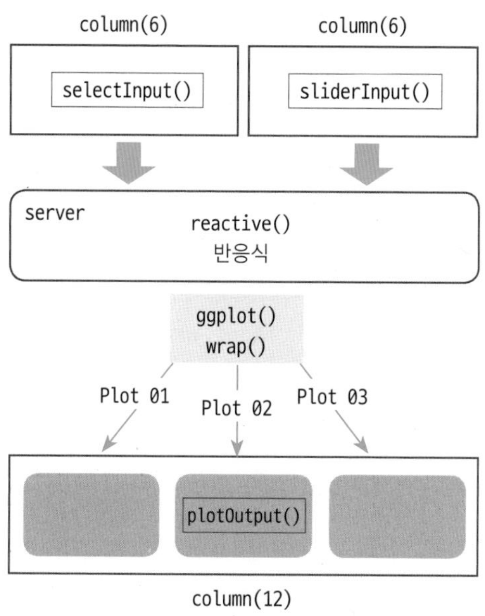

그림 12-8 데이터 전달 과정

Do it! 서버 구현 12-2_여러지역_상관관계비교.R

```
server <- function(input, output, session){
  #---# 반응식
  apt_sel = reactive({
    apt_sel = subset(apt_price,
      addr_1 == unlist(strsplit(paste(input$region, collapse =','),",")) &
      py_area >= input$range_py[1] &
      py_area <= input$range_py[2])
      return(apt_sel)
    })
#---# 지역별 회귀선 그리기
output$gu_Plot <- renderPlot({
   if (nrow(apt_sel()) == 0)   # 선택 전 오류 메시지 없애기
      return(NULL)
  ggplot(apt_sel(), aes(x = py_area, y = py, col="red")) +  # 축 설정
    geom_point() +                            # 플롯 유형: 포인트
    geom_smooth(method="lm", col="blue") +        # 회귀선
    facet_wrap(~addr_1, scale='free_y', ncol=3) +
    theme(legend.position="none") +              # 테마 설정
    xlab('크기(평)') +             # X축 설정
    ylab('평당 가격(만원)') +        # Y축 설정
    stat_poly_eq(aes(label = paste(..eq.label..)),
      label.x = "right", label.y = "top",
      formula = y ~ x, parse = TRUE, size = 5, col="black")
  })
}
```

카테고리별 그리기

회귀식 설정

이때 facet_wrap()과 stat_poly_eq() 함수에 주목해야 합니다. facet_wrap()은 특정 변수를 카테고리 변수로 만들어 줍니다. 따라서 facet_wrap(~addr_1)처럼 하면 똑같은 조건으로 여러 지역을 비교할 수 있습니다. 이때 Y축 값은 각 데이터의 특성에 따라 달라질 수 있으므로 상황에 따라 유연한 그래프를 그리고자 scale='free_y' 옵션을 사용합니다. 또한 ncol=3으로 한 행에 3개씩 그리도록 설정합니다.

stat_poly_eq()는 회귀선 차트 위에 회귀식을 표현하게 해주는 함수로서 실제 지역 간 미묘한 차이도 계량화하여 비교할 수 있다는 장점이 있습니다.

4단계 애플리케이션 실행하기

코드를 모두 작성했으므로 `shinyApp()`으로 실행합니다. 필자가 만든 애플리케이션은 웹 브라우저에서 cmman75.shinyapps.io/apt_regression에 접속하면 확인할 수 있습니다.

Do it! 애플리케이션 실행 12-2_여러지역_상관관계비교.R

```
74: shinyApp(ui = ui, server = server)
```

☞ 실행 결과

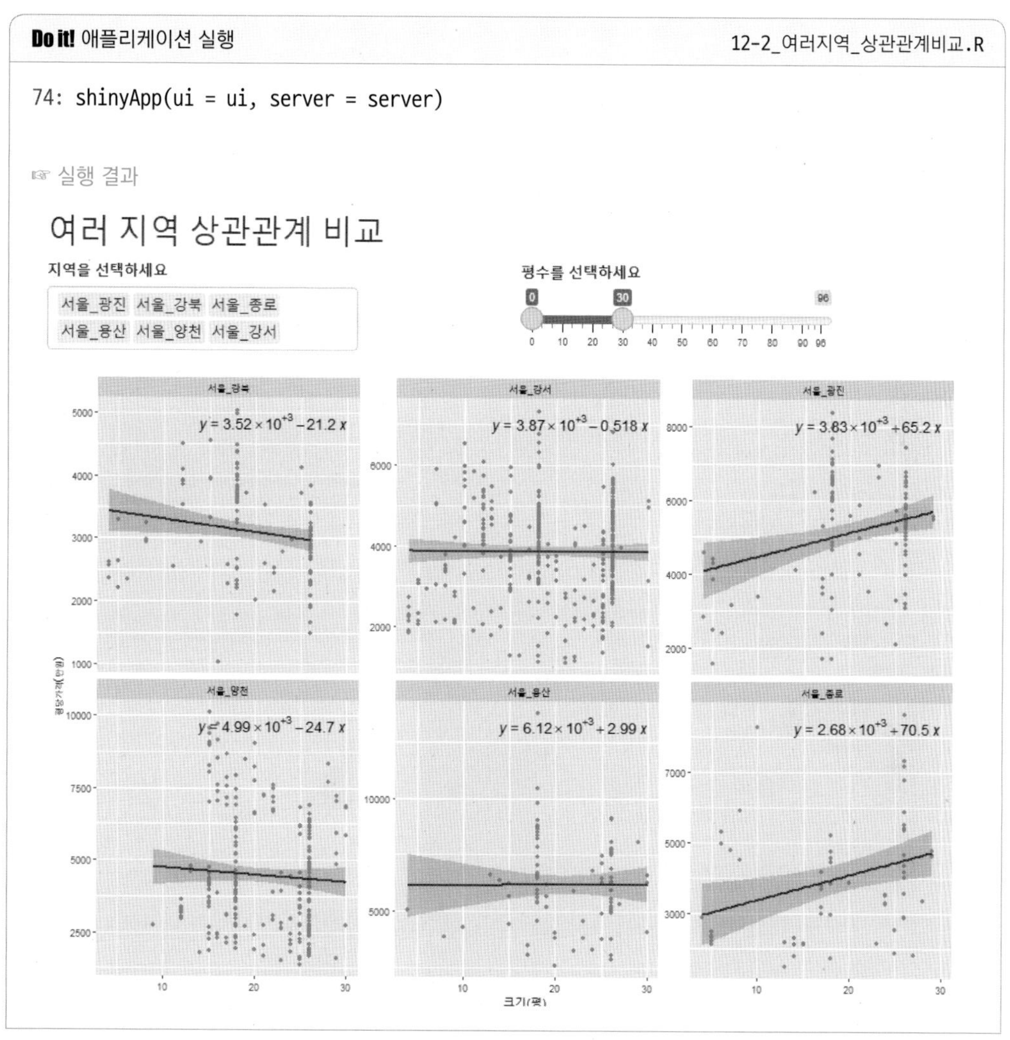

애플리케이션이 실행되면 서울시 25개 자치구 가운데 최소 두 곳을 선택합니다. 그리고 살펴보려는 지역의 아파트 평수를 설정합니다. 그러면 지역별로 아파트 크기의 변화에 따라서 평당 매매가가 어떻게 달라지는지 나타납니다. 예를 들어 위 실행 결과에서는 서울시 광진구, 종로구의 30평 이하 아파트는 크기가 클수록 평당 가격이 상승하지만 강북구는 오히려 떨어지는 모습을 보입니다.

12-3 지진 발생 분석하기

한반도는 '불의 고리'라고 불리는 환태평양지진대에서 벗어나 있으므로 지진 발생이 상대적으로 많지 않은 지역입니다. 그러나 2016년 경주, 2017년 포항 그리고 2021년 서귀포 해역 등에서 중규모 이상의 지진이 연이어 발생하면서 한반도 역시 더는 지진 안전지대라고 단언하기 어려운 상황입니다.

이번 절에서는 기상청에서 제공하는 지진 발생 자료를 이용하여 최근 5년(2016-2021)간 한반도 주변에서 발생한 지진 발생 데이터를 분석하는 애플리케이션을 만들어 봅니다.

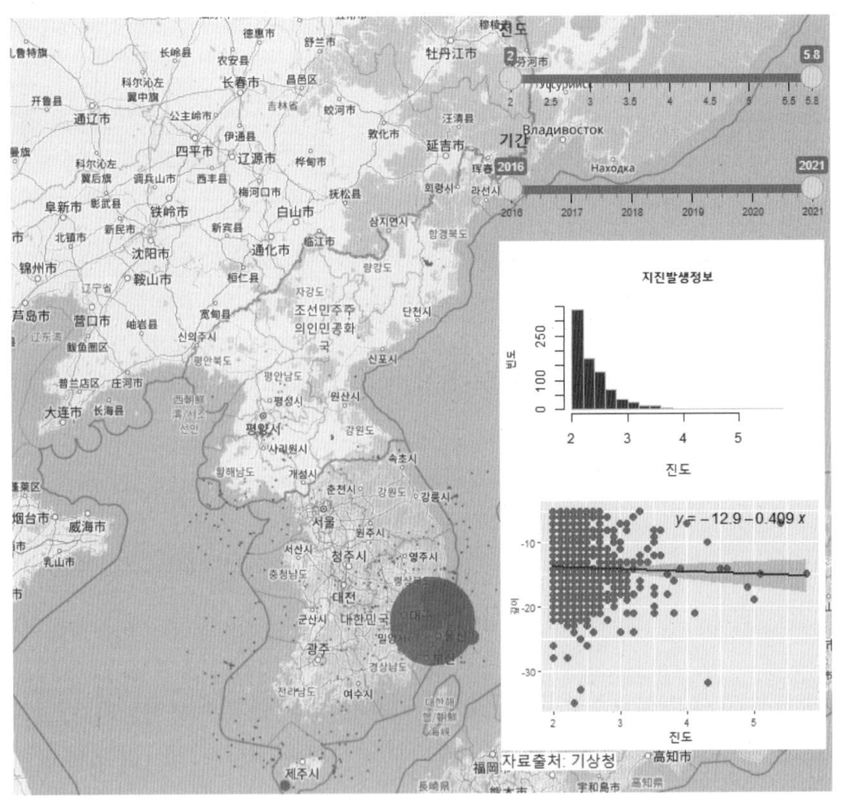

그림 12-9 지진 발생 분석 애플리케이션

지진 발생 자료는 필자가 제공하는 파일에서 01_code₩earthquake₩earthquake_16_21.rdata를 이용합니다. 자료를 추가하거나 다른 자료를 이용하고 싶다면 기상청 기상자료개방

포털(data.kma.go.kr)에 로그인한 다음 [데이터 → 지진화산 → 지진화산 특·정보 → 지진정보]에서 CSV나 API로 내려받을 수 있습니다.

그림 12-10 기상자료개발포털에서 지진 정보 찾기

1단계 데이터 준비하기

먼저 2016~2021년까지 5년 동안 한반도에서 발생한 지진 정보를 불러옵니다. 이 정보 안에는 모두 816건의 지진 발생 정보가 `sn`(연번), `year`(연도), `month`(월), `day`(일), `mag`(진도), `depth`(깊이), `lat`(경도), `lon`(위도), `location`(발생지점) 항목으로 구분되어 있습니다.

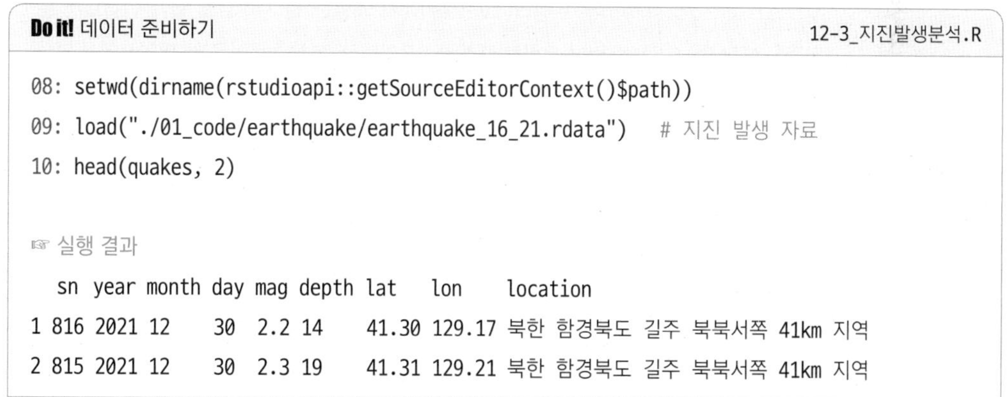
Do it! 데이터 준비하기 12-3_지진발생분석.R

```
setwd(dirname(rstudioapi::getSourceEditorContext()$path))
load("./01_code/earthquake/earthquake_16_21.rdata")   # 지진 발생 자료
head(quakes, 2)
```

☞ 실행 결과

```
  sn  year month day mag depth lat   lon    location
1 816 2021 12    30  2.2 14    41.30 129.17 북한 함경북도 길주 북북서쪽 41km 지역
2 815 2021 12    30  2.3 19    41.31 129.21 북한 함경북도 길주 북북서쪽 41km 지역
```

기상청 지진 데이터 이용 허락 범위

기상청 지진 데이터는 별도의 비용 없이 무료로 사용할 수 있지만 이용 허락 범위에 '공공저작물_출처표시'라고 명시되어 있으므로 사용할 때 출처를 표시해야 합니다.

비용부과유무	무료
이용허락범위	OPEN 공공저작물_출처표시

그림 12-11 기상청 지진 데이터 이용 허락 범위

2단계 사용자 화면 구현하기

먼저 샤이니 애플리케이션을 구현하는 데 필요한 shiny와 지도를 그리는 leaflet, 차트를 그리는 ggplot2, 수식을 나타내는 ggpmisc 라이브러리를 불러옵니다. 이어서 사용자 화면을 나타내는 `ui`를 정의합니다. 지금까지 사용자 화면을 시작할 때 `fluidPage()`를 사용했지만, 여기서는 부트스트랩을 이용하고자 `bootstrapPage()`를 사용합니다.

부트스트랩이란?

부트스트랩(Bootstrap)은 트위터(Twitter)에서 개발한 웹 사이트를 쉽게 만들도록 도와주는 HTML, CSS, 자바스크립트 프레임워크입니다. 부트스트랩은 웹 페이지에서 많이 쓰이는 요소를 대부분 내장하고 있어서 웹 애플리케이션을 개발할 때 디자인에 드는 시간을 최소화할뿐더러 모바일 환경에 적합한 반응형 애플리케이션 개발을 쉽게 해줍니다. R은 shiny 라이브러리의 bootstrapPage()를 이용하면 이러한 기능을 사용할 수 있습니다. 부트스트랩에 관하여 더 살펴보려면 공식 페이지에 방문해 보세요.

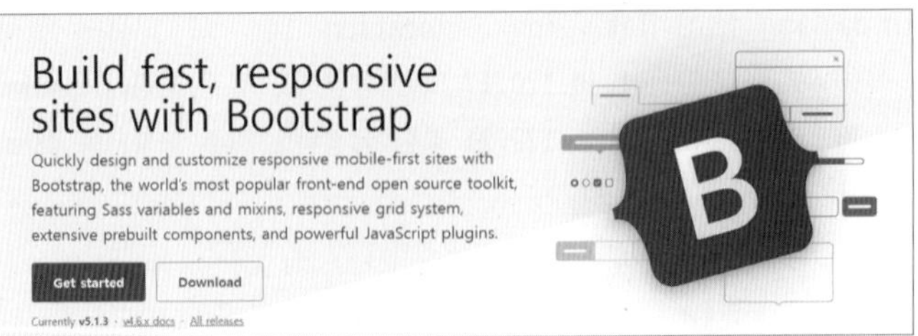

그림 12-12 부트스트랩 공식 페이지(getbootstrap.com)

사용자 화면의 스타일을 지정하고자 tags$style()로 부트스트랩을 적용할 영역과 대상을 선택합니다. 여기에서는 사용자 화면을 꾸밀 때 사용할 텍스트와 CSS를 대상으로 합니다. leafletOutput()은 지도를 표현할 영역을 설정하는데 너비와 높이를 모두 100%로 지정하여 전체 화면에 적용합니다.

그리고 absolutePanel()을 이용하여 입출력 메뉴가 들어갈 패널 위치를 설정합니다. 설정 위치는 전체 화면의 오른쪽 위인 top =10, right=10입니다. 패널 안에는 입력과 출력 위젯이 각각 2개씩 들어갑니다.

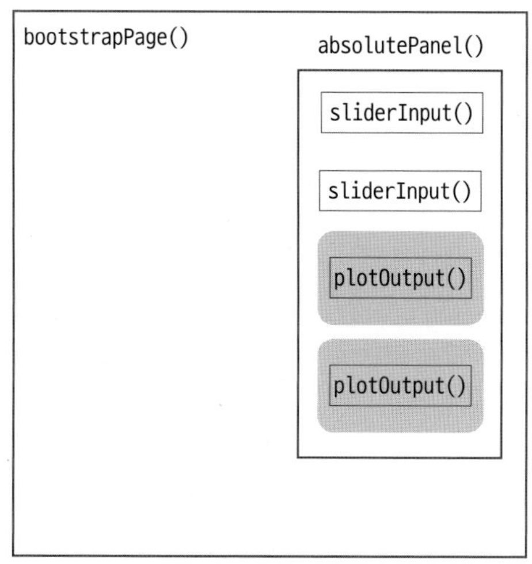

그림 12-13 사용자 화면 입출력 위젯 구성

sliderInput()은 입력 위젯으로 지진의 진도 범위와 발생 기간을 필터링합니다. 그 아래에 있는 plotOutput()은 출력 위젯으로 입력 조건을 필터링하여 얻은 결과를 가지고 진도의 크기에 따라 발생 빈도가 어떻게 다른지 보여 줍니다. 또한 진도와 진원지 깊이의 관계를 살펴볼 수 있는 산점도와 회귀선을 그립니다. 마지막으로 HTML 페이지 안에 문자를 삽입하는 p()를 이용하여 자료의 출처를 표시합니다.

Do it! 사용자 화면 만들기 12-3_지진발생분석.R

```
library(shiny)
library(leaflet)
library(ggplot2)
library(ggpmisc)

```

```
ui <- bootstrapPage(
 #---# 사용자 화면 페이지 스타일 설정
 tags$style(type = "text/css", "html, body {width:100%;height:100%}"),
 #---# 지도 생성
 leafletOutput("map", width = "100%", height = "100%"),
 #---# 메뉴 패널
 absolutePanel(top = 10, right = 10,
   #---# 슬라이드 입력(진도)
   sliderInput(
     inputId = "range",            # 입력 아이디
     label = "진도",               # 라벨
     min = min(quakes$mag),        # 선택 범위 최솟값
     max = max(quakes$mag),        # 선택 범위 최댓값
     value = range(quakes$mag),    # 기본 선택 범위
     step = 0.5   # 단계
   ),
   #---# 슬라이드 입력(기간)
   sliderInput(
     inputId = "time",    # 입력 아이디
     label = "기간",      # 라벨
     sep = "",
     min = min(quakes$year),        # 선택 범위 최솟값
     max = max(quakes$year),        # 선택 범위 최댓값
     value = range(quakes$year),    # 기본 선택 범위
     step = 1   # 단계
   ),
   #---# 출력: 빈도 히스토그램
   plotOutput("histCentile", height = 230),
   #---# 출력: 빈도 - 깊이 산점도
   plotOutput("depth", height = 230),
   p(span("자료 출처: 기상청", align = "center",
     style = "color:black;background-color:white"))
  )
)
```

3단계 서버 구현하기

샤이니 서버는 reactive()로 quakes(지진 데이터)에서 사용자 화면의 입력값을 반영하여 filteredData()라는 반응식 결과를 추출합니다. 이 데이터를 바탕으로 leaflet()으로 지도 위에 지진 데이터를 표시합니다. 이때 다음과 같은 함수를 이용합니다.

- fitBounds(): 지도 경계 지점의 위치 설정
- hist(): 진도에 따른 발생 빈도 표시
- ggplot(): 진도와 진원 깊이의 관계 표시

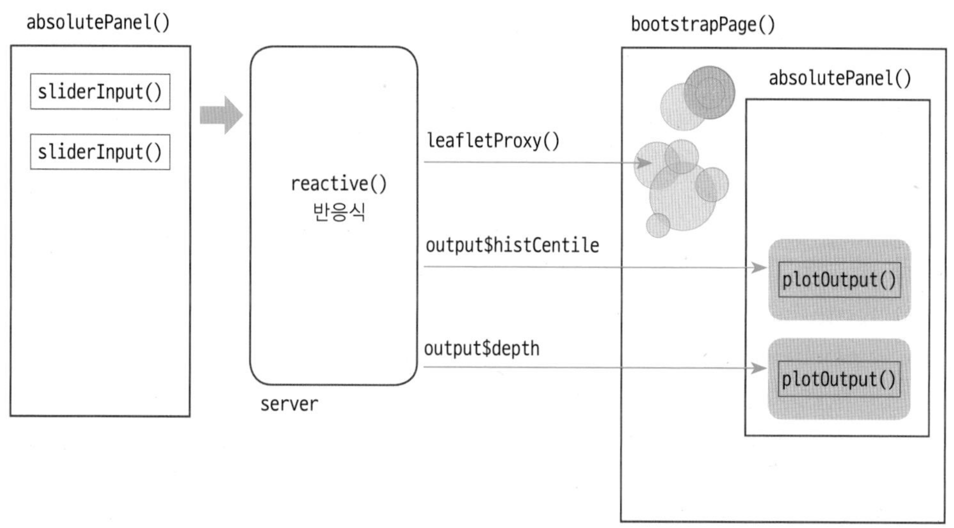

그림 12-14 데이터 전달 과정

또한 실제 진도와 발생 깊이의 차이를 숫자로 계량화하여 살펴볼 수 있도록 stat_poly_eq()로 각 회귀선의 회귀 계수를 나태냅니다. 마지막으로 leafletproxy()를 이용하여 입력값 변화에 따라서 지도를 업데이트합니다. 즉, 반응식 결과인 filteredData()가 달라지면 clearShapes()를 실행하여 지도 위에 표시된 데이터를 정리하고, addCircles()을 이용하여 반응식 결과에 따른 원을 다시 그립니다. 이때 원의 크기는 radius로 설정합니다.

Do it! 서버 구현하기 12-3_지진발생분석.R

```
server <- function(input, output, session) {
  #---# 반응식
  filteredData <- reactive({
    quakes[quakes$mag >= input$range[1] & quakes$mag <= input$range[2] &
```

```
          quakes$year >= input$time[1] & quakes$year <= input$time[2],]
})
output$map <- renderLeaflet({
  leaflet(quakes) %>% addTiles() %>%
  fitBounds(~min(lon), ~min(lat), ~max(lon), ~max(lat))
})
#---# 히스토그램
output$histCentile <- renderPlot({
  if (nrow(filteredData()) == 0)
    return(NULL)
  centileBreaks <- hist(plot = FALSE, filteredData()$mag, breaks = 20)$breaks
  hist(filteredData()$mag,
       breaks = centileBreaks,
       main = "지진 발생 정보", xlab = "진도",  ylab = "빈도",
       col = 'blue',  border = 'grey')
})
#---# 회귀 분석
output$depth <- renderPlot({
  ggplot(filteredData(), aes(x=mag, y=-depth)) +
    geom_point(size=3, col="red") +
    geom_smooth(method="lm", col="blue") +          # 회귀선
    xlab('진도') +  ylab('깊이') +
    stat_poly_eq(aes(label = paste(..eq.label..)),  # 회귀식
      label.x = "right", label.y = "top",
      formula = y ~ x, parse = TRUE, size = 5, col="black")
 })
#---# 입력값 변경에 따른 지도 업데이트
observe({
  leafletProxy("map", data = filteredData()) %>% clearShapes() %>%
  addCircles(
    radius = ~log((quakes$mag))^20,   # 원 크기 설정
    weight = 1, color = "grey70",
    fillColor = "red", fillOpacity = 0.6, popup = ~paste(mag)
    )
 })
}
```

데이터가 없을 때 오류 표시 없애기

앞에서 작성한 서버 구현 코드에서 다음은 필터링 결과가 없을 때 빈칸으로 표시해 줍니다.

필터링 결과가 없을 때 빈칸 표시

```
if (nrow(filteredData()) == 0)
  return(NULL)
```

이 2줄을 지우고 애플리케이션을 실행해도 문제가 없지만 다음처럼 진도를 5 이상, 발생 시점을 2020년 이후로 필터링 범위를 극단적으로 설정할 때 해당하는 데이터가 없으면 "Error: character(0)"라는 오류 메시지가 출력됩니다. 이를 방지하고자 조건문을 사용하여 필터링 결과가 없을 때 빈칸으로 표시하게 했습니다.

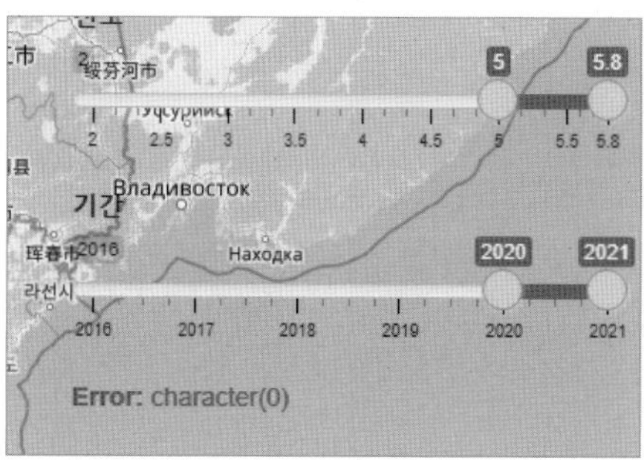

그림 12-15 결괏값이 없을 때 나타날 수 있는 오류

4단계 애플리케이션 실행하기

코드를 모두 작성했으므로 `shinyApp()`으로 실행합니다. 필자가 만든 애플리케이션은 웹 브라우저에서 cmman75.shinyapps.io/earthquake에 접속하면 확인할 수 있습니다.

Do it! 애플리케이션 실행 12-3_지진발생분석.R

```
shinyApp(ui = ui, server = server)
```

☞ 실행 결과

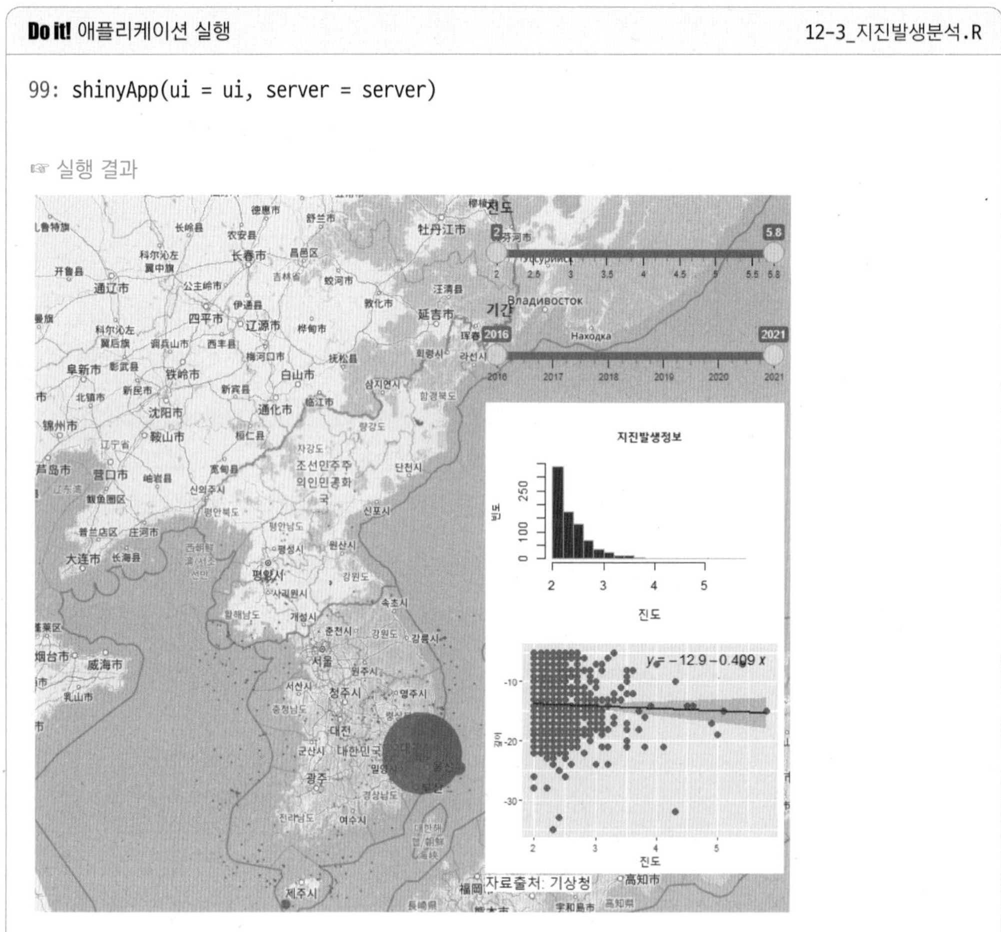

애플리케이션에서 진도와 기간을 변경하면 지진 발생 정보를 표시하는 지도가 바뀝니다. 또한 지진 발생 정보에서 히스토그램과 회귀 분석 차트도 연동되어 바뀌는 것을 확인할 수 있습니다.

12-4 커피 전문점 접근성 분석하기

한국의 커피 전문점 시장 규모는 약 5.4조 원으로 미국과 중국에 이어 세계 3위 수준입니다. 1999년 서울에 스타벅스 1호점 개점 이후로 브랜드 커피 전문점 시장 역시 기하급수로 증가하고 있습니다. 2021년 한국기업평판연구소라는 민간 연구소에서 빅데이터를 활용하여 커피 브랜드 평판을 조사한 결과 스타벅스, 투썸플레이스, 메가커피, 이디야 그리고 빽다방 등 5개 브랜드가 가장 높은 점수를 받은 것으로 나타났습니다.

이번 절에서는 서울시를 대상으로 5대 커피 전문점 브랜드의 위치를 특정하고, 인근 지하철역 이용객 수 그리고 매장과 지하철 역과의 직선 거리를 반영한 임의의 접근성 지수*를 만들어 지하철 이용객들이 이용하기 편리한 매장을 살펴보겠습니다.

* 여기에 사용한 지수는 지하철 이용객 수와 함께 매장과의 직선 거리를 기준으로 임의로 생성한 학습용이므로 실제 입지 특성을 정확하게 반영하지는 않습니다.

그림 12-16 커피 전문점 접근성 분석 애플리케이션

주요 커피 브랜드 위치 정보는 필자가 제공한 파일에서 01_code₩coffee₩coffee_shop.rdata에 있습니다. 만약 자료를 추가하거나 다른 자료를 이용하고 싶다면 공공데이터포털의 '소상공인시장진흥공단_상가(상권)정보' 자료를 CSV 파일로 내려받을 수 있습니다.

그림 12-17 소상공인시장진흥공단의 상가 정보

1단계 데이터 준비하기

먼저 필자가 미리 준비해 둔 서울시 주요 커피 전문점 정보(coffee_shop.rdata)를 불러옵니다. 이 안에는 스타벅스, 투썸플레이스, 빽다방, 메가커피, 이디야 등 5개 커피 전문점 1,397곳의 위치와 함께 임의로 생성한 접근성 정보(`metro_idx`)가 포함되어 있습니다.

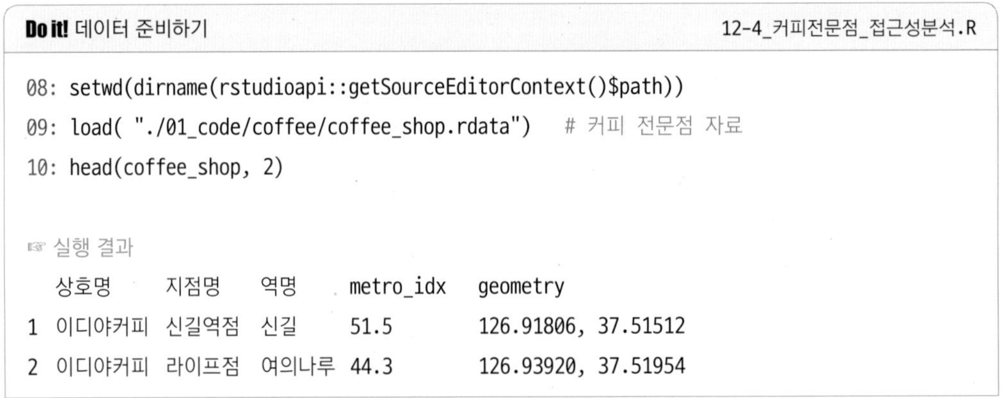

Do it! 데이터 준비하기 　　　　12-4_커피전문점_접근성분석.R

```
setwd(dirname(rstudioapi::getSourceEditorContext()$path))
load( "./01_code/coffee/coffee_shop.rdata")   # 커피 전문점 자료
head(coffee_shop, 2)
```

☞ 실행 결과

```
  상호명      지점명     역명       metro_idx   geometry
1 이디야커피  신길역점   신길       51.5        126.91806, 37.51512
2 이디야커피  라이프점   여의나루   44.3        126.93920, 37.51954
```

2단계 사용자 화면 구현하기

사용자 화면은 `bootstrapPage()`로 화면 배열을 시작한 다음 전체 영역을 지도로 표시하고자 `leafletOutput()`을 사용합니다. 그리고 `absolutePanel()`을 이용하여 입출력 메뉴가 들어갈 위치를 `top=10`, `right=10`으로 설정합니다. 패널 안에는 입력 위젯 2개와 출력 위젯 1개를 포함합니다.

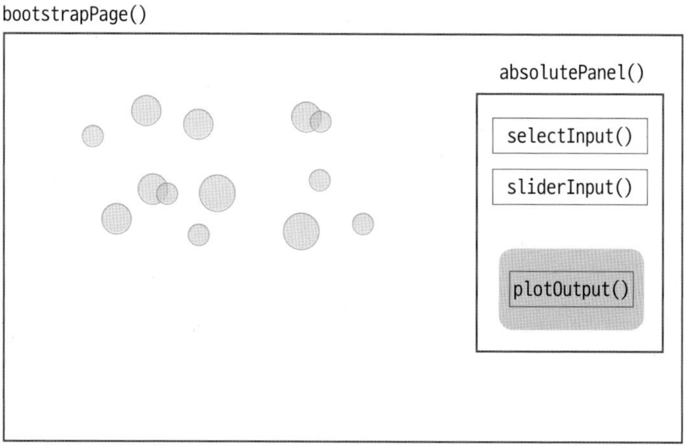

bootstrapPage()

absolutePanel()

selectInput()

sliderInput()

plotOutput()

그림 12-18 사용자 화면 레이아웃

첫 번째 입력 위젯에서 selectInput()으로 커피 전문점의 브랜드를 선택하도록 합니다. 이때 전체 지도 배경이 어두우므로 글씨를 흰색으로 설정하고자 tags$span()에 style="color: white" 옵션을 추가하고 텍스트를 추가합니다. 초기 선택은 스타벅스(unique(coffee_shop$brand)[2])로 합니다.

그리고 sliderInput()으로 지하철 접근성(metro_idx)의 범위를 선택합니다. 접근성 최댓값은 100, 초깃값은 60~80으로 설정합니다. 마지막으로 전체 접근성을 확률 밀도 함수로 만든 다음 현재 필터링한 부분이 어느 수준인지 대략 알아보는 출력 위젯 plotOutput()을 추가합니다.

Do it! 사용자 화면 구현 12-4_커피전문점_접근성분석.R

```
library(shiny)
library(leaflet)
library(leaflet.extras)
library(dplyr)

ui <- bootstrapPage(
 #---# 사용자 화면 페이지 스타일 설정
 tags$style(type = "text/css", "html, body {width:100%;height:100%}"),
 #---# 지도 생성
 leafletOutput("map", width = "100%", height = "100%"),
 #---# 메뉴 패널
 absolutePanel(top = 10, right = 10,
   #---# 선택 입력
   selectInput(
```

```
      inputId = "sel_brand",  # 입력 아이디
      label = tags$span(      # 라벨
        style="color: black;","프랜차이즈를 선택하시오"),
      choices = unique(coffee_shop$brand),       # 선택 리스트
      selected = unique(coffee_shop$brand)[2]),  # 기본 선택
    #---# 슬라이드 입력
    sliderInput(            # 입력 아이디
      inputId = "range",    # 라벨
      label = tags$span(    # 선택 리스트
        style="color: black;","접근성 범위를 선택하시오"),
      min = 0,               # 선택 범위 최솟값
      max = 100,             # 선택 범위 최댓값
      value = c(60, 80),     # 기본 선택 범위
      step = 10),            # 단계
    #---# 출력
    plotOutput("density", height = 230),
  )
)
```

3단계 서버 구현하기

샤이니 서버는 크게 2가지 reactive() 반응식 결과를 추출합니다. 첫 번째는 커피 전문점(coffee_shop) 자료에서 브랜드와 최대/최소 접근성을 필터링한 자료로서 brand_sel()이라는 반응식 결과로 저장됩니다. 두 번째는 브랜드만 필터링한 자료로 plot_sel()이라는 반응식 결과로 저장됩니다.

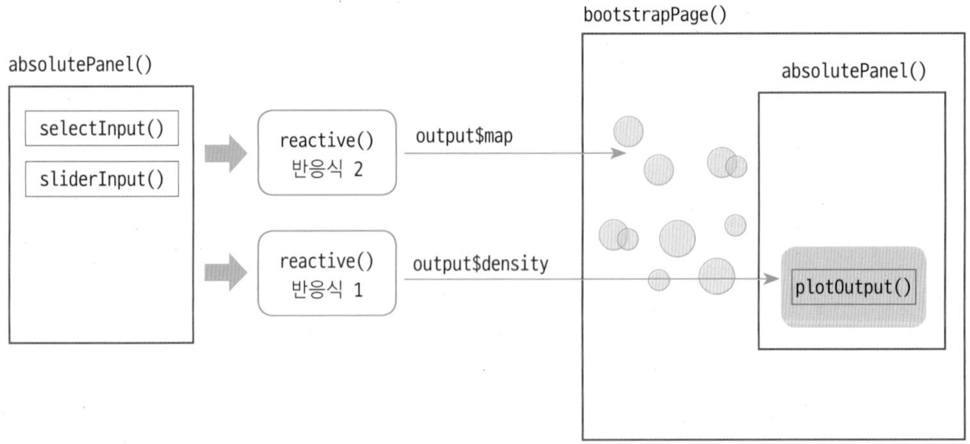

그림 12-18 데이터 전달 과정

output$density()는 브랜드별로 접근성 지수가 어떻게 분포되어 있는지 한눈에 알아볼 수 있도록 하는 플롯 창으로 plot_sel()을 활용하여 브랜드별 지하철 접근성에 대한 확률 밀도 함수를 만듭니다. 그리고 접근성 범위 필터링과 연동되어 geom_vline()으로 접근성 필터링 최댓점과 최솟점을 표현합니다.

이제 leaflet()으로 브랜드명과 접근성 수준이 필터링된 brand_sel()을 지도 위에 표현합니다. 이때 초기 화면의 위치는 setView() 옵션으로 설정합니다. 또한 addPulseMarkers() 옵션으로 커피 전문점 위치를 동적으로 표시합니다.

Do it! 서버 구현 12-4_커피전문점_접근성분석.R

```
server <- function(input, output, session) {
 #---# 반응식 1: 브랜드 선택 + 접근성 범위
 brand_sel = reactive({
   brand_sel = subset(coffee_shop,
     brand == input$sel_brand &
     metro_idx >= input$range[1] &
     metro_idx <= input$range[2]
   )
 })
 #---# 반응식 2: 브랜드 선택
 plot_sel = reactive({
   plot_sel = subset(coffee_shop,
                     brand == input$sel_brand
   )
 })
 #---# 밀도 함수 출력
 output$density <- renderPlot({
   ggplot(data = with(density(plot_sel()$metro_idx),
     data.frame(x, y)), mapping = aes(x = x, y = y)) +
     geom_line() +
     xlim(0, 100) +
     xlab('접근성 지수') +  ylab('빈도') +
     geom_vline(xintercept=input$range[1], color='red', size = 0.5) +
     geom_vline(xintercept=input$range[2], color='red', size = 0.5) +
     theme(axis.text.y = element_blank(),
           axis.ticks.y = element_blank())
 })
 #---# 지도 출력
 output$map <- renderLeaflet({
```

```
  leaflet(brand_sel(), width = "100%", height = "100%") %>%
    addTiles() %>%
    setView(lng = 127.0381 , lat = 37.59512, zoom = 11) %>%
    addPulseMarkers(lng = ~x, lat = ~y,
                    label = ~name,
                    icon = makePulseIcon())
  })
}
```

4단계 애플리케이션 실행하기

코드를 모두 작성했으므로 shinyApp()으로 실행합니다. 필자가 만든 애플리케이션은 웹 브라우저에서 cmman75.shinyapps.io/coffee에 접속하면 확인할 수 있습니다.

Do it! 애플리케이션 실행 — 12-4_커피전문점_접근성분석.R

```
shinyApp(ui = ui, server = server)
```

☞ 실행 결과

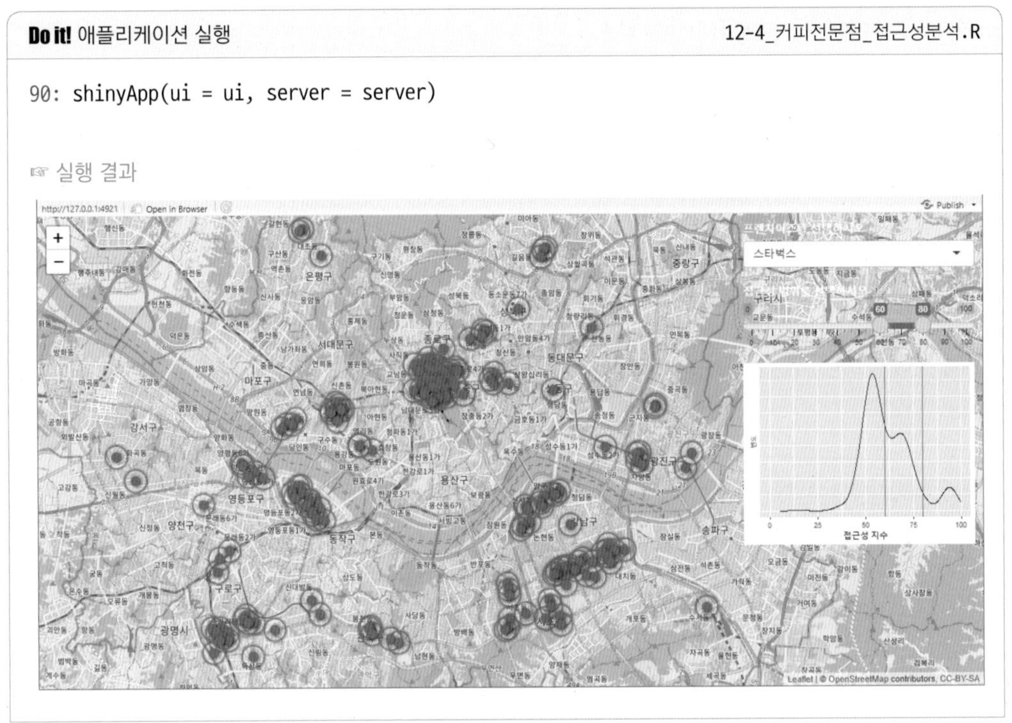

애플리케이션에서 프랜차이즈를 선택하고 접근성 범위를 설정하면 지도 위에 커피 전문점 위치 표시가 달라집니다. 이때 차트의 그림도 연동되어 바뀌는 것을 확인할 수 있습니다.

교통 카드 데이터 분석 사례

여기서는 교통 카드 데이터를 활용하여 경기도 화성시의 대중교통 이용 특성을 살펴보고, 지역의 교통 문제를 해결하기 위한 대안을 제시합니다. 여기서 제공하는 코드는 제1회 LH 한국토지주택공사에서 주최한 데이터 분석 경진 대회 수상작으로서 LH 학습 데이터 세트로 지정되어 있습니다.

1. '최적 시내버스 노선제시' 과제 소개

최근 데이터에 기반을 둔 의사결정이 중요하게 떠오르면서 정부나 공공기관에서도 문제 해결을 위한 다양한 아이디어를 수집하고자 데이터 분석 경진 대회를 적극적으로 개최하고 있습니다. LH 한국토지주택공사도 COMPAS라는 데이터 기반 도시문제 해결 플랫폼을 구축하고 다양한 주제로 경진 대회를 개최하고 있습니다.

그림 1 COMPAS 사이트(compas.lh.or.kr)

이 책의 마지막 순서로 2019년 제1회 경진 대회 수상작을 소개합니다. 이 과제는 교통 카드 정보를 활용하여 화성시와 주변 도시의 이동 특성을 파악하고 대안을 제시하는 것을 목적으로 합니다. 과제에 관한 더 자세한 소개는 COMPAS 사이트에서 [분석과제 > 학습용 과제] 메뉴에서 '[학습용] 최적 시내버스 노선제시'를 클릭하면 볼 수 있습니다.

그림 2 최적 시내버스 노선제시 과제 개요

분석에는 교통 카드 데이터를 사용하였으며 COMPAS에서 학습용으로 제공하므로 누구나 쉽게 내려받아 사용할 수 있습니다. [과제 개요] 오른쪽에 있는 [데이터] 탭에서 과제와 관련된 데이터 구성을 살펴볼 수 있으며, 오른쪽 아래 〈전체 내려받기〉를 클릭하면 분석과 관련된 전체 데이터를 내려받을 수 있습니다. 데이터는 SBJ_2993_001.zip으로 저장되며 압축을 풀면 바로 사용할 수 있습니다.

- https://compas.lh.or.kr/subj/example/data?subjNo=SBJ_2003_001

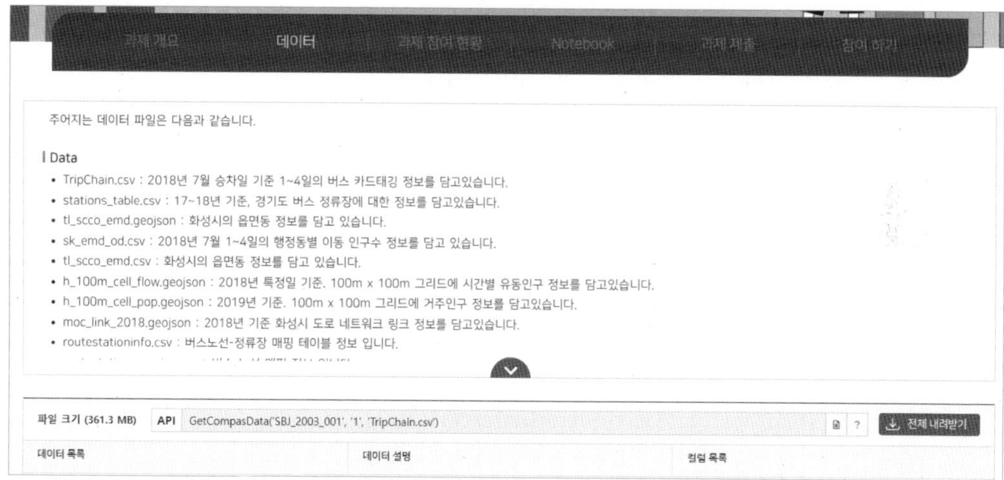

그림 3 최적 시내버스 노선제시 과제 개요

이제부터 소개하는 소스와 실행 결과 등은 모두 다음 주소에서 확인할 수 있습니다. 특히 그래프나 차트, 지도 등 시각화한 자료를 컬러로 보고 싶을 때는 참조하세요.

- https://compas.lh.or.kr/subj/past/code?subjNo=SBJ_1910_001&teamNo=85

2. 데이터 전처리 1: 지역 정보

Do it! 실습

1단계 집계구 만들기

분석에 들어가기 앞서 지역에 관한 정보를 정리해야 합니다. 화성시 전역을 대상으로 분석에 사용할 집계구를 생성하고자 행정동 경계 데이터를 불러옵니다. 참고로 집계구란 통계청에서 통계 정보를 제공하려고 구축한 최소 통계 구역 단위입니다.

Do it! 화성시 경계 데이터 불러오기 부록.R

```
# 라이브러리 불러오기
library(sp)          # install.packages("sp")
library(geojsonio)  # install.packages("geojsonio")
# 작업 폴더 설정
setwd(dirname(rstudioapi::getSourceEditorContext()$path))
dir.create("./01_save")
# 행정동 geojson 불러오기
admin <- geojsonio::geojson_read("./SBJ_2003_001/tl_scco_emd.geojson", what = "sp")
save(admin, file="./01_save/01_001_admin.rdata")     # 저장
# 플로팅
plot(admin)
```

☞ 실행 결과

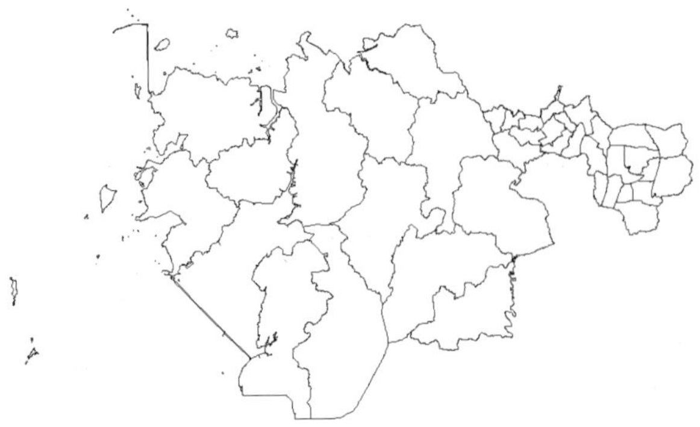

집계구는 그물망 형식을 가지는 fishnet 형태로 생성합니다. 집계구를 생성하기 이전에 화성시 행정동 경계 데이터를 이용하여 외곽 경계선을 정의한 다음 붉은색으로 표시합니다.

Do it! 집계구 외곽 경계 만들기 부록.R

```
# 라이브러리 불러오기
library(sp)       # install.packages("sp")
library(raster)   # install.packages("raster")
library(leaflet)  # install.packages("leaflet")
# 외곽 경계 만들기: x_min, x_max, y_min, y_max
fishnet <- as(raster::extent(126.50625, 127.42245, 36.99653, 37.483419), "SpatialPoly-
gons")
# WGS84 좌표계 투영
proj4string(fishnet) <- "+proj=longlat +datum=WGS84 +no_defs +ellps=WGS84 +tow-
gs84=0,0,0"
# 플로팅
plot(fishnet, border="red")
plot(admin, add=T)
```

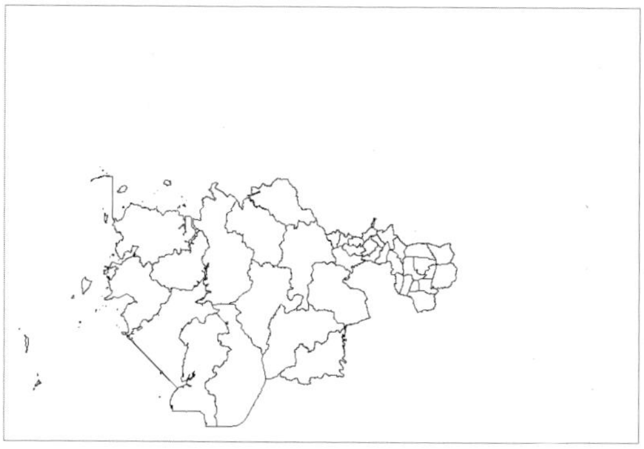

이제 위도와 경도를 기준으로 0.1도 단위로 외곽 경계를 분할하고 지도 위에 시각화합니다.

Do it! fishnet(집계구) 만들기 부록.R

```
# 래스터 변환
fishnet <- raster(fishnet)
# 0.1도 단위로 분할
res(fishnet) <- .01
# 좌표계 투영
crs(fishnet) <- CRS("+proj=longlat +datum=WGS84 +no_defs +ellps=WGS84 +towgs84=0,0,0 ")
# 폴리곤으로 변환
fishnet <- rasterToPolygons(fishnet)
# 지도 시각화
leaflet() %>% addTiles() %>%
  addPolygons(data = fishnet, weight = 0.4, fillOpacity = 0) %>%
  addPolygons(data = admin, color = "red")
```

☞ 실행 결과

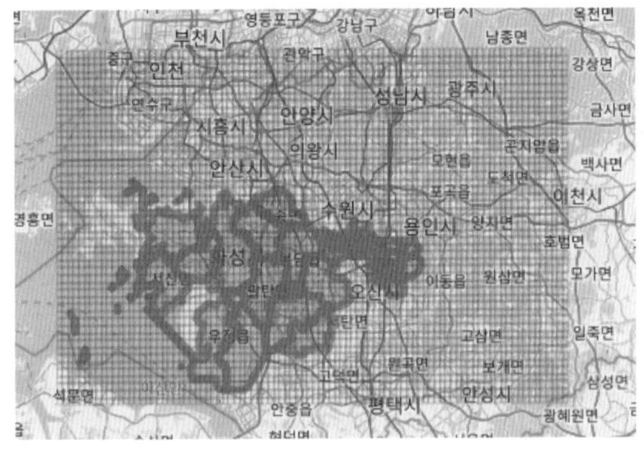

화성시 경계 내에 0.1도 단위로 만들어진 집계구는 모두 4,508개의 셀을 가지고 있습니다. 이제 1~4,508번까지 셀별 일련번호를 부여합니다.

Do it! 셀별 일련번호 부여하기 부록.R

```
# 현재 번호 없음
fishnet$id
# 일련번호 부여
fishnet@data <- data.frame(id = 1:nrow(fishnet))
# 저장
save(fishnet, file="./01_save/01_002_fishnet.rdata")
# 일련번호 확인
head(fishnet$id, 10)
```

☞ 실행 결과

```
[1]  1  2  3  4  5  6  7  8  9 10
```

2단계 정류장-버스노선 매핑 테이블 생성

이 과제에서 제공된 데이터에는 교통 카드 이용자 정보, 정류장 정보, 버스노선 정보가 모두 분리되어 있습니다. 따라서 필요한 정보를 서로 연결하는 매핑 테이블을 생성해야 합니다. 여기에서는 정류장과 버스노선을 연결하는 매핑 테이블을 만듭니다. 이제 정류장 정보를 불러오고 필요한 변수만 추출합니다. 추출된 정보에는 정류장 아이디와 이름 그리고 좌표 정보가 포함됩니다.

Do it! 정류장 정보 불러오기 부록.R

```
# CSV 불러오기
sta_table <- read.csv("./SBJ_2003_001/stations_table.csv", fileEncoding = "UTF-8")
# 필요한 칼럼만 추출
keeps <- c("표준정류장ID", "이비카드정류장ID", "WGS84위도", "WGS84경도","시군명", "정류소명")
sta_table <- sta_table[keeps]
# NA 제거
sta_table <- na.omit(sta_table)
# 저장
save(sta_table, file="./01_save/01_003_sta_table.rdata")
# 불필요 변수 지우기
rm("keeps")
head(sta_table, 2)
```

☞ 실행 결과

```
    표준정류장ID 이비카드정류장ID  WGS84위도  WGS84경도  시군명        정류소명
106    208000192          4103451   37.40163   126.9109  안양시        삼성빌라
158    232000001          4115377   37.59633   126.7213  김포시  신동아아파트
```

이제 버스노선과 정류장 번호가 포함된 데이터를 불러옵니다.

Do it! 버스노선(route)별 정류장 정보 불러오기 부록.R

```
# CSV 불러오기
route_sta <- read.csv("./SBJ_2003_001/routestationinfo.csv", fileEncoding = "UTF-8")
# 필요 칼럼 추출
keeps <- c("bus_line_no", "bus_line_no_seq", "station_id", "station_nm")
route_sta <- route_sta[keeps]
head(route_sta, 2)

☞ 실행 결과
  bus_line_no bus_line_no_seq station_id       station_nm
1        10-4               1  228001552       용인터미널
2        10-4               2  277102443   용인터미널(경유)
```

앞에서 불러온 정류장과 버스노선 정보는 공통으로 '표준정류장ID'를 가지고 있습니다. 따라서 공통된 정보를 기준으로 두 데이터를 결합할 수 있습니다. 이제 정류장과 버스노선 정보를 하나의 파일로 결합한 매핑 테이블을 생성합니다.

Do it! 매핑 테이블 생성: 정류장 - 버스노선 부록.R

```
# 정류장 id(station_id) + 좌푯값(위도, 경도) 결합
route_sta <- merge(route_sta, sta_table, by.x = "station_id", by.y = "표준정류장ID")
# 결측치 확인
sum(is.na(route_sta$정류소명))
# 저장
save(route_sta, file="./01_save/01_004_route_sta.rdata") ; rm("keeps")
head(route_sta, 2)

☞ 실행 결과
  station_id bus_line_no bus_line_no_seq 시군명                         정류소명
1  124000437           5              43 하남시 미사강변18단지.강일리버10단지
2  124000437           3              53 하남시 미사강변18단지.강일리버10단지
```

3. 데이터 전처리 2: 교통 카드 데이터

Do it! 실습

1단계 개별 이동 데이터 생성

앞 절에서 지역과 관련된 데이터를 생성하고 전처리하였다면, 이번 절에서는 개별 이동trip과 관련된 교통 카드 데이터를 전처리합니다. 이 데이터 안에는 1백만 건 이상의 이동 정보가 포함되어 있습니다. 용량이 커서 파일을 읽는 데 시간이 걸리니 천천히 기다리세요

Do it! 변수명 한글로 변경 부록.R

```
# 작업 폴더 설정
setwd(dirname(rstudioapi::getSourceEditorContext()$path))
# 개별 이동 데이터(trip_chain) 불러오기
trip_chain <- read.csv("./SBJ_2003_001/TripChain.csv", fileEncoding = "UTF-8")
# 변수명 한글로 변경
colnames(trip_chain) <-
  c("암호화카드번호", "트랜잭션ID", "환승횟수", "교통 카드발행사ID", "총이용객수",
  "사용자구분", "교통수단CD1", "교통수단CD2", "교통수단CD3", "교통수단CD4",
  "교통수단CD5", "버스노선ID1", "버스노선ID2", "버스노선ID3", "버스노선ID4",
  "버스노선ID5", "차량ID1", "차량ID2", "차량ID3", "차량ID4", "차량ID5",
  "총통행거리", "총탑승시간", "총소요시간", "승차일시1", "승차일시2",
  "승차일시3",  "승차일시4", "승차일시5", "하차일시1", "하차일시2",
  "하차일시3", "하차일시4", "하차일시5", "최초승차일시", "최종하차일시",
  "승차역ID1", "승차역ID2", "승차역ID3",  "승차역ID4", "승차역ID5",
  "하차역ID1", "하차역ID2",  "하차역ID3", "하차역ID4", "하차역ID5",
"최초승차역ID", "최종하차역ID", "총이용금액", "수집건수", "트립체인완료코드")
colnames(trip_chain)

☞ 실행 결과
[1] "암호화카드번호"   "트랜잭션ID"       "환승횟수"   (... 생략 ...)
```

교통 카드 정보 안에는 많은 정보가 포함되어 있지만, 정리되지 않은 상태이므로 분석에 필요한 형태로 가공해야 합니다. 여기에서는 개별 이동의 시작 시간 정보를 추출해 봅니다. 시작 날짜는 1일에서 4일 중 하나이며, 시작 시간은 04시부터 23시 중 하나입니다.

Do it! 이동 시작 일시 부록.R

```
# 옵션 변경(지수 => 숫자)
options("scipen" = 100)
# 이동 시작 날짜(start_day) => 1일 ~ 4일 중 하나
trip_chain$start_day  <- as.factor(as.numeric(substr(trip_chain[,35], 7, 8)))
trip_chain$start_day  <- as.numeric(trip_chain$start_day)
# 이동 시작 시간(start_time) => 새벽 4시 ~ 밤 23시 중 하나
trip_chain$start_hour <- as.factor(as.numeric(substr(trip_chain[,35], 9, 10)))
trip_chain$start_hour <- as.numeric(trip_chain$start_hour)
head(trip_chain[,c(1,52,53)], 2)
```

☞ 실행 결과

```
   암호화카드번호 start_day start_hour
1  900079696430         1          2
2  900079697651         1          4
```

이동 날짜와 시간이 정리되었다면, 이제 종료와 관련된 정보를 저장합니다. 날짜와 시간 범위는 같습니다.

Do it! 이동 종료 일시 부록.R

```
# 이동 종료 날짜(end_day) => 1일 ~ 4일 중 하나
trip_chain$end_day <- as.factor(as.numeric(substr(trip_chain[,35], 7, 8)))
trip_chain$end_day <- as.numeric(trip_chain$end_day)
# 이동 종료 시간(start_time) => 새벽 4시 ~ 밤 23시 중 하나
trip_chain$end_hour  <- as.factor(as.numeric(substr(trip_chain[,35], 9, 10)))
trip_chain$end_hour  <- as.numeric(trip_chain$end_hour)
# 저장
save(trip_chain, file="./01_save/02_001_trip_chain_full.rdata")
head(trip_chain[,c(1, 52, 53, 54, 55)], 2)
```

```
☞ 실행 결과
   암호화카드번호  start_day start_hour end_day end_hour
1  900079696430         1          2       1        2
2  900079697651         1          4       1        4
```

2단계 개별 이동 + 정류장 정보 매핑

출발 시간과 도착 시간에 대한 개별 이동 특성을 파악하였다면, 이제 어느 장소에서 출발하였고, 도착하였는지 알아보아야 합니다. 다만 개별 이동 데이터가 담긴 trip_chain 데이터 내에는 정류장 아이디만 있고 위치 정보가 없으므로 정류장 위치 정보가 포함된 데이터를 불러와 하나의 파일로 결합합니다.

이 과정을 매핑mapping이라고 합니다. 이때 두 데이터가 결합되지 않는 상황이 발생하는지 점검하는 것이 중요합니다. 이를 위하여 결측치 확인을 수행합니다. 결측치가 없다고 나오면 두 데이터가 잘 매핑되었다는 의미입니다.

Do it! 출발-도착 정류장 정보에 좌푯값 결합 부록.R

```
# 정류장-버스노선 매핑 테이블 불러오기
library(dplyr)
load("./01_save/01_003_sta_table.rdata")
# 버스 정류장 정보(sta_table) 칼럼 이름 변경
colnames(sta_table) <- c("표준정류장ID", "이비카드정류장ID", "S_WGS84위도", "S_WGS84경도",
"S_시군명", "S_정류소명")
# 출발점 기준 => 이비카드정류장 ID + 승차역 ID 결합
trip_chain <- merge(trip_chain, sta_table, by.x = "승차역ID1", by.y = "이비카드정류장ID")
# 결측치 확인
sum(is.na(trip_chain$S_정류소명))
# 버스 정류장 정보(sta_table) 칼럼 이름 변경
colnames(sta_table) <-  c("표준정류장ID", "이비카드정류장ID", "E_WGS84위도", "E_WGS84경도",
"E_시군명", "E_정류소명")
# 도착점 기준 => 이비카드정류장 ID + 하차역 ID 결합
trip_chain <- merge(trip_chain, sta_table, by.x = "최종하차역ID", by.y = "이비카드정류장ID")
# 저장
save(trip_chain, file="./01_save/02_002_trip_chain_full.rdata")
# 결측치 확인
sum(is.na(trip_chain$E_정류소명))

☞ 실행 결과
[1] 0
```

이제 전체 이동 데이터 가운데 승차와 하차가 제일 많은 지역이 어디인지 확인합니다. 데이터에 포함된 승하차 대상 지역은 모두 26개이며 수원시, 화성시, 용인시 그리고 오산시에서 가장 많은 승하차가 발생한 것으로 나타났습니다.

Do it! 승하차가 많은 지역은 어디인가? 부록.R

```
# 피벗테이블 만들기
as.matrix(table(trip_chain$S_시군명, trip_chain$E_시군명))
# 어느 지역에서 가장 많이 승차하였는가?
sort(colSums(as.matrix(table(trip_chain$S_시군명, trip_chain$E_시군명))), decreasing =
TRUE)
# 어느 지역에서 가장 많이 하차하였는가?
sort(rowSums(as.matrix(table(trip_chain$S_시군명, trip_chain$E_시군명))), decreasing =
TRUE)
```

☞ 실행 결과

```
 수원시   화성시   용인시   오산시   성남시   안양시   의왕시  (... 생략 ...)
417521   142403   54215    52650    39624    13798    4913   (... 생략 ...)
```

3단계 분석의 공간적 범위 결정: 승하차가 가장 많은 지역

이번 분석의 주요 대상지는 경기도 화성시입니다. 따라서 최초 출발지나 최종 목적지가 화성시가 아닌 경우는 제거해야 합니다. 매핑된 70만 건의 이동 데이터 가운데 필터링 후 데이터는 약 20만 건입니다.

Do it! (1) 데이터 필터링 부록.R

```
# 출발 또는 도착지가 화성시인 경우만 필터링
trip_chain <- trip_chain[(trip_chain$S_시군명 == "화성시" | trip_chain$E_시군명 == "화성
시"), ]
# 저장
save(trip_chain, file="./01_save/02_003_trip_chain.rdata")
nrow(trip_chain)
```

☞ 실행 결과

```
[1] 206825
```

필터링한 데이터를 기반으로 OD 행렬을 생성합니다. OD 행렬은 출발지origin와 도착지destination의 관계를 행렬로 만드는 것으로 인구 또는 교통 이동량 분석에서 많이 사용되는 분석 기법입니다. 분석 결과 화성시에서 화성시나 수원시로 이동이 가장 많은 것으로 나타났습니다.

Do it! OD 행렬 생성 부록.R

```
# OD 행렬 만들기
OD <- as.matrix(table(trip_chain$S_시군명, trip_chain$E_시군명))
# OD 행렬을 데이터프레임으로 변환
OD <- as.data.frame(OD)
# 통행 발생 순서대로 정렬
OD <- OD[order(OD$Freq, decreasing = TRUE), ]
# 일련번호 재정렬
rownames(OD) <- 1 : length(rownames(OD))
head(OD)

☞ 실행 결과
   Var1  Var2  Freq
1 화성시 화성시 82556
2 수원시 화성시 45200
3 화성시 수원시 40940
4 오산시 화성시 10762
5 화성시 오산시 10577
6 화성시 용인시  4250
```

단순 지역별 이동 건수가 아니라 어느 지역에서의 이동량이 가장 많은지 찾아내고자 이동량이 많은 순서부터 누적 비율cumulative ratio을 계산합니다. 이동량이 많은 순서대로 살펴보면 화성, 수원, 오산, 용인에 대한 이동만으로도 전체 데이터의 93.9%를 차지하는 것으로 분석되었습니다. 이는 화성시와 관련된 목적 통행의 대부분이 인접한 곳에서 발생하고 있음을 보여줍니다.

Do it! 지역별 OD 발생량 누적 비율 보기 부록.R

```
library(dplyr)  # install.packages("dplyr")
# 누적 비율 보기
OD <- OD %>% mutate(cum = round(((cumsum((Freq))/sum(Freq))*100), 1))
# 칼럼명 변경
colnames(OD)<- c("From", "To", "Freq", "Cum")
# OD 메트릭스 저장
save(OD, file="./01_save/02_003_OD.rdata")
head(OD)
```

☞ 실행 결과

```
   From     To  Freq  Cum
1 화성시 화성시 82556 39.9
2 수원시 화성시 45200 61.8
3 화성시 수원시 40940 81.6
4 오산시 화성시 10762 86.8
5 화성시 오산시 10577 91.9
6 화성시 용인시  4250 93.9
```

지니계수Gini coefficient를 이용하여 전체 데이터가 얼마나 편중되었는지 확인하고, 로렌츠 곡선Lorenz curve으로 이를 시각화합니다. 지니계수는 전체 데이터의 불평등 정도를 알려주는 지표로 완전 평등은 0, 완전 불평등은 1로 나타납니다. 여기에서는 지니계숫값이 0.96으로 나왔습니다. 이는 지역 간 교통량이 특정 지역에 편중되었음을 의미합니다.

Do it! 통행량 집중도 확인: 지니계수와 로렌츠 곡선 부록.R

```
library(ineq) # install.packages("ineq")
# 지니계수
ineq(OD$Freq,type="Gini")
# 로렌츠 곡선 그리기
plot((OD$Freq), col="red", type = 'l', lwd=2)
```

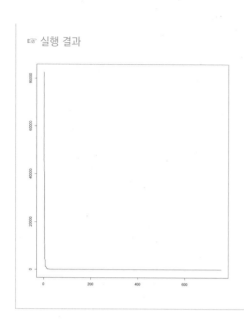

☞ 실행 결과

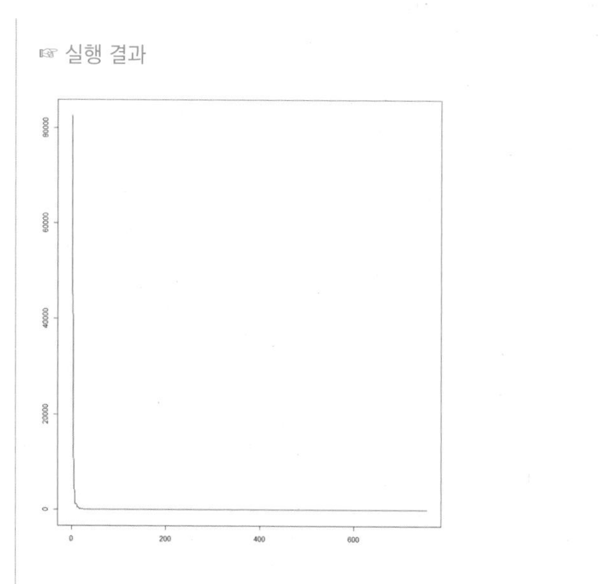

이제 분석 범위 설정의 마지막 단계로서 대상 지역 교통량 데이터만 추출합니다. 전체 trip_chain의 93.9%가 화성시, 수원시, 용인시 그리고 오산시로 분석되었으므로 이 지역을 주 분석 대상으로 설정하고자 출발이나 도착 지역이 4곳이 아닌 경우는 제외합니다. 확인 결과 4곳의 trip_chain 데이터만 필터링되었습니다.

Do it! 대상 지역 교통량 데이터만 추출 부록.R

```
# 출발 또는 도착 지역 지정
patterns <- c("수원시","화성시", "용인시", "오산시")
# 필요 변수 지정
colnames(sta_table) <-  c("표준정류장ID", "이비카드정류장ID", "WGS84위도", "WGS84경도","시군명", "정류소명")
# 필요한 지역 - 변수만 필터링
sta_table <- filter(sta_table, grepl(paste(patterns, collapse="|"), 시군명))
# 일련번호 다시 부여하기
rownames(sta_table) <- seq(1:nrow(sta_table))
# 저장
save(sta_table, file="./01_save/02_003_sta_table.rdata")
# 대상지 필터링 결과 확인
unique(sta_table$시군명)
```

☞ 실행 결과

```
"화성시" "용인시" "수원시" "오산시"
```

4. 기초 분석 1: 노선별·시간대별 이용량

Do it! 실습

1단계 노선별·시간대별 이용량 특성 분석

개별 이동 정보를 포함하는 trip_chain에는 노선 아이디가 포함되어 있고 버스노선 정보에는 버스노선 번호가 포함되었으므로 어떤 사람이 어떤 버스를 이용하였는지 알려면 두 정보를 하나로 결합해야 합니다.

Do it! 이용자가 몇 번 버스를 타고 어디에서 어디로 이동하였는지 알아내기 부록.R

```
# 개별 이동 데이터 불러오기
load("./01_save/02_003_trip_chain.rdata")
# 버스노선 정보 불러오기
route_map <- read.csv("./SBJ_2003_001/routestationmapping.csv", fileEncoding = "UTF-8")
# 노선 ID와 버스 번호(노선명) 추출
route_map <- route_map[,5:6]
# 개별 이동 데이터와 버스 번호(노선명) 결합
route_sta <- merge(trip_chain, route_map, by.x = "버스노선ID1", by.y = "표준노선ID")
# 개별 이동 정보 확인
head(route_sta[1:2,c(4, 66, 60, 65)],)
```

☞ 실행 결과

```
   암호화카드번호    노선명            S_정류소명   E_정류소명
1  900474615375       17      현대모닝사이드1차      빅마켓앞
2  900109571235       17  성남아트센터.태원고교      삼성전자
```

이제 어떤 노선의 이용자가 많은지 분석합니다. 가장 이용자가 많은 버스노선은 92-1번입니다. 이 버스를 이용한 건수는 1.8만 건으로 전체 이용 건수의 8%입니다. 그 뒤를 이어 13-5번이 7.1%를 차지하는 것으로 나타났습니다.

Do it! 이용자가 많은 버스노선 추출 부록.R

```
# 노선명을 문자형(character) 변수로 속성 변환
route_sta$노선명 <- as.character(route_sta$노선명)
# 노선별 이용 건수를 피벗테이블로 작성하기
bus_usr <- as.data.frame(table(route_sta$노선명))
# 노선별 이용 건수 sorting => 빈도수가 많은 것부터
bus_usr <- bus_usr[order(-bus_usr$Freq), ]
# 칼럼명 변경
colnames(bus_usr) <- c("line", "Freq")
# 일련번호 재정렬
rownames(bus_usr) <- 1 : length(rownames(bus_usr))
# 비율(percentage) 보기
bus_usr$pcnt = round(bus_usr$Freq/ sum(bus_usr$Freq), 3) * 100
# 노선별 이용 건수 1~10위까지 불러오기
head(bus_usr[1:10,], 5)
```

☞ 실행 결과

```
  line  Freq pcnt
1 92-1 18702  8.0
2 13-5 16748  7.1
3   98  9607  4.1
4 62-1  8312  3.5
5  7-1  7604  3.2
```

이제 노선별로 이용자 수가 얼마나 집중되었는지 살펴보기 위하여 누적 비율을 살펴봅니다. 전체 노선 수는 362개이며, 이 가운데 상위 42개 노선이 전체 이동량의 87.3%를 차지하고 있는 것으로 분석되었습니다.

Do it! 노선별 누적 이용자 비율 분석 부록.R

```
# 노선별 누적 비율 계산
bus_usr <- bus_usr %>% mutate(cum = round(((cumsum((Freq))/sum(Freq))*100), 1))
# 저장
save(bus_usr, file="./01_save/03_001_bus_usr.rdata")
# 상위 42개 노선이 전체 이동량이 87.3%를 차지하고 있음
head(bus_usr[39:42,], 5)
```

```
# 누적 비율 차트
plot(bus_usr$cum, type='l', xlim=c(0, 100))
abline(v = 42, col="red", lwd=3, lty=2)
```

☞ 실행 결과

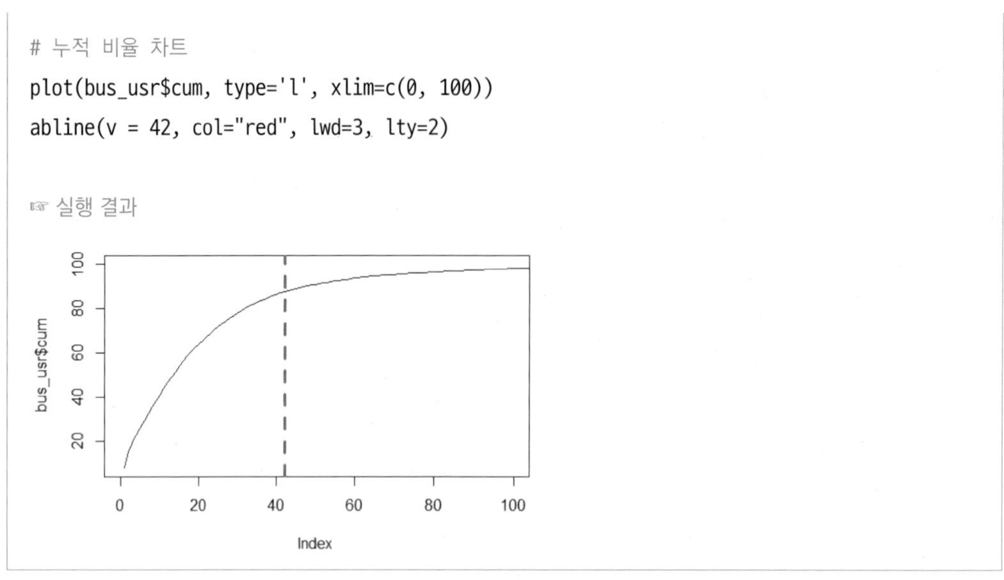

마지막으로 이동이 발생한 시간도 분석합니다. 시간대별 분석 결과 5~8시와 17~18시에 집중되는 것으로 보입니다. 다만 이동 발생이 시간에 따라 달라지므로 전체 이동량의 특성을 보는 것은 의미가 없습니다. 따라서 출퇴근 시간대와 그 외 일상 시간대로 구분하여 살펴볼 필요가 있습니다.

Do it! 이동 발생 시간대 분석 부록.R

```
hist <- hist(trip_chain$start_hour, plot = FALSE)
plot(hist, xaxt = "n", xlab = "시간", ylab = "건수",
     main = "시간대별 trip 발생량", col = "blue")
axis(1, hist$mids, labels = c(5:23))
```

☞ 실행 결과

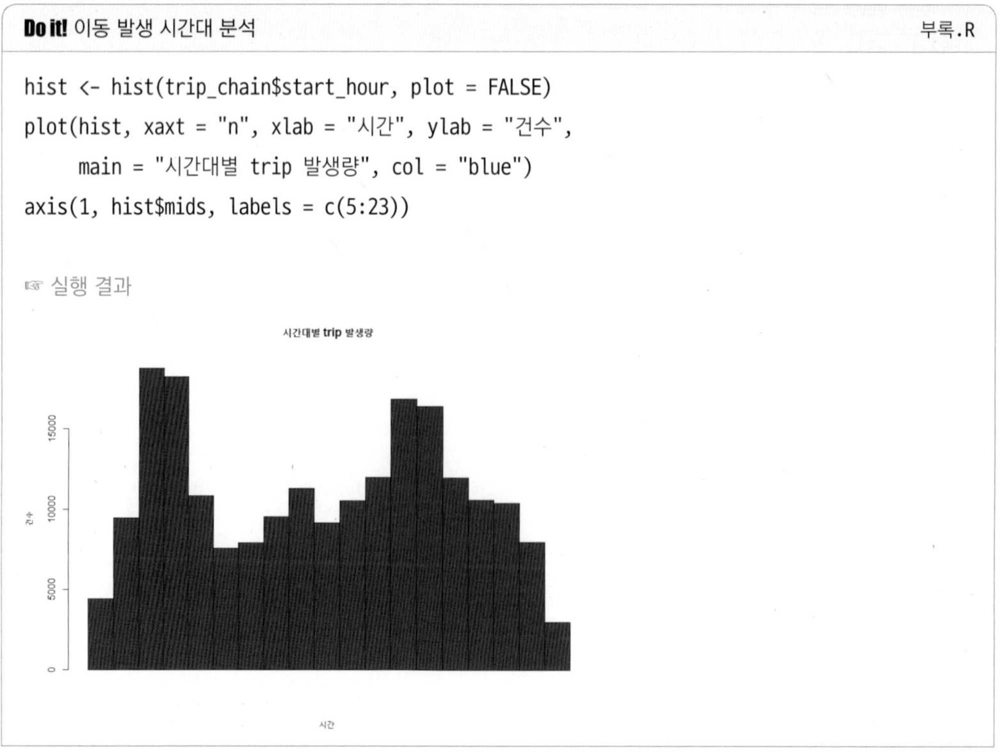

2단계 이용량 많은 버스노선 정류장 위치 알아보기

이용량 많은 버스노선이 어디에 있는지 살펴보고자 지도 위에 버스노선 정보를 표현합니다. 우선 이용량 많은 버스노선 42개를 필터링합니다.

Do it! 정류장 정보 추출 부록.R

```
# 버스노선 번호 추출
bus_line <- as.character(bus_usr[1:42,1])
# 노선 - 정류장 매핑 테이블 불러오기
load("./01_save/01_004_route_sta.rdata")
# 이용량 많은 42개 버스노선의 정류장만 추출
bus_line <- filter(route_sta, grepl(paste(as.character(bus_line), collapse="|"), route_
sta$bus_line_no))
# 버스노선 중 대상 지역에 위치하는 정류장 정보만 추출
patterns <- c("수원시","화성시", "용인시", "오산시")  # 대상지 지정
bus_line <- filter(bus_line, grepl(paste(patterns, collapse="|"), 시군명))  # 필터링
# 중복되는 노선 지우기
bus_line <- bus_line[!duplicated(bus_line[c(2,4)]),]
bus_line <- bus_line[with(bus_line, order(bus_line_no, bus_line_no_seq)), ]
# 순서대로 정렬하기
bus_line <- merge(bus_line, bus_usr[1:42,1:3], by.x = "bus_line_no", by.y = "line",
all.x = TRUE)
bus_line <- na.omit(bus_line)
save(bus_line, file="./01_save/03_002_bus_line.rdata")  # 저장
head(bus_line[,c(1,4,9)], 2)
```

☞ 실행 결과

```
   bus_line_no              station_nm                  정류소명
90       116-2  동수원세무소.영통역2번출구  동수원세무소.영통역2번출구
91       116-2  영통역7번출구.영덕고등학교  영통역7번출구.영덕고등학교
```

필터링한 42개 버스노선을 지도 위에 시각화합니다. 분석 결과 팔탄면에서 운행하는 13-1번이 가장 많은 승객을 수송하고 있는 것으로 분석되었습니다(빨간색 점).

Do it! 정류장 정보를 공간 포인트로 만들기 부록.R

```
# 좌푯값 추출
library(tidyr)  # install.packages("tidyr")
library(sp)     # install.packages("sp")
coords <- bus_line %>% dplyr::select(WGS84경도, WGS84위도)
data <- bus_line[,1:11]
# 투영
crs <- CRS("+proj=longlat +datum=WGS84 +no_defs +ellps=WGS84 +towgs84=0,0,0")
sta_pnt <- SpatialPointsDataFrame(coords = coords, data = data, proj4string = crs)
# 저장
save(sta_pnt, file="./01_save/03_003_sta_pnt.rdata")
# 시각화
library(tmap)  # install.packages("tmap")
qtm("Hwaseong")
qtm("Hwaseong") +
  # 이용자 1% 이상 노선
  qtm(subset(sta_pnt, sta_pnt@data$pcnt > 1), symbols.col = "cadetblue2", symbols.size= .05) +
  # 이용자 2% 이상 노선
  qtm(subset(sta_pnt, sta_pnt@data$pcnt > 2), symbols.col = "burlywood3", symbols.size= .1) +
  # 이용자 3% 이상 노선
  qtm(subset(sta_pnt, sta_pnt@data$pcnt > 3), symbols.col = "orange", symbols.size= .3) +
  # 이용자 4% 이상 노선
  qtm(subset(sta_pnt, sta_pnt@data$pcnt > 4), symbols.col = "red", symbols.size= .5)
```

☞ 실행 결과

분석 결과, 화성시 외곽에서 시내로 이동하는 노선은 대중교통 선택 폭이 제한적이므로 이용객이 특정 노선에 집중된 것으로 판단됩니다. 따라서 팔탄 지역에서 화성시로 진입하는 대중교통 노선이나 버스 배차 간격을 확대할 필요가 있는 것으로 판단됩니다.

5. 기초 분석 2: 집계구별 이동 특성

Do it! 실습

1단계 집계구별 이동 계산

앞선 기초 분석에서 개별 노선에 대한 정보를 다루었다면, 지금부터는 이동 특성을 더 명확하게 파악하고자 집계구 아이디를 기준으로 특정 셀 안에서 발생한 이동량을 합산하여 계산합니다. 우선 해당 정류장이 집계구의 몇 번 아이디에 속하는지 알기 위하여 공간 결합을 수행합니다.

Do it! 정류장 데이터와 집계구의 공간 조인 　　부록.R

```
# 파일 불러오기
load("./01_save/02_003_trip_chain.rdata")
load("./01_save/01_002_fishnet.rdata")
load("./01_save/03_003_sta_pnt.rdata")
load("./01_save/01_001_admin.rdata")
# 공간 조인
require(spatialEco)    # install.packages("spatialEco")
sta_pnt <- point.in.poly(sta_pnt, fishnet)
# 저장
save(sta_pnt, file="./01_save/04_001_sta_pnt.rdata")
head(sta_pnt@data[, c(1, 4, 10, 12)], 2)
```

☞ 실행 결과

```
   bus_line_no                  station_nm  Freq    id
90       116-2  동수원세무소.영통역2번출구  3872  2173
91       116-2  영통역7번출구.영덕고등학교  3872  2173
```

이제 이동 데이터의 최초 출발지 또는 최종 목적지 정류장이 집계구의 몇 번 아이디에 속하는지 파악합니다.

Do it! 승하차 정류장 데이터에 집계구 아이디 추가하기 부록.R

```
# trip_chain 번호 다시 매기기
rownames(trip_chain) <- seq(1:nrow(trip_chain))
trip_chain <- merge(trip_chain, sta_pnt@data[,c(5,12)], by.x = "승차역ID1", by.y = "이비
카드정류장ID")
trip_chain <- merge(trip_chain, sta_pnt@data[,c(5,12)], by.x = "최종하차역ID", by.y = "이
비카드정류장ID")
save(trip_chain, file="./01_save/04_002_trip_chain.rdata")
tail(trip_chain[,c(3, 60, 65, 66, 67)], 2)
```

☞ 실행 결과

```
         암호화카드번호   S_정류소명          E_정류소명 id.x id.y
161565    900514973139 한빛마을(중) 단국대.평화의광장 2541 1535
161566    900514973139 한빛마을(중) 단국대.평화의광장 2541 1535
```

마지막으로 분석을 위하여 필요한 정보만 추출합니다. 필요한 정보는 출발지 집계구 아이디, 도착지 집계구 아이디, 최초 승차역과 최종 하차역, 총 이용객 수와 환승 횟수 정보입니다.

Do it! trip_chain에서 필요한 정보만 추출 부록.R

```
# 필요한 정보만 추출하기
keeps <- c( "id.x", "id.y", "승차역ID1", "최종하차역ID", "총이용객수", "환승횟수")
grid_chain <- trip_chain[keeps]
rm("trip_chain") ; rm("keeps")
save(grid_chain, file="./01_save/04_003_grid_chain.rdata")
head(grid_chain, 2)
```

☞ 실행 결과

```
  id.x id.y  승차역ID1 최종하차역ID 총이용객수 환승횟수
1 2630 3185   4100049      4100017          1        1
2 2630 3185   4100049      4100017          1        1
```

2단계 집계구별 출발·도착 이동량 특성 분석

이제 집계구의 셀을 기준으로 출발 데이터를 합산하여 봅니다.

Do it! 출발지 기준 총 이용객 수, 평균 환승 횟수 분석 부록.R

```
# 라이브러리 불러오기
library(dplyr) # install.packages("dplyr")
library(sp)    # install.packages("sp")
library(sf)    # install.packages("sf")
# 출발지 기준 집계구 분석
grid_in <- grid_chain %>%
  group_by(id.x) %>%                  # 집계구에서 id.x별로 총 이용객 수,
  summarize_if(is.numeric, sum) %>%   # 환승 횟수 데이터를 합하기
  dplyr::select(id.x, 총이용객수, 환승횟수)
# 평균 환승 횟수 계산
grid_in$평균환승 <- round((grid_in$환승횟수 / grid_in$총이용객수),1)
# 칼럼 이름 정리하기
colnames(grid_in) <- c("id", "총이용객수", "환승횟수", "평균환승")
# s3(spatial polygon dataframe) => s4 포맷으로 변환
fishnet_2 <- as(fishnet,'sf')
# fishnet_2 + "총이용객수", "환승횟수", "평균환승" 결합
fishnet_2 <- full_join(fishnet_2, grid_in, by = "id")
# 저장
save(fishnet_2, file="./01_save/04_004_fishnet_2.rdata")
head(fishnet_2, 2)
```

☞ 실행 결과

```
   id  총이용객수  환승횟수  평균환승      geometry
1  1          NA        NA        NA POLYGON ((126.5062 37.48342...
2  2          NA        NA        NA POLYGON ((126.5162 37.48342...
```

합산한 결과 가운데 NA가 아닌 데이터를 필터링합니다. 분석 결과, 총 이용객 수는 도심이 외곽 지역보다 많은 것으로 나타났습니다. 한편 도시 외곽 지역이나 화성시를 벗어난 지역에서 출발하는 사람들은 평균 환승 횟수가 많은 것으로 나타났습니다. 지도로 살펴본 결과, 이러한 지역은 용인에서 많이 나타납니다. 참고로 환승 횟수가 증가하는 지역은 그만큼 교통편이 안 좋다는 의미입니다.

Do it! 출발지 기준 => "총이용객수", "환승횟수", "평균환승" 플로팅 부록.R

```
# 총 이용객 수
library(tmap)
tm_shape(fishnet_2) + tm_polygons("총이용객수", alpha = 0.6, border.col = "gray50",
border.alpha = .2, colorNA = NULL) +
  tm_shape(admin,  alpha = 0.1) + tm_borders()
# 평균 환승
tm_shape(fishnet_2) + tm_polygons("평균환승", alpha = 0.6, border.col = "gray50", bor-
der. alpha = .2, colorNA = NULL) +
tm_shape(admin,  alpha = 0.1) + tm_borders()
```

☞ 실행 결과

집계구의 셀을 기준으로 도착 데이터를 합산하여 봅니다.

Do it! 도착지 기준 총 이용객 수, 평균 환승 횟수 분석 부록.R

```
# 도착지 기준 fishnet 분석
grid_out <- grid_chain %>%
  group_by(id.y) %>%                  # 그리드에서 id.xy별로 총 이용객 수,
  summarize_if(is.numeric, sum) %>%   # 환승 횟수 데이터를 합하기
  dplyr::select(id.y, 총이용객수, 환승횟수)
# 평균 환승 횟수 계산
grid_out$평균환승 <- round((grid_out$환승횟수 / grid_out$총이용객수),1)
# 칼럼 이름 정리하기
colnames(grid_out) <- c("id", "총이용객수", "환승횟수", "평균환승")
# s3(spatial polygon dataframe) => s4 포맷으로 변환
```

```
fishnet_2 <- as(fishnet,'sf')
# fishnet_2 + "총이용객수", "환승횟수", "평균환승" 결합
fishnet_2 <- full_join(fishnet_2, grid_out, by = "id")
# 저장
save(fishnet_2, file="./01_save/04_005_fishnet_2.rdata")
head(fishnet_2, 2)
```

☞ 실행 결과

```
  id  총이용객수  환승횟수 평균환승      geometry
1  1         NA        NA        NA POLYGON ((126.5062 37.48342...
2  2         NA        NA        NA POLYGON ((126.5162 37.48342...
```

합산한 결과 가운데 NA가 아닌 데이터를 필터링합니다. 분석 결과, 총 이용객 수는 도심이 외곽 지역보다 많은 것으로 나타났습니다. 한편 도착지가 용인시인 경우 환승 횟수가 크게 증가하고 있어 전반적으로 화성시와 용인시의 교통 접근성이 불편한 것으로 분석되었습니다.

분석 결과 출발지가 화성시든 도착지가 화성시든 용인시에서 대중교통 접근성이 낮은 것은 명확합니다. 다만 세부적으로 지역 차이는 약간 있는데 출발지가 화성시이면 분당이나 판교로 갈 때 환승이 크게 증가하는 모습을 보이며, 도착지가 화성시이면 용인시청 인근에서 출발하는 이용객의 환승이 가장 많은 것으로 분석되었습니다.

Do it! 도착지 기준 => "총이용객수", "환승횟수", "평균환승" 플로팅 부록.R

```
# 총 이용객 수
library(tmap)
tm_shape(fishnet_2) + tm_polygons("총이용객수",  alpha = 0.6, border.col = "gray50",
border.alpha = .2, colorNA = NULL) +
  tm_shape(admin) + tm_borders()
# 평균 환승
tm_shape(fishnet_2) + tm_polygons("평균환승", alpha = 0.6, border.col = "gray50",
border.alpha = .2, colorNA = NULL) +
tm_shape(admin) + tm_borders()
```

☞ 실행 결과

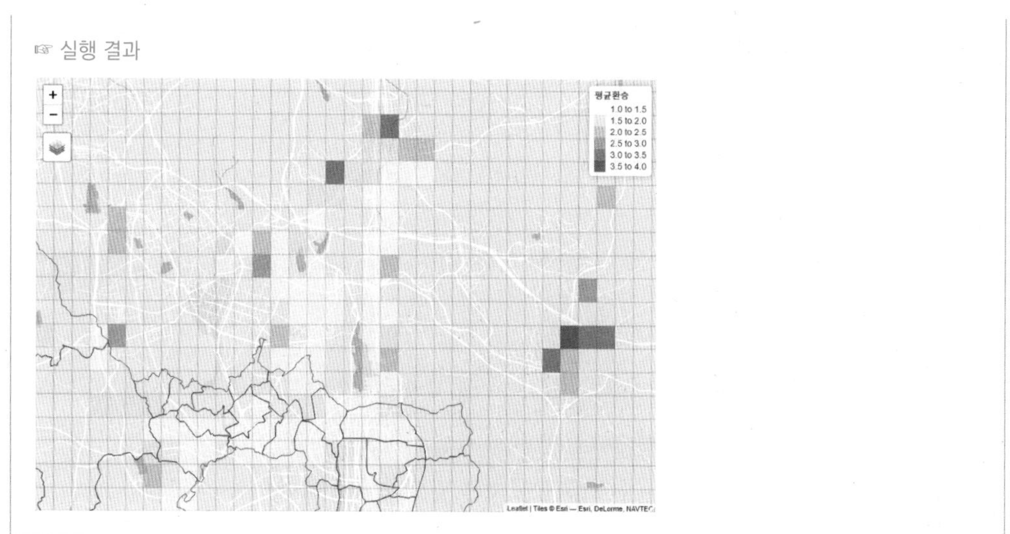
평균환승
1.0 to 1.5
1.5 to 2.0
2.0 to 2.5
2.5 to 3.0
3.0 to 3.5
3.5 to 4.0
Leaflet | Tiles © Esri — Esri, DeLorme, NAVTEQ

6. 교통 흐름 분석 1: 통근 시간대

Do it! 실습

1단계 통근 시간대 교통 흐름 분석

개별 통행 분석은 특정 지역의 상황을 이해하는 데 도움이 되지만, 전반적인 이동의 흐름을 살펴보는 데는 큰 도움이 되지 않습니다. 따라서 출발지와 목적지를 연결하여 살펴봄으로써 이동이 어디에서 어디로 이어지는지 흐름을 살펴볼 필요가 있습니다.

이때 주의해야 할 점은 사람들의 이동이 항상 고르게 나타나는 것이 아니라는 것입니다. 앞에서도 살펴보았듯이 출퇴근 시간대에 이동이 집중되는 모습을 보이므로 여기에서는 통근 시간대와 비통근 시간대로 구분하여 교통의 흐름을 살펴봅니다. 우선 통근 시간대에 해당하는 데이터만 필터링합니다.

Do it! 통근 시간대 데이터 필터링 부록.R

```
# 파일 불러오기
setwd(dirname(rstudioapi::getSourceEditorContext()$path))
load("./01_save/04_002_trip_chain.rdata")
load("./01_save/04_001_sta_pnt.rdata")
load("./01_save/01_002_fishnet.rdata")
load("./01_save/01_001_admin.rdata")
# 통근 통행 필터링 (오전: 7, 8, 9시), 오후(17, 18, 19시)
library(dplyr)
trip_cmt <-  trip_chain[grep("6|7|8|9|17|18|19", trip_chain$start_hour),]
# trip_chain 번호 다시 매기기
rownames(trip_cmt) <- seq(1:nrow(trip_cmt))
save(trip_cmt, file="./01_save/06_001_trip_cmt.rdata")
# trip_chain에서 필요한 정보만 추출하기
keeps <- c( "id.x", "id.y", "승차역ID1", "최종하차역ID", "총이용객수", "환승횟수")
grid_chain <- trip_cmt[keeps]
save(grid_chain, file="./01_save/05_003_grid_chain.rdata")
rm("trip_chain") ; rm("keeps")
head(grid_chain, 2)
```

```
☞ 실행 결과
  id.x id.y  승차역ID1 최 종하차역ID  총이용객수  환승횟수
1 2541 3185   4170481      4100017          1         1
2 2630 3185   4100049      4100017          2         1
```

교통 흐름에서 중요한 것은 발생량이 아니라 이동량입니다. 따라서 하나의 셀에서 나타나는 짧은 이동은 제외하고, 셀 간 이동이 발생하는 경우만 추출합니다. 실행 결과를 보면 셀 아이디 번호 2541번에서 3185번으로 모두 1건의 이동이 발생하였음을 보여 줍니다. 이때 1번의 환승이 있었다는 정보 역시 추가로 알려 줍니다.

Do it! 집계구 간 이동만 남기기(집계구 내 이동 지우기) 부록.R

```
library(stplanr)  # install.packages("stplanr")
od_intra <- filter(grid_chain, id.x != id.y)
# 그리드 간(intra) 이동별 총 이용객 수, 환승 횟수 집계하기
library(dplyr)
od_intra2 <- od_intra %>%
  group_by(id.x, id.y) %>%
  summarise_each(funs(sum)) %>%
  dplyr::select(id.x, id.y, 총이용객수, 환승횟수)
# 평균 환승 횟수 계산
od_intra2$평균환승 <- round((od_intra2$환승횟수 / od_intra2$총이용객수),1)
# 칼럼 이름 정리하기
colnames(od_intra2) <- c("id.x", "id.y", "총이용객수", "환승횟수", "평균환승")
head(od_intra2, 2)

☞ 실행 결과
  id.x id.y  승차역ID1  최종하차역ID  총이용객수  환승횟수
1 2541 3185   4170481      4100017          1         1
2 2630 3185   4100049      4100017          2         1
```

이제 이동 지점을 연결하고자 odline() 함수를 이용하여 공간 데이터로 만들어 총 이용객 수와 평균 환승 횟수 정보를 지도 위에 시각화합니다. 이제 앞에서 셀별로 그리드 분석한 것보다 직관적으로 이동의 흐름을 이해할 수 있습니다.

Do it! 시각화 위하여 공간 데이터 형식(OD2LINE)으로 변경 부록.R

```
# 공간 데이터 형식(OD2LINE) 만들기
od_line <- od2line(od_intra2, fishnet)
# 저장
save(od_line, file="./01_save/05_003_od_line.rdata")
# 총 이용객 수 시각화
library(tmap)
qtm("Hwaseong") +
  qtm(subset(od_line, od_line$총이용객수 > 30), lines.col = "grey", lines.lwd = .3) +
  qtm(subset(od_line, od_line$총이용객수 > 100), lines.col = "blue", lines.alpha =.4,
lines.lwd = 1) +
  qtm(subset(od_line, od_line$총이용객수 > 400), lines.col = "orange", lines.alpha =.6,
lines.lwd = 2) +
  qtm(subset(od_line, od_line$총이용객수 > 1000), lines.col = "red", lines.alpha =.8,
lines.lwd = 4)
# 평균 환승 시각화
qtm("Hwaseong") +
  qtm(subset(od_line, od_line$평균환승 >= 2 & od_line$평균환승 < 3), lines.col = "grey",
lines.lwd = .3) +
  qtm(subset(od_line, od_line$평균환승 >= 3 & od_line$평균환승 < 4), lines.col = "blue",
lines.alpha =.4, lines.lwd = 1) +
  qtm(subset(od_line, od_line$평균환승 >= 4 & od_line$평균환승 < 5), lines.col = "red",
lines.alpha =.4, lines.lwd = 2)
```

☞ 실행 결과

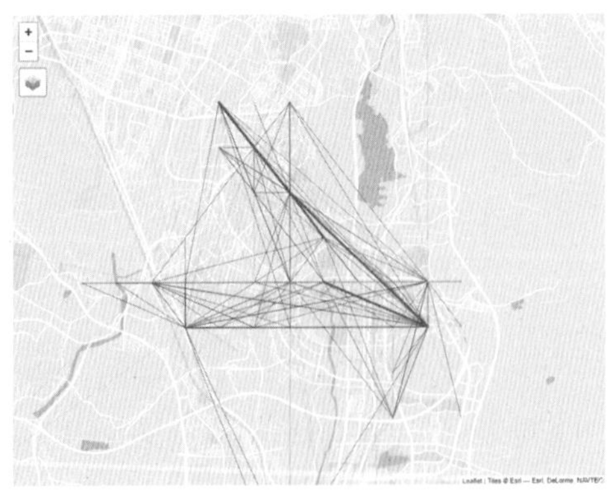

2단계 통근 시간대 커뮤니티 탐지

커뮤니티 탐지community detection는 네트워크 분석 기법을 이용하여 동질성이 높은 공간 영역을 탐지하는 분석 기법입니다. 이를 위해서는 일단 이동 데이터를 네트워크 데이터로 변환하는 과정이 필요합니다.

Do it! 네트워크 속성 변환(Spatial_data_frame => Spatial_Network) 부록.R

```
library(stplanr) # install.packages("stplanr")
# g, nb 등 속성 타입 확인
od_line_sln <- SpatialLinesNetwork(od_line)
# igraph 연결 속성 확인
od_line_sln@nb
od_line_sln@g
# 네트워크 가중치 부여하기
library(igraph)
E(od_line_sln@g)$weight <- od_line@data$총이용객수
# 엣지 속성 보기
edge_attr(od_line_sln@g)$weight
# 플로팅하기
plot(od_line_sln@g, edge.width=E(od_line_sln@g)$weight/100)
```

☞ 실행 결과

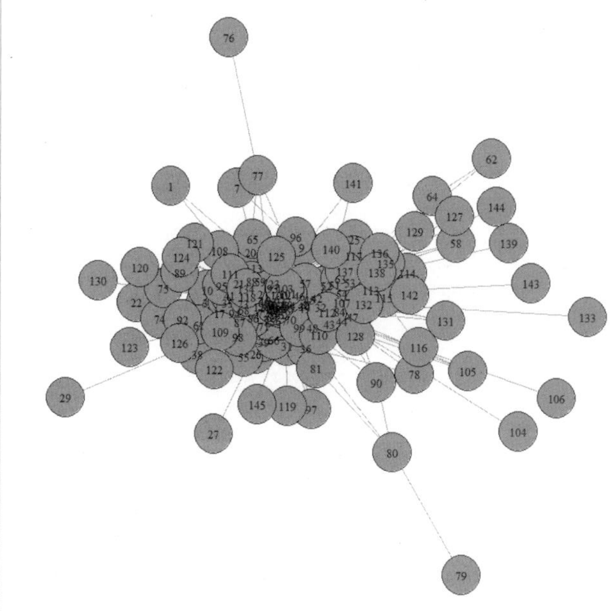

본격적으로 커뮤니티 탐지에 들어가기 앞서 분석가는 어떤 모델을 사용하는 것이 분석에 적합할지 결정하여야 합니다. 이를 위하여 커뮤니티 탐지에서는 모듈성modularity이라는 지표를 사용합니다. 모듈성은 그룹 안의 링크가 그룹 밖과 연결된 링크보다 더 많다는 정도를 알려주는 지표로서 커뮤니티가 잘 구분되었는지(클러스터링이 잘 되었는지)를 알려 줍니다.

모듈성이 높은 모형일수록 커뮤니티 영역을 잘 구분한다고 생각하면 됩니다. 여기에서는 spinglass, walktrap 그리고 multilevel이라는 3가지 모형을 사용하였고, 이 가운데 multilevel의 성능이 가장 우수한 것으로 나타났습니다.

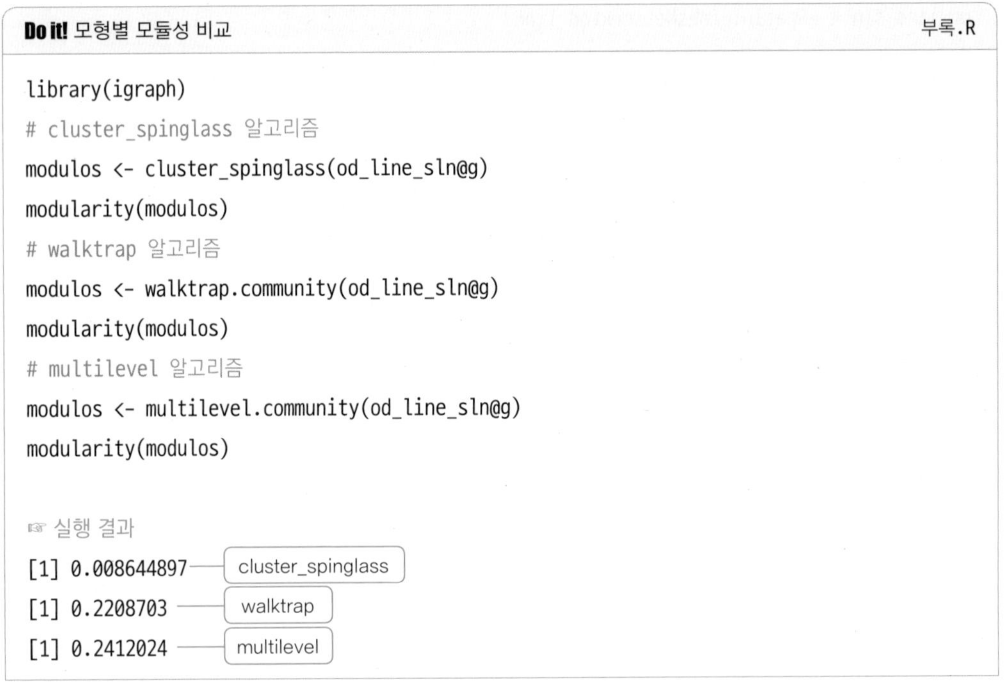

Do it! 모형별 모듈성 비교 부록.R

```
library(igraph)
# cluster_spinglass 알고리즘
modulos <- cluster_spinglass(od_line_sln@g)
modularity(modulos)
# walktrap 알고리즘
modulos <- walktrap.community(od_line_sln@g)
modularity(modulos)
# multilevel 알고리즘
modulos <- multilevel.community(od_line_sln@g)
modularity(modulos)
```

☞ 실행 결과

```
[1] 0.008644897 ── cluster_spinglass
[1] 0.2208703 ── walktrap
[1] 0.2412024 ── multilevel
```

이제 지도 위에 커뮤니티 탐지 결과를 시각화합니다. 커뮤니티가 어떻게 구분되는지 더욱 명확하게 살펴보고자 사람들이 가지고 있는 이동에 대한 욕구선desire line과 커뮤니티 탐지 결과를 비교합니다. 오른쪽 그림을 살펴보면 커뮤니티 탐지 결과 출퇴근 시간대의 이동 패턴에서는 화성시의 서측(향남면)의 커뮤니티와 우측(용인시) 커뮤니티를 주목할 필요가 있습니다.

Do it! 지도 시각화 부록.R

```
# 꼭지점 좌푯값 추출
l_out <- cbind(od_line_sln@g$x, od_line_sln@g$y)
# 화면 분할
par(mfrow=c(1,2))
# 사람들 이동에 대한 욕구선 그리기
plot(admin, lwd=1, border="grey", main =" Desire Line", xlim = c(126.93, 127.16), ylim
= c(37.1, 37.3))
plot(od_line, lwd=(od_line$총이용객수)/300, col="orange", rescale = T, add=T)
# 욕구선 기반 커뮤니티 탐지
plot(admin, lwd=1, border="grey", main =" Community Detection", xlim = c(126.93,
127.16), ylim = c(37.1, 37.3))
plot.igraph(od_line_sln@g, vertex.label=NA,
  vertex.size=0.05*igraph::degree(od_line_sln@g),
  vertex.color = adjustcolor("blue", alpha.f = .4),
  edge.width=(edge_attr(od_line_sln@g)$weight)/1000,
  edge.color="orange",
  edge.curved=0.3,
  layout = l_out,
  mark.groups= modulos,
  mark.border="NA",
  rescale = F,
  add=T)
```

☞ 실행 결과

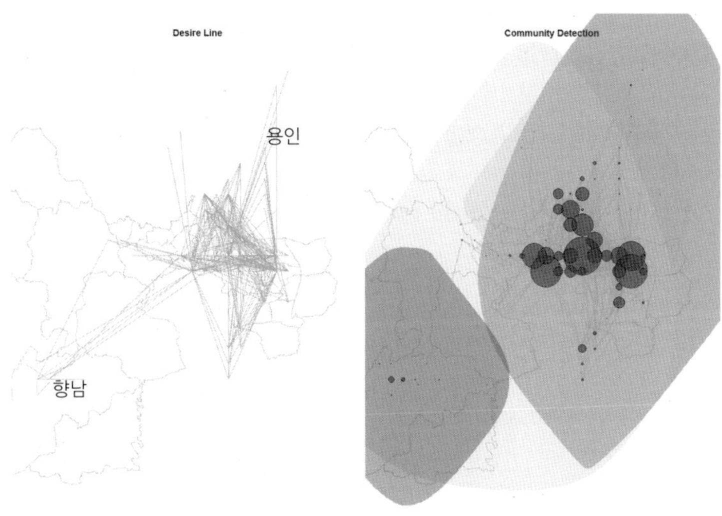

7. 교통 흐름 분석 2: 비통근 시간대

Do it! 실습

1단계 비통근 시간대 교통 흐름 분석

비통근 시간대 교통 흐름 분석도 통근 시간대 교통 흐름을 분석하는 방식과 같으므로 자세한 설명은 생략하겠습니다.

Do it! 비통근 시간대 데이터 필터링 부록.R

```
# 파일 불러오기
setwd(dirname(rstudioapi::getSourceEditorContext()$path))
load("./01_save/04_002_trip_chain.rdata")
load("./01_save/04_001_sta_pnt.rdata")
load("./01_save/01_002_fishnet.rdata")
load("./01_save/01_001_admin.rdata")
# 비통근 통행 추출 (10~16시)
library(dplyr)
trip_cmt <-  trip_chain[grep("10|11|12|13|14|15|16", trip_chain$start_hour),]
# trip_chain 번호 다시 매기기
rownames(trip_cmt) <- seq(1:nrow(trip_cmt))
# 비통근 통행: 6.8만 건 => 6.8 / 16.1(전체 통행) => 약 42.2%
# 저장
save(trip_cmt, file="./01_save/07_001_trip_cmt.rdata")
# 필요한 정보만 추출
keeps <- c( "id.x", "id.y", "승차역ID1", "최종하차역ID", "총이용객수", "환승횟수") #
grid_chain <- trip_cmt[keeps]
save(grid_chain, file="./01_save/07_001_grid_chain.rdata")
rm("trip_chain") ; rm("keeps")
head(grid_chain, 2)
```

☞ 실행 결과

```
  id.x id.y  승차역ID1  최종하차역ID  총이용객수  환승횟수
1 2630 3185   4100049      4100017          1         1
2 2630 3185   4100049      4100017          1         1
```

Do it! 집계구 간 이동만 남기기(집계구 내 이동 지우기) 부록.R

```
# inter 이동만 남기기(intra 이동 필터링)
library(stplanr)  # install.packages("stplanr")
od_intra <- filter(grid_chain, id.x != id.y)
# 이동별 총 이용객 수, 환승 횟수 집계하기
library(dplyr)
od_intra2 <- od_intra %>%
  group_by(id.x, id.y) %>%
  summarise_each(funs(sum)) %>%
  dplyr::select(id.x, id.y, 총이용객수, 환승횟수)
# 평균 환승 횟수 계산
od_intra2$평균환승 <- round((od_intra2$환승횟수 / od_intra2$총이용객수),1)
# 칼럼 이름 정리
colnames(od_intra2) <- c("id.x", "id.y", "총이용객수", "환승횟수", "평균환승")
head(od_intra2, 2)

☞ 실행 결과
   id.x  id.y  총이용객수  환승횟수  평균환승
1  1348  2637          2         4         2
2  1349  2541          8        16         2
```

Do it! 시각화 위하여 공간 데이터 형식(OD2LINE)으로 변경 부록.R

```
# 시각화 위하여 공간 데이터 형식(OD2LINE)으로 변경
od_line <- od2line(od_intra2, fishnet)
# 저장
save(od_line, file="./01_save/05_004_od_line.rdata")
# 총 이용객 수 시각화
library(tmap)
qtm("Hwaseong") +
  qtm(subset(od_line, od_line$총이용객수 > 30), lines.col = "grey", lines.lwd = .3) +
  qtm(subset(od_line, od_line$총이용객수 > 100), lines.col = "blue", lines.alpha =.4,
lines.lwd = 1) +
  qtm(subset(od_line, od_line$총이용객수 > 400), lines.col = "orange", lines.alpha =.6,
lines.lwd = 2) +
  qtm(subset(od_line, od_line$총이용객수 > 1000), lines.col = "red", lines.alpha =.8,
lines.lwd = 4)
# 평균 환승 시각화
```

```
qtm("Hwaseong") +
  qtm(subset(od_line, od_line$평균환승 >= 0 & od_line$평균환승 < 2), lines.col = "grey",
lines.lwd = .3) +
  qtm(subset(od_line, od_line$평균환승 >= 2 & od_line$평균환승 < 3), lines.col = "blue",
lines.alpha =.4, lines.lwd = 1) +
qtm(subset(od_line, od_line$평균환승 >= 3 & od_line$평균환승 < 9), lines.col = "red",
lines.alpha =.4, lines.lwd = 2)
```

☞ 실행 결과

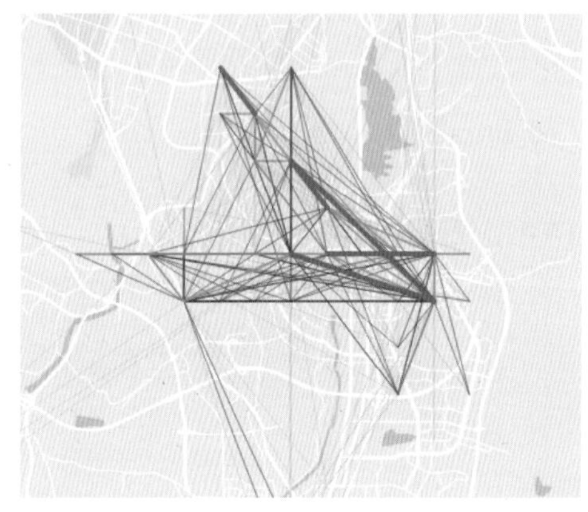

2단계 비통근 시간대 커뮤니티 탐지

Do it! 네트워크 속성 변환(Spatial_data_frame => Spatial_Network) 부록.R

```
library(stplanr) # install.packages("stplanr")
# 네트워크 속성 변환(Spatial_data_frame => Spatial_Network)
od_line_sln <- SpatialLinesNetwork(od_line)
# g, nb 등 속성 타입 확인
od_line_sln@nb
# igraph 연결 속성 확인
od_line_sln@g
# 네트워크 가중치 부여하기
library(igraph)
E(od_line_sln@g)$weight <- od_line@data$총이용객수
# 엣지 속성 보기
edge_attr(od_line_sln@g)$weight
# 플로팅
plot(od_line_sln@g, edge.width=E(od_line_sln@g)$weight/100)
```

☞ 실행 결과

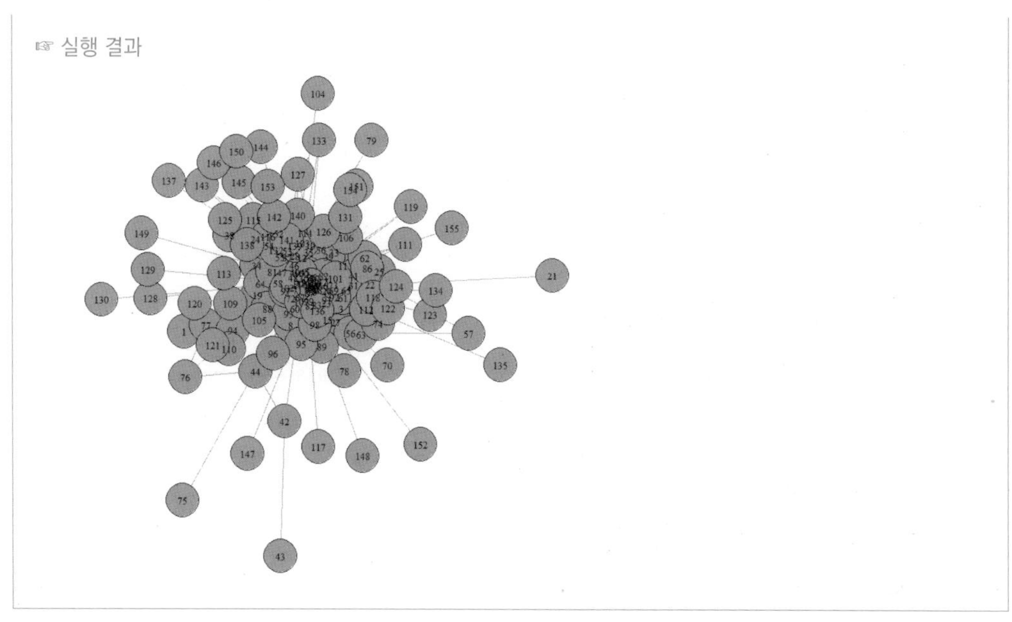

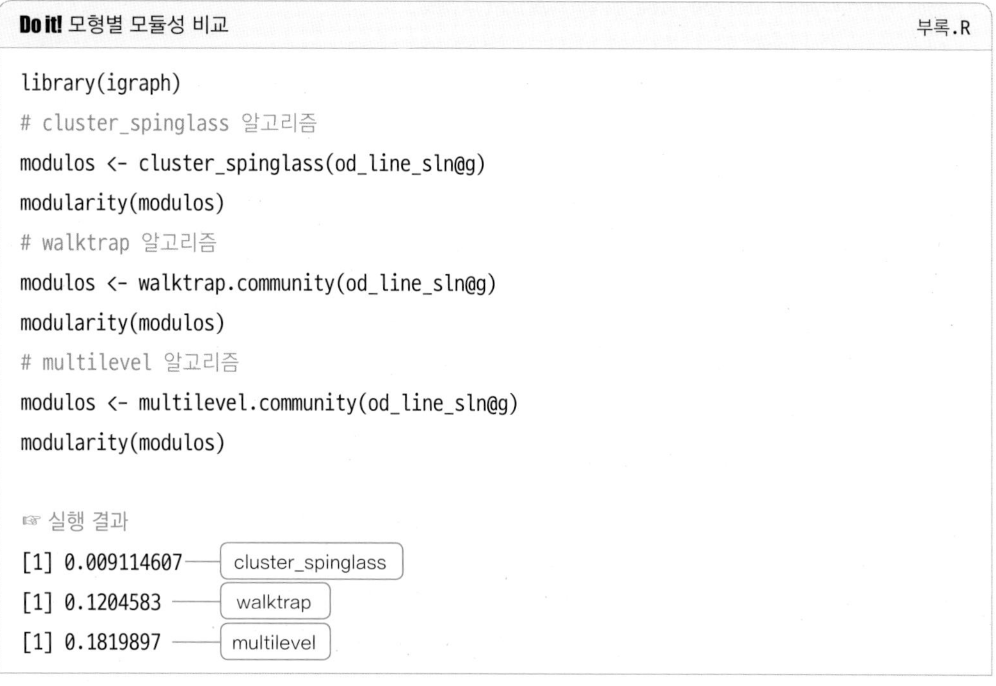

Do it! 모형별 모듈성 비교　　부록.R

```
library(igraph)
# cluster_spinglass 알고리즘
modulos <- cluster_spinglass(od_line_sln@g)
modularity(modulos)
# walktrap 알고리즘
modulos <- walktrap.community(od_line_sln@g)
modularity(modulos)
# multilevel 알고리즘
modulos <- multilevel.community(od_line_sln@g)
modularity(modulos)
```

☞ 실행 결과

```
[1] 0.009114607 ── cluster_spinglass
[1] 0.1204583   ── walktrap
[1] 0.1819897   ── multilevel
```

Do it! 지도 시각화 부록.R

```
# 꼭지점 좌푯값 추출
l_out <- cbind(od_line_sln@g$x, od_line_sln@g$y)
# 화면 분할
par(mfrow=c(1,2))
# 사람들 이동에 대한 욕구선 그리기
plot(admin, lwd=1, border="grey", main =" Desire Line", xlim = c(126.93, 127.16), ylim
= c(37.1, 37.3))
plot(od_line, lwd=(od_line$총이용객수)/300, col="orange", rescale = T, add=T)
# 욕구선 기반 커뮤니티 탐지
plot(admin, lwd=1, border="grey", main =" Community Detection", xlim = c(126.93,
127.16), ylim = c(37.1, 37.3))
plot.igraph(od_line_sln@g, vertex.label=NA,
  vertex.size=0.05*igraph::degree(od_line_sln@g),
  vertex.color = adjustcolor("blue", alpha.f = .4),
  edge.width=(edge_attr(od_line_sln@g)$weight)/1000,
  edge.color="orange",
  edge.curved=0.3,
  layout = l_out,
  mark.groups= modulos,
  mark.border="NA",
  rescale = F,
add=T)
```

☞ 실행 결과

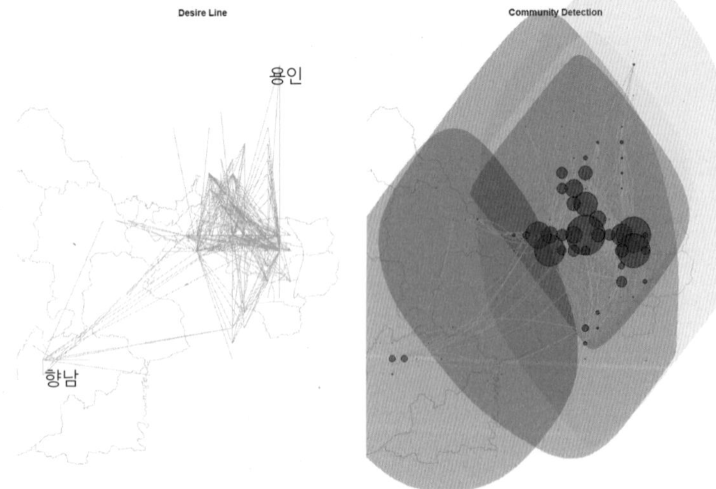

8. 종합 분석하기

분석 결과는 크게 두 부분으로 구분하여 정리할 수 있습니다.

첫째, 욕구선 분석 결과 통근 시간대에는 교통 흐름이 다음처럼 지역에서 뚜렷하게 나타납니다.

① 삼성전자 수원캠퍼스 ↔ 동탄

② 병점역 ↔ 삼성전자 화성캠퍼스 ↔ 동탄

한편 비통근 시간대에는 상대적으로 전 구간에 걸쳐서 이동량이 고른 것으로 나타났습니다. 통근 시간대에는 나타나지 않았던 새로운 이동 흐름이 나타나고 있으니 이 부분에 주목할 필요가 있습니다.

③ 향남 - 오산역

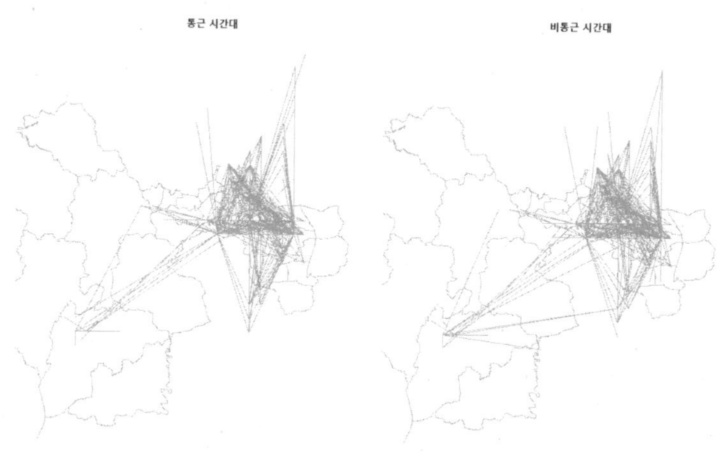

그림 4 통근 시간대(왼쪽) 비통근 시간대(오른쪽) 통행 욕구선

둘째, 커뮤니티 탐지를 통하여 통근 시간대와 비통근 시간대의 교통 흐름 클러스터링을 살펴본 결과는 다음과 같습니다.

- 통근 시간대에는 커뮤니티가 명확하게 검출됨: 특정 지역에서 교통량 흐름이 집중적으로 나타남
- 비통근 시간대에는 커뮤니티 영역 구분이 모호함: 전 지역에 걸쳐 교통량 흐름이 골고루 나타남

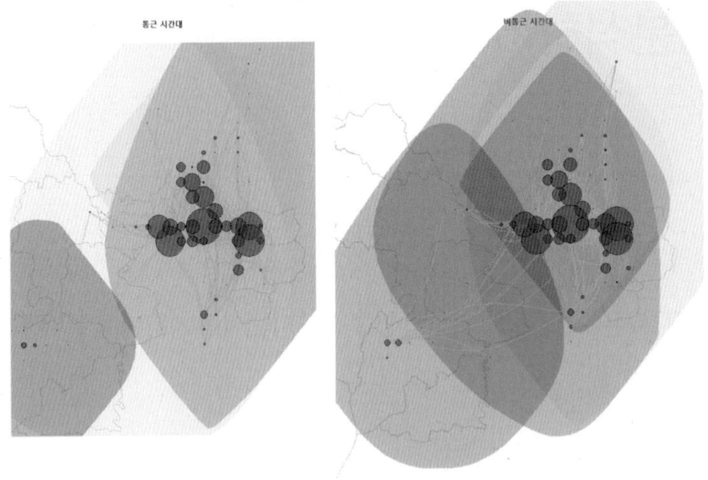

그림 5 통근 시간대(왼쪽) 비통근 시간대(오른쪽) 통행 커뮤니티 탐지

Do it! 실습

1단계 버스노선 네트워크 만들기

주요 노선 가운데 이동량이 많은 노선을 추출합니다.

Do it! 화성시 대중교통 이동 네트워크 부록.R

```
# OD2LINE 만들기
setwd(dirname(rstudioapi::getSourceEditorContext()$path))  ; getwd()
load("./01_save/04_002_trip_chain.rdata")
load("./01_save/04_003_grid_chain.rdata")
load("./01_save/04_001_sta_pnt.rdata")
load("./01_save/01_002_fishnet.rdata")
load("./01_save/01_001_admin.rdata")
# inter 이동만 남기기(intra 이동 지우기)
library(stplanr)  # install.packages("stplanr")
od_intra <- filter(grid_chain, id.x != id.y)
# intra 이동별 총 이용객 수, 환승 횟수 집계하기
library(dplyr)
od_intra2 <- od_intra %>%
  group_by(id.x, id.y) %>%
  summarise_each(funs(sum)) %>%
  dplyr::select(id.x, id.y, 총이용객수, 환승횟수)
# 평균 환승 횟수 계산
```

```
od_intra2$평균환승 <- round((od_intra2$환승횟수 / od_intra2$총이용객수),1)
# 칼럼 이름 정리하기
colnames(od_intra2) <- c("id.x", "id.y", "총이용객수", "환승횟수", "평균환승")
# od_line 그리고 저장하기
od_line <- od2line(od_intra2, fishnet)
save(od_line, file="./01_save/08_001_od_line.rdata")
```

이동량이 많은 노선을 OD2LINE으로 만듭니다.

Do it! (2) OD2LINE 만들기 부록.R

```
# 이용자 수 20건 이상인 O-D 라인 필터링하기
library(dplyr)
od_line <- od_line[od_line@data$총이용객수 %in% 20:3000, ]
library(tmap)
qtm("Hwaseong")
qtm("Hwaseong") + qtm(od_line, lines.lwd ="총이용객수", lines.col="red")
```

☞ 실행 결과

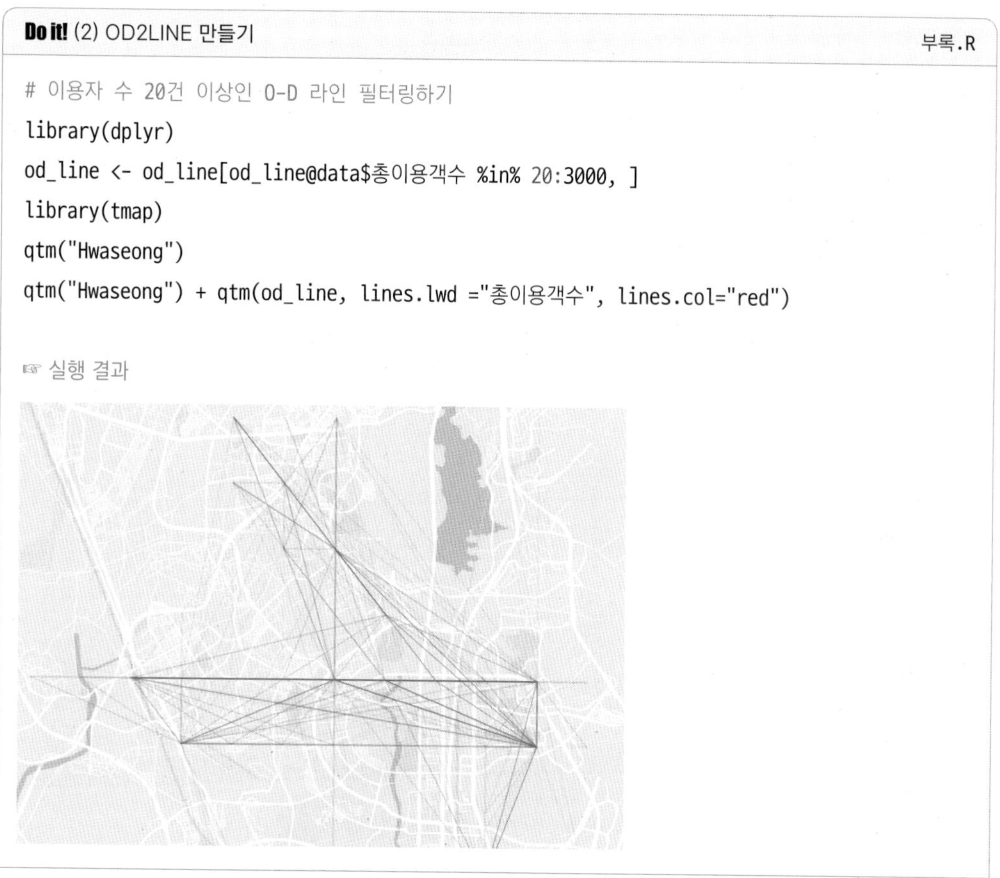

마지막으로 주요 지점을 최단거리로 연결할 수 있는 shotest_paths() 알고리즘을 활용하기 위하여 데이터를 공간 네트워크로 전환합니다. 이때 나타나는 숫자와 원은 주요한 교통량 발생 지점을 나타냅니다.

Do it! 네트워크 속성 변환(Spatial_data_frame => Spatial_Network) 부록.R

```
# 엣지 => 가중치 부여: 총 이용객 수 => 엣지 속성 보기
library(stplanr) # install.packages("stplanr")
od_line_sln <- SpatialLinesNetwork(od_line)
library(igraph) # install.packages("igraph")
E(od_line_sln@g)$weight <- od_line@data$총이용객수
edge_attr(od_line_sln@g)$weight
# 꼭지점 좌푯값 추출 => igraph 레이아웃 만들기
l_out <- cbind(od_line_sln@g$x, od_line_sln@g$y)
save(l_out, file="./01_save/08_001_l_out.rdata")
# 플로팅
plot(admin, lwd=1, border="grey", main ="화성시 대중교통 이동 네트워크", xlim = c(126.93,
127.16), ylim = c(37.1, 37.3))
plot.igraph(od_line_sln@g,
  vertex.label=V(od_line_sln@g),
  vertex.label.color= "black",
  vertex.label.cex= .8,
  vertex.size=0.03*igraph::degree(od_line_sln@g),
  vertex.color = adjustcolor("blue", alpha.f = .4),
  edge.width=(edge_attr(od_line_sln@g)$weight)/1000,
  edge.color="orange",
  edge.curved=0.3,
  layout = l_out,
  rescale = F,
add=T)
```

☞ 실행 결과

2단계 최적 노선 도출 및 시각화

분석 결과, 주요 교통량 발생 지점을 연결하기 위하여 화성시의 신규 노선 확장 방안으로 다음처럼 2개지 전략을 제시합니다.

① 핵심 노선 설정: 화성시의 주요 교통축을 가로축 1개, 세로축 1개로 제시함

- 가로축 => 향남(54) - 병점역(19) - 삼성 화성캠퍼스(6) - 동탄 이지더원 아파트(21)
- 세로축 => 레이크빌(36) - 동탄 이지더원 아파트 (21) - 삼성 화성캠퍼스(6) - 삼성 수원 디지털 본사(39)

② 출퇴근 시간에 따른 탄력적 운영 노선: 출퇴근 시간대만 집중적으로 나타나는 교통량 처리 목적 노선 신설

- 가로축 => 향남(54) - 오산역(49)
- 세로축 => 동탄 이지더원 아파트(21) - 보정역(58)

Do it! 최적 노선 시각화 부록.R

```
#---#
# 향남(54) - 병점역(19) - 삼성 화성캠퍼스(2) - 동탄 이지더원 아파트 (21)
#---#
# 향남(54) - 병점역(19)
path1 <- shortest_paths(od_line_sln@g, from = "54", to = "19", output = "both") ;
unlist(path1$epath)
# 병점역(19) - 삼성 화성캠퍼스(2)
path2 <- shortest_paths(od_line_sln@g, from = "19", to = "2", output = "both") ;
unlist(path2$epath)
# 삼성 화성캠퍼스(2) - 동탄 이지더원 아파트(21)
path3 <- shortest_paths(od_line_sln@g, from = "2", to = "21", output = "both") ;
unlist(path3$epath)
ecol[unlist(c(path1$epath, path2$epath, path3$epath))] <- "red"
edge_attr(od_line_sln@g)$weight[unlist(c(path1$epath, path2$epath, path3$epath))] <-
1500

#---#
# 레이크빌(36) - 동탄 이지더원 아파트 (21) - 삼성 화성캠퍼스(18) - 삼성 수원 디지털 본사(39)
#---#
# 레이크빌(36) - 동탄 이지더원 아파트 (21)
path1 <- shortest_paths(od_line_sln@g, from = "36", to = "21", output = "both") ;
unlist(path1$epath)
# 동탄 이지더원 아파트 (21) - 삼성 화성캠퍼스(6)
path2 <- shortest_paths(od_line_sln@g, from = "21", to = "6", output = "both") ;
```

```
unlist(path2$epath)
# 삼성 화성캠퍼스(6) - 삼성 수원 디지털 본사(39)
path3 <- shortest_paths(od_line_sln@g, from = "6", to = "39", output = "both") ;
unlist(path3$epath)
ecol[unlist(c(path1$epath, path2$epath, path3$epath))] <- "blue"
edge_attr(od_line_sln@g)$weight[unlist(c(path1$epath, path2$epath, path3$epath))] <-
1500
# 향남(54) - 오산역(49)
path1 <- shortest_paths(od_line_sln@g, from = "54", to = "49", output = "both") ;
unlist(path1$epath)
ecol[unlist((path1$epath))] <- "darkorange"
edge_attr(od_line_sln@g)$weight[unlist(path1$epath)] <- 600
# 동탄 이지더원 아파트(21) - 보정역(58)
path1 <- shortest_paths(od_line_sln@g, from = "21", to = "58", output = "both") ;
unlist(path1$epath)
ecol[unlist((path1$epath))] <- "darkorchid1"
edge_attr(od_line_sln@g)$weight[unlist(path1$epath)] <- 600
plot(admin, lwd=1, border="grey", main ="화성시 신규 버스노선",
     xlim = c(126.93, 127.16), ylim = c(37.1, 37.3))
plot(od_line_sln@g, vertex.label=NA, vertex.size= 0.01,
     edge.width=4*(edge_attr(od_line_sln@g)$weight)/1000, edge.color=ecol,
     edge.curved=0.1, layout=l_out, rescale = F, add=T)

# 향남(54)
text(od_line_sln@g$x[54], od_line_sln@g$y[54], "향남",  cex = 1.2, pos = 1)
# 병섬역(19)
text(od_line_sln@g$x[19], od_line_sln@g$y[19], "병점역",  cex = 1.2, pos = 2)
# 삼성 화성캠퍼스(2)
text(od_line_sln@g$x[2],  od_line_sln@g$y[2],  "삼성 화성캠", cex = 1.2, pos = 3)
# 동탄 이지더원 아파트(21)
text(od_line_sln@g$x[21], od_line_sln@g$y[21], "이지원A", cex = 1.2, pos = 4)
# 레이크빌(36)
text(od_line_sln@g$x[36], od_line_sln@g$y[36], "레이크빌A", cex = 1.2, pos = 4)
# 삼성 화성캠퍼스(18)
text(od_line_sln@g$x[18], od_line_sln@g$y[18], "삼성 화성캠", cex = 1.2, pos = 2)
# 삼성 수원캠퍼스(39)
text(od_line_sln@g$x[39], od_line_sln@g$y[39], "삼성 수원캠", cex = 1.2, pos = 2)
# 오산역(49)
```

```
text(od_line_sln@g$x[49], od_line_sln@g$y[49], "오산역", cex = 1.2, pos = 4)
# 보정역(58)
text(od_line_sln@g$x[58], od_line_sln@g$y[58], "보정역", cex = 1.2, pos = 4)
box(lty = "solid", col = 'black')
legend(od_line_sln@g$x[43]+0.02, od_line_sln@g$y[43]+0.04,
       legend=c("향남-이지더원A", "레이크빌A-삼성 수원캠", "향남-오산역", "보정역-이지더원A"),
 col=c("red", "blue", "darkorange", "darkorchid1"), lty=1, cex=.8)
```

☞ 실행 결과

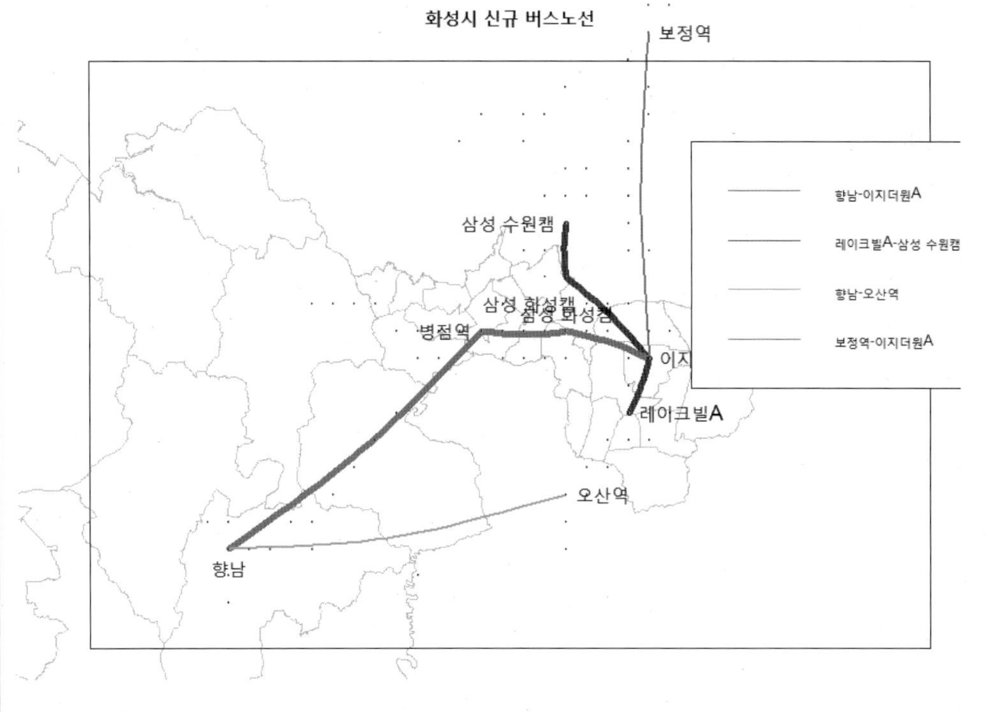

한글

영어

Web Course
웹 코스

웹 기술의 기본은 HTML, CSS, 자바스크립트!
기초 단계를 독파한 후 응용 단계로 넘어가세요!

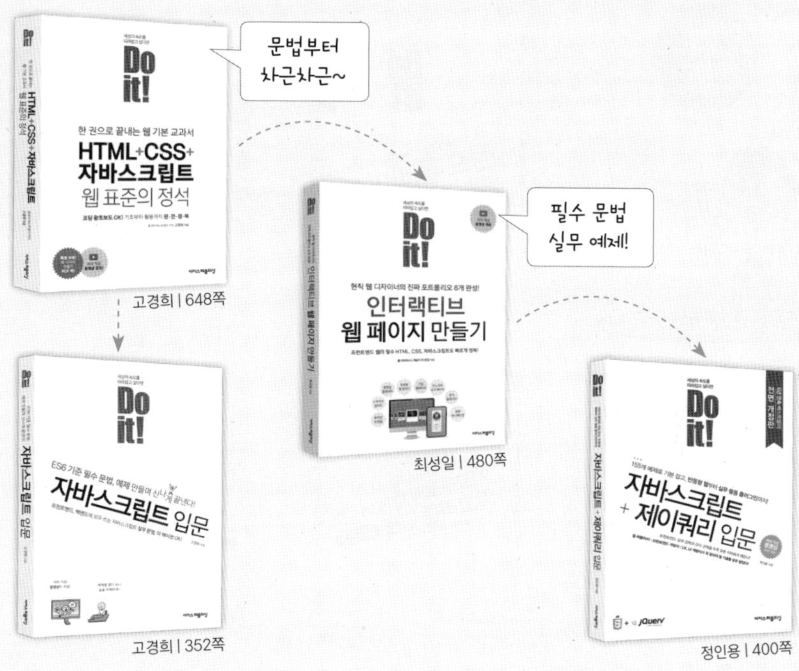

나는 어떤 코스가 적합할까?

A 웹 퍼블리셔가 되고 싶은 사람

- Do it! HTML+CSS+자바스크립트 웹 표준의 정석
- Do it! 인터랙티브 웹 만들기
- Do it! 자바스크립트+제이쿼리 입문
- Do it! 반응형 웹 페이지 만들기
- Do it! 웹 사이트 기획 입문

B 웹 개발자가 되고 싶은 사람

- Do it! HTML+CSS+자바스크립트 웹 표준의 정석
- Do it! 자바스크립트 입문
- Do it! 클론 코딩 영화 평점 웹서비스 만들기
- Do it! 클론 코딩 트위터
- Do it! 리액트 프로그래밍 정석

Basic Programming Course

기초 프로그래밍 코스

파이썬, C 언어, 자바로 시작하는 프로그래밍!
기초 단계를 독파한 후 응용 단계로 넘어가세요!

박응용 | 360쪽

시바타 보요, 강민 역 | 408쪽

김성엽 | 576쪽

시바타 보요, 강민 역 | 464쪽

김동형 | 856쪽

시바타 보요, 강민 역 | 432쪽

김창현 | 296쪽

강성윤 | 712쪽

김종관 | 564쪽

나는 어떤 코스가 적합할까?

A 파이썬 개발자가 되고 싶은 사람

- Do it! 파이썬 생활 프로그래밍
- Do it! 점프 투 장고
- Do it! 점프 투 플라스크
- Do it! 장고+부트스트랩 파이썬 웹 개발의 정석

B 자바·코틀린 개발자가 되고 싶은 사람

- Do it! 자바 완전 정복
- Do it! 자바 프로그래밍 입문
- Do it! 코틀린 프로그래밍
- Do it! 안드로이드 앱 프로그래밍 — 개정 8판
- Do it! 깡샘의 안드로이드 앱 프로그래밍 with 코틀린 — 개정판